百年风华——中国共产党理论与实践研究丛书

与时俱进

不断开辟21世纪马克思主义新境界

王新生　刘明明　等著

中央文献出版社
中共党史出版社

图书在版编目（CIP）数据

与时俱进：不断开辟21世纪马克思主义新境界 / 王新生等著．—北京：中央文献出版社：中共党史出版社，2024.5
（百年风华：中国共产党理论与实践研究丛书）
ISBN 978-7-5073-4977-1

Ⅰ．①与… Ⅱ．①王… Ⅲ．①马克思主义—发展—研究—中国 ②中国特色社会主义—社会主义建设模式—研究 Ⅳ．① D61

中国国家版本馆CIP数据核字（2023）第209409号

书　　名：与时俱进——不断开辟21世纪马克思主义新境界
作　　者：王新生　刘明明 等

出版发行：中央文献出版社 中共党史出版社
责任编辑：王峰
责任印制：段文超
社　　址：北京市海淀区芙蓉里南街6号院1号楼　邮编：100080
网　　址：www.dscbs.com
经　　销：新华书店
印　　刷：北京盛通印刷股份有限公司
开　　本：720mm × 1000mm　1/16
字　　数：265千字
印　　张：20.25
版　　次：2024年5月第1版
印　　次：2024年5月第1次印刷
书　　号：ISBN 978-7-5073-4977-1
定　　价：53.00元

此书如有印装质量问题，请联系中共党史出版社读者服务部　电话：010—83072535

“百年风华——中国共产党理论与实践研究丛书”
编 委 会

总 序

习近平总书记指出："中国共产党立志于中华民族千秋伟业，百年恰是风华正茂！"

2021年是伟大的中国共产党成立100周年。1921年，在中华民族内忧外患、社会危机空前深重的背景下，在马克思列宁主义同中国工人运动相结合的进程中，中国共产党诞生了。这一开天辟地的大事变，深刻地改变了近代以后中华民族发展的方向和进程，深刻地改变了中国人民和中华民族的前途和命运，深刻地改变了世界发展的趋势和格局。

从建党的开天辟地，到新中国成立的改天换地，到改革开放的翻天覆地，再到党的十八大以来党和国家事业取得历史性成就、发生历史性变革，中国特色社会主义进入新时代，在中国共产党领导下，中华民族迎来了从站起来、富起来到强起来的伟大飞跃，迎来了伟大复兴的光明前景。作为走过百年光辉历程、在最大的社会主义国家执政70多年、拥有9500多万党员的世界上最大的马克思主义执政党，中国共产党"始终以马克思主义基本原理分析把握历史大势，正确处理中国和世界的关系，善于抓住和用好各种历史机遇"，坚定立于时代潮头，历经磨砺依然风华正茂。

历史充分证明，中国共产党的一百年，"是矢志践行初心使命的一百年，是筚路蓝缕奠基立业的一百年，是创造辉煌开辟未来的一百年。”

中国共产党团结带领人民百年接续奋斗，中华民族伟大复兴曙光在前、前途光明。同时，必须清醒认识到，中华民族伟大复兴绝不是轻轻松松、敲锣打鼓就能实现的。世界正经历百年未有之大变局，我们正在进行具有许多新的历史特点的伟大斗争，前进道路上，还有更多挑战等待我们去面对，还有更多胜利等待我们去夺取，还有更大使命等待我们去完成。

“历史，总是在一些特殊年份给人们以汲取智慧、继续前行的力量。”在庆祝伟大的党百年华诞的重大时刻，在“两个一百年”奋斗目标历史交汇的关键节点，回望我们党的百年征程，用好党的历史这部最生动、最有说服力的教科书，从党的理论与实践入手，深入研究和充分展示中国共产党在领导革命、建设、改革进程中为国家和民族建立的丰功伟绩、积累的宝贵经验、形成的优良传统和作风，从中汲取继续前进的智慧和力量，对于牢记初心使命、推进中华民族伟大复兴历史伟业，坚定信仰信念、在新时代坚持和发展中国特色社会主义，推进党的自我革命、永葆党的生机活力，具有重大的历史意义、理论意义和实践意义。

中共天津市委深入学习贯彻习近平新时代中国特色社会主义思想，认真学习领会习近平总书记关于党的历史的重要论述，始终胸怀“国之大者”，立足于提高政治判断力、政治领悟力、政治执行力，增强“四个意识”、坚定“四个自信”、做到“两个维护”，以高度的思想自觉、政治自觉、理论自觉、历史自觉，组织开展党的历史、党的创新理论的研究阐释。自2018年策划启动了“中国共产党建党100周年研究计划”，组织专家深入研究百年来党的理论与实践，深入研究总结党的百年奋斗历史和经验，努力把中国共产党一百年来的光辉历程、伟大贡献和历史经验研究明白、阐释清楚，形成一套集政治性、思想性、学术性、可读性为一体的党史党建权威丛书，为党的百年华诞献上一份厚礼。

中共天津市委宣传部、南开大学牵头组织，汇集中央党史和文献研究院、中国社会科学院、教育部社科中心、北京大学、中国人民大学、北京师范大学、南京大学、南开大学、中共天津市委党校等高校和社科研究机构专家学者百余名，涵盖马克思主义哲学、马克思主义中国化、中共党史、党的建设、中国近现代史、中华人民共和国史、政治学理论等相关学科，组成21个课题组，深入研究百年来中国共产党的理论与实践。

在课题研究和丛书编写中，总体把握了以下原则：

一是坚持科学理论指导。研究中国共产党的百年历史，发挥党史研究以史鉴今、资政育人的作用，坚持以科学理论为指导，坚持正确的党史观，至关重要。在研究和编写过程中，始终坚持以马克思列宁主义、毛泽东思想、邓小平理论、“三个代表”重要思想、科学发展观、习近平新时代中国特色社会主义思想为指导，特别是深入学习贯彻习近平总书记关于党的历史的重要论述，以我们党关于历史问题的两个决议和党中央有关精神为依据，把党的创新理论的最新成果运用于其中，充分体现新时代的特点与要求，形成高质量高水平的研究成果。

二是坚持宏大历史视野。研究中国共产党历史，要坚持“大历史观”。既要深入研究百年来党领导革命、建设、改革的历史，也要把党的百年历史放到马克思主义诞生170多年、中国近代以来180多年、世界社会主义500多年、中华文明5000多年等构成的时间坐标轴里，全面把握中国共产党的历史方位和时代使命，着力讲清楚中国共产党带领人民进行革命、建设、改革的伟大实践，实现中华民族由近代不断衰落到根本扭转命运、前所未有接近中华民族伟大复兴目标的历史逻辑；讲清楚中国共产党勇于推进实践基础上的理论创新，实现了马克思主义中国化的历史性飞跃，不断开辟马克思主义发展新境界的历史逻辑；讲清楚中国共产党领导人民开创中国特色社会主义事业，在世界上高高举起中国特色社会主义伟大旗帜，让科学社会主义在21世纪中国焕发强大生机活力的历史逻辑；讲清楚中国共产党坚持“中国应当对人类有较大的贡献”，努力打破对西方国家现代化道路的路径依赖，给世界上那些既希望加快发展又希望保持自身独立性的国家和民族提供全新选择，为解决人类问题贡献中国智慧和中国方案的历史逻辑。

三是坚持观照现实、回应关切。中国共产党成立百年来，不断回应问题与挑战，在实践中学习成长壮大。研究中国共产党的百年历史，要着力回答好中国共产党成功的奥秘所在。中国共产党作为一个百年大党，为什么能够始终经受实践考验、走在时代前列、成为中国人民和中华民族的主心骨？就在于我们党指导思想正确，并不断与时俱进、创新发展；理想信念坚定，不忘初心、牢记使命，立党为公、执政为民；团结统一、高度一致，坚决维护党中央权威和集中统一领导；从严管党治党，勇于自我革命，始终保持党的先进性和纯洁性。通过研究深刻阐明中国特色社会主义道路、理论、制度、文化形成的历史必然性，不断坚定“四个自信”，不断增强历史定力。

四是坚持政治性与学理性统一。在丛书编写中，牢牢把握正确政治方向，准确把握党的历史发展的主题主线、主流本质，通过研究加强辨析引导，正本清源、固本培元。坚持政治性、思想性与学理性相统一，强化学理支撑，坚持论从史出，创新话语体系，注重研究的客观严谨，注重表述的规范准确，通过全面、立体、深入、规范开展研究，以透彻的学理分析，深刻揭示中国共产党为什么能、马克思主义为什么行、中国特色社会主义为什么好。

在丛书编写过程中，天津市委宣传部和南开大学先后组织四次工作推进会。书稿全部完成后，组织三轮统稿和审改，邀请王伟光、陈晏清、赵剑英、张政文等专家提出意见。经过三年的深入研究，最终形成了“百年风华——中国共产党理论与实践研究丛书”。

本丛书的出版工作，得到了中央党史和文献研究院的有力指导和支持。中共党史出版社、中央文献出版社抽调精干力量，成立工作专班，全力推进丛书出版工作。天津市财政拨付专项资金予以支持。应该说，这套丛书能够与广大读者见面，离不开方方面面的大力支持。

百年的时空跨越是一个宏大叙事。正是所有参与编写工作的同志都怀着为党研究、为党立言的神圣使命感，倾注心力、精益求精，书稿始成。对所有参与本丛书编写和出版工作的专家学者的辛勤付出、各级领导的悉心指导、有关部门的宝贵支持，表示衷心感谢和诚挚敬意！

"百年风华——中国共产党
理论与实践研究丛书"编委会
2021年6月

目　录

导 言

马克思主义在理论上的发展，总是与人类社会历史和社会主义实践的发展密切联系在一起。在马克思主义发展史上，每当人类社会进入新的发展时期，每当社会主义实践进入新的发展阶段，就会形成科学性、进步性、开放性相统一的马克思主义理论新形态。21世纪，人类社会和社会主义的发展进入一个新的历史时期，人类社会生活呈现出一系列新特征，社会主义发展面临一系列新问题，这就需要马克思主义的新发展给予科学的理论解释和有效的实践指导。作为当代中国马克思主义、21世纪马克思主义，习近平新时代中国特色社会主义思想对21世纪人类社会和社会主义发展所面临新问题作出了科学系统的理论回答，代表了马克思主义发展的新形态。

一、新形态马克思主义的科学性奠基

理论的意义在于指导实践，而理论之所以能够有效地指导实践，首先在于它揭示真理的科学性和理论本身的系统性。马克思主义的理论价值源于它的科学性，即源于它深刻揭示了人类社会历史发展的规律，因而能够为人类寻求自身解放的实践提供理论指导。习近平总书记在纪念马克思诞辰200周年纪念大会上的讲话中说："马克思给我们留下的最有价值、最具影响力的精神财富，就是以他名字命名的科学理论——马克思主义。这一理论犹如壮丽的日出，照亮了人类探索历史规律和寻求自身解放的道路。”①这里讲的就是马克思主义作为一种理论的科学性价值。在马克思主义理论产生之前，人们对社会主义进行了数百年艰辛的探索，出现了形形色色的社会主义理论，却没有一种理论能够指引人类走出资本主义的困局，甚至没有一种理论能够合理解释形成这个困局的原因，因此也就不可能在人的解放与建立和发展社会主义的实践上取得成功。恩格斯说："我们党有个很大的优点，就是有一个新的科学的世界观作为理论的基础"②。马克思和恩格斯创立的马克思主义，立足于科学的世界观和方法论，科学地揭示了人类社会发展的历史规律、资本主义社会的内在矛盾、社会主义社会产生的必然性，为人们对富裕、自由、平等、民主、和谐社会的理想追求奠定了科学基础，真正开启了科学社会主义实践，开启了全新的人类历史。在诞生之后的一百多年里，马克思主义不断经受历史实践的检验，不断丰富和发展，其科学基础愈加稳固。

习近平新时代中国特色社会主义思想，奠基于马克思主义的科学理论和科学方法，立足于21世纪人类社会面临的问题，科学地回答了历史之问、时代之问、人民之问，以新的时代内涵再一次确证了马克思主义的科学性价值，开创了马克思主义理论新境界。人类社会历史的进步，既表现为物质财富的不断丰富与持续积累，也表现为精神境界的不断提高与持续深化，其中精神境界的提高与深化就包含理论认识的进步。随着对世界认识广度和深度的提高，人类关于自然、社会和人类思维自身发展规律的认识也在社会发展的历史进程中不断发展，而这种发展的一个集中体现就是科学理论和科学方法的完善和进步。马克思主义的创立体现了这种理论进步，马克思主义的发展也伴随着这种理论进步。在马克思主义创立之时，正是由于马克思和恩格斯系统地总结了自然科学和社会科学的发展成就，形成了认识世界的科学理论和方法，深刻揭示了客观世界运动变化和发展的一般

① 习近平：《在纪念马克思诞辰200周年大会上的讲话》，人民出版社2018年版，第6页。
② 《马克思恩格斯选集》第2卷，人民出版社2012年版，第10页。

规律，特别是揭示了人类社会发展的根本规律，才打破了以往一切历史观的束缚，作出共产主义必然取代资本主义的科学结论，从而科学地阐释了无产阶级和人类解放的历史必然性，为无产阶级革命和社会主义创立提供了科学的理论根据。如今一百多年过去了，人们关于客观世界、人类社会和人类思维获得了许多新知识，关于世界的认识更加深入和丰富，但许多新问题需要回答。当今时代，科学技术的迅猛发展，特别是互联网的出现和信息化社会的到来，使得人类知识的积累程度和传播速度远超出以往任何一个时代。这一方面表明，我们必须在人类认识和知识积累新的基础上回答时代提出的新问题，另一方面也表明，坚持用马克思主义的科学理论和科学方法分析纷繁复杂的现实，对于我们掌握和运用今天爆炸性增长的知识和信息比以往更加重要和迫切。今天，奠基于科学方法的马克思主义基本原理，仍然是我们认识世界和改造世界的最有力思想武器，这正是由其科学性所决定的。恩格斯指出："马克思的整个世界观不是教义，而是方法。它提供的不是现成的教条，而是进一步研究的出发点和供这种研究使用的方法。"①习近平新时代中国特色社会主义思想继承的正是马克思主义的科学原理和科学方法，也正是由于奠基于这一科学原理和科学方法，它才在当今不同于马克思的时代继续坚持马克思主义，坚定不移地推进社会主义事业；也正是由于奠基于这一科学原理和方法，它才在变化了的时代和变化了的社会历史条件下创新性地发展马克思主义，开创了新时代社会主义事业的新发展。

科学理论的根本任务是发现和掌握规律，要做到这一点，除了吸收前人思想成果，更重要的是对所处时代和世界的深入考察和总结。习近平总书记指出："马克思主义主要由哲学、政治经济学、科学社会主义三大组成部分构成。这三大组成部分分别来源于德国古典哲学、英国古典政治经济学、法国空想社会主义，然而，最终升华为马克思主义的根本原因，是马克

① 《马克思恩格斯选集》第4卷，人民出版社2012年版，第664页。

思对所处的时代和世界的深入考察，是马克思对人类社会发展规律的深刻把握。”[①]进入21世纪，人类社会的社会生产条件和社会基本矛盾都发生了深刻的变化，只有在深入认识这些变化的基础上考察整个生活世界并进行深刻的思考，创造性地提出新理念，创新性地提出新理论，才能推进马克思主义的新发展，进而指导社会主义发展的新实践。习近平总书记说：“对待科学的理论必须有科学的态度。”[②]科学的态度就是正确把握理论与实践的关系，依据理论但又不拘泥于理论，从时代的实践出发深入地探索规律。党的十八大以来，以习近平同志为核心的党中央，运用马克思主义的基本原理和科学方法，对共产党执政规律、社会主义建设规律、人类社会发展规律进行艰辛理论探索，创立了习近平新时代中国特色社会主义思想。这一思想立足于当今的世界和未来的发展，科学把握历史规律，深刻洞察世界大势，深刻把握新时代共产党执政的初心和使命，深刻把握共产党执政的中心任务，深刻把握共产党的纯洁性和先进性，擘画新时代中国特色社会主义发展道路，为世界新秩序的构建提供中国智慧和方案，代表了马克思主义发展的新形态。

科学理论具有系统性和完整性的特征。这种特征表现为：对人类认识的成果积累，对客观事物的规律总结，对理论自身的不断完善。作为马克思主义发展的新形态，习近平新时代中国特色社会主义思想是一个系统完整、逻辑严密的科学理论体系。党的十九大报告提出“八个明确”和“十四个坚持”的重要内容，从理论内涵和指导方针层面系统地将理论和实践进行辩证的统一，既揭示了新时代中国特色社会主义的本质规定和宏伟蓝图，又承接了实现新目标、新蓝图的具体方略，是对这一理论进行的系统全面的概括。党的十九届六中全会决议，把“八个明确”发展为“十个明确”，并从13个方面阐述了新时代的历史性变革和成就。深入学习和深刻理解

① 习近平：《在纪念马克思诞辰200周年大会上的讲话》，人民出版社2018年版，第6—7页。
② 习近平：《在纪念马克思诞辰200周年大会上的讲话》，人民出版社2018年版，第26页。

习近平新时代中国特色社会主义思想，既要全面学习其理论内容，掌握其科学方法，也要从这一理论构成的四梁八柱和逻辑系统所体现的系统性和完整性上理解其理论意义。

二、新形态马克思主义的价值性追求

理论的意义在于指导实践，而马克思主义作为一种科学的理论之所以能够有效地指导实践，除了其科学性和系统性，还在于它代表着先进的价值追求，因而能够被广大人民所接受和运用，从而使思想化为推动历史前进的磅礴力量。正如马克思所言：“理论一经掌握群众，也会变成物质力量。”[①]毛泽东则更明确地将这一命题表达为：“而代表先进阶级的正确思想，一旦被群众掌握，就会变成改造社会、改造世界的物质力量。”[②]马克思主义诞生之后之所以能够迅速得到广泛的特别是无产阶级的接受和拥护，一方面是因为它科学地阐明了人类社会发展的规律，另一方面则是因为它所代表的是一种先进的价值追求，即代表先进的无产阶级的利益。同样，作为新形态的马克思主义，习近平新时代中国特色社会主义思想的理论意义，也通过它所代表的先进性价值追求得到充分体现。

习近平新时代中国特色社会主义思想最明确的价值追求和最鲜明的价值底色就是“坚持以人民为中心”。在党的十八届五中全会上，习近平提出：“必须坚持以人民为中心的发展思想，把增进人民福祉、促进人的全面发展作为发展的出发点和落脚点”[③]。此后，他又多次在不同的领域和场合谈到以人民为中心的价值立场，不断强调这一理念并将其在理论上系统化，为新形态马克思主义奠定了坚实的价值论基础。《中共中央关于党的百年

① 《马克思恩格斯选集》第1卷，人民出版社2012年版，第9页。

② 《毛泽东文集》第8卷，人民出版社1999年版，第320页。

③ 《中共中央关于制定国民经济和社会发展第十三个五年规划的建议》，《人民日报》2015年11月4日。

奋斗重大成就和历史经验的决议》指出:“党的根基在人民、血脉在人民、力量在人民,人民是党执政兴国的最大底气。”[①]这些论述不断丰富,形成了“人民史观”的当代表达和中国表达的话语体系,而贯穿于这一话语体系的则是人民至上的价值定位。可以说,坚持“以人民为中心”的发展理念,已经成为以习近平同志为核心的党中央治国理政的实践之根,代表着中国共产党根本的价值追求,代表着中国共产党坚定的理想信念。

如果说中国共产党在建党之初就确立了以人民为中心的价值追求,那么这一价值立场的再次强调则有其时代的特殊背景。改革开放以来,伴随着经济社会的高速发展,中国社会长期积累的一些问题变得突出,诸如贫富差距加大、环境污染严重、社会矛盾凸显、腐败问题突出、党内特权思想浓厚等,已经影响到党与人民的关系,党脱离人民的危险日益增加,党的初心和使命需要重新强调,特别是领导干部脱离群众而表现出的形式主义、官僚主义、享乐主义和奢靡之风的“四风”问题亟须纠正。正是在这种情况下,习近平强调,“作风问题,核心是党和人民群众的关系问题”[②],如果任由其“蔓延开来又得不到有效遏制,就会像一座无形的墙把党和人民群众隔开”[③]。习近平清醒地认识到,人民是党的力量之源,党作为中国特色社会主义事业的最高政治领导力量,是建立在人民是决定党和国家前途命运的根本力量这个根基之上的。离开了人民的支持,党和国家就没有前途和希望,社会主义事业就没有前途和希望,中华民族的复兴就没有前途和希望。因此,坚持新时代中国特色社会主义发展道路,就必须坚持以人民为中心,坚持人民主体地位,坚持立党为公、执政为民,坚持在经济社会发展各个环节体现人民利益至上,并且以经常性教育和制度化建设的方式将其

---

① 《中共中央关于党的百年奋斗重大成就和历史经验的决议》,人民出版社2021年版,第66页。

② 习近平:《在党的群众路线教育实践活动总结大会上的讲话》,《人民日报》2014年10月9日。

③ 中共中央文献研究室、中央党的群众路线教育实践活动领导小组办公室编:《习近平关于党的群众路线教育实践活动论述摘编》,中央文献出版社、党建读物出版社2014年版,第24页。

巩固下来。解决这个问题的重中之重，是要在全党特别是领导干部中开展“不忘初心、牢记使命”主题教育。这无疑是一场重塑价值观的思想运动，是一场再次确立先进性价值追求的思想运动。

“以人民为中心”的发展理念与马克思主义的“人民史观”一脉相承，这一理念将习近平新时代中国特色社会主义思想所具有的科学的真理性追求与崇高的价值性追求有机统一起来，体现了真理与价值的统一，彰显出新形态马克思主义非凡的理论意义。真理解决认识的问题，价值解决理想的问题，二者内在和不可分割的统一是马克思主义理论的重要特征。在谈到马克思主义真理与价值相统一问题时，列宁曾经说过，马克思主义“对世界各国社会主义者所具有的不可遏止的吸引力，就在于它把严格的和高度的科学性（它是社会科学的最新成就）同革命性结合起来，并且不仅仅是因为学说的创始人兼有学者和革命家的品质而偶然地结合起来，而是把二者内在地和不可分割地结合在这个理论本身中”①。在这里，列宁所讲的马克思主义理论中科学性和革命性的结合，就是科学性和价值性的结合，是严谨科学精神与崇高价值追求在马克思主义理论中的有机统一。

马克思主义认为，社会发展是社会基本矛盾运动的过程，而这一过程要通过历史主体的推动才能实现。谁是推动历史前进的历史主体？如何看待人民群众的历史主体地位？这些问题在哲学史上存在着两种截然相反的观点。唯心主义历史观从社会意识决定社会存在的前提出发，抹杀进行物质资料生产的广大人民群众的历史主体地位，宣扬英雄人物是历史的创造者，这是英雄史观。唯物主义历史观肯定社会存在决定社会意识，肯定进行物质资料生产的广大人民群众的历史主体地位，认为人民群众是历史的创造者，这是人民史观。中国共产党把人民群众创造历史的观点运用于革命、建设和改革开放的实践，形成并发展了党的群众观点。“坚持以人民为中心”的思想，就是建立在马克思主义的“人民史观”和中国共产党的“群众观

① 《列宁选集》第1卷，人民出版社2012版，第83页。

点”的基础之上的。这一思想之所以能够具有凝聚民心、凝聚党心的“不可遏止的吸引力”，关键就在于它所体现的真理与价值相统一的理论力量。

习近平新时代中国特色社会主义思想从社会发展的客观逻辑出发认识真理、服从真理，是严谨的科学，但不是冰冷的逻辑推演，而是科学理论逻辑与崇高人民情感的有机融合。这一思想强调人民群众是历史的创造者，同时也承认人民群众创造历史的活动同他们的利益相关，因此强调社会主义的发展要从人民群众的现实需要出发，在创造历史中创造价值，在创造历史中满足人民日益增长的美好生活需要。这一理论肯定人们创造历史的活动服从历史的必然性，又没有将人民的幸福淹没在历史的必然性之中，而是同时肯定人民群众是由具体的、现实的个人构成的，肯定他们活动的目的是要努力为现实生活争取好的结果，满足人们的现实生活需要。因此，这一理论是将历史发展理解为长远目标和现实生活的统一，将历史阐释为合规律性与合目的性的统一。根据唯物史观，人民群众是先进生产力的代表，是社会发展的推动力量，他们的现实需要和切身利益的满足同生产力的发展与社会的进步是一致的。强调我国全面建成现代化强国是一个“两步走”的循序渐进的过程，就是强调要从历史的必然性出发，强调发展要与历史规律相符合；强调我国发展要以人民满意为尺度，就是强调要把人民利益摆在至高无上的地位，强调发展要以人民幸福为取向。这二者的一致，就是科学性和价值性的统一。这就要求我们在制定政策方针的时候，要从真理和价值相统一的思想出发，不仅要从科学性的角度看它“对不对”，还要从价值性的角度看它“好不好”。以此为标准，一项政策方针，能够满足人民群众的需要，就是有意义、有价值的政策方针；如果相反，不能满足人民群众的需要，无论它看起来多么正确，也是没有意义、没有价值的。己亥岁末、庚子年初，在世界范围内暴发的这场新冠肺炎疫情，既是检验不同制度的试金石，也是彰显“以人民为中心”的发展理念和受资本逻辑支配的发展观本质区别的显影剂。国内外抗疫行动的差异，充分显示了科学性和价值性相统一的新形态马克思主义在指导实践中发挥的重要作用。中国的抗疫行动，从一开始就秉承科学的态度，采取科学的措施进行防治，但更重要的是，我们不惜一切代价抢救生命，在人民生命和经济利益之间果断抉择生命至上，自始至终贯穿着“人民至上”理念。科学理论不可能离开价值立场而独立，站在社会达尔文主义者的立场上“群体免疫”没有错误，但站在人民至上的立场上这一做法就错误至极，区别关键在于价值立场。习近平指出：“健全重大疫情救治体系。……我们坚持人民至上、生命至上，前所未有调集全国资源开展大规模救治，不遗漏一个感染者，不放弃每一位病患，从出生不久的婴儿到100多岁的老人都不放弃，确保患者不因费用问题影响就医。”①中国的抗疫行动，既坚持科学施策，又坚持人民生命至上，一切从这个原则出发，将科学防治与关怀生命统一起来，成为我们践行“以人民为中心”发展理念的典范案例，在与西方的制度和理念的对比中再一次证明了它的先进性。

总之，习近平新时代中国特色社会主义思想，把坚持真理与向人民负责统一起来。一方面，我们党深入认识和把握世情、国情和党情的新变化，深刻认识新时代社会主要矛盾的新变化，深刻认识新时代中国特色社会主义的发展规律；另一方面，我们党本着真心实意为人民谋幸福的宗旨，创新性地提出新的发展理念，让改革发展的成果惠及全体人民，将新时代中国特色社会主义事业推向前进。这深刻地体现了新形态马克思主义的真理力量与人民立场的高度统一。

三、新形态马克思主义的开放性发展

理论的意义在于指导实践，而实践本身是开放的和发展的；马克思主

① 习近平：《构建起强大的公共卫生体系 为维护人民健康提供有力保障》，《求是》2020年第18期。

义揭示真理的科学性和完整性、追求进步的价值特征，本身就来源于实践并要不断接受实践的检验，因此它必然具有面对开放性实践的开放性品格，即正是实践的开放性决定了理论的开放性。习近平说："马克思主义是不断发展的开放的理论，始终站在时代前沿。"[①]马克思主义在理论上的开放性和不断发展，取决于它始终站在时代的前沿，即站在实践的前沿。习近平新时代中国特色社会主义思想，来源于中国特色社会主义的伟大实践，并在这一实践发展中不断开辟出马克思主义发展的新境界，充分体现了马克思主义开放性发展的理论品格。世界仍然在变化，时代仍然在发展，习近平新时代中国特色社会主义思想也必将在实践中丰富和发展，这是我们准确理解马克思主义发展新形态理论意义的重要方面。

开放性是马克思主义的理论品质，这是由其实践观点决定的。"马克思主义理论不是教条而是行动指南，必须随着实践发展而发展，必须中国化才能落地生根、本土化才能深入人心。"[②]实践的观点是马克思主义的基本观点，实践性是马克思主义理论区别于其他理论的显著特征。马克思主义在创立之初，就提出了"社会生活在本质上是实践的"，明确了"'革命的''实践批判的'活动"对于确证理论的真理性和改造世界的重要意义。只有将人类历史视为生产实践所决定的现实生活的历史，将理论视为对这样的历史实践的总结与反思，才能准确理解马克思主义的开创性意义，才能准确理解马克思主义所具有的开放性理论品格。也正是在这一根本的意义上，才能深入理解习近平新时代中国特色社会主义思想作为马克思主义发展新形态所具有的开放性品格。马克思主义将物质生产实践规定为人类社会存在与发展的根本动力，将观念、思想、理论等意识性的东西理解为社会实践的产物，以此洞悉观念、思想、理论等精神内容对实践的从属性。将实践视为认识的来源和根本动力，决定了马克思主义将不断在历史实践的

① 习近平：《在纪念马克思诞辰200周年大会上的讲话》，人民出版社2018年版，第9页。

② 《中共中央关于党的百年奋斗重大成就和历史经验的决议》，人民出版社2021年版，第66页。

发展中发展自身。马克思主义之所以能够在今天仍然保持充沛的生机与活力，就源于它在面对人类社会发展的新情况、新问题、新挑战面前，绝不自我封闭，而是在研究新情况、解决新问题、应对新挑战的过程中完成自身的理论建构、完善与发展理论自身。马克思主义将实践视为认识的最终目的与检验认识正确与否的唯一标准，这决定了它始终要求通过开放性的实践证明其理论的真理性，通过指导实践证明其理论意义。马克思主义中国化的过程，马克思主义在中国的发展充分说明了这一点。习近平指出："实践证明，马克思主义的命运早已同中国共产党的命运、中国人民的命运、中华民族的命运紧紧连在一起，它的科学性和真理性在中国得到了充分检验，它的人民性和实践性在中国得到了充分贯彻，它的开放性和时代性在中国得到了充分彰显！"[①]在当代世界，中国的社会主义实践为社会主义发展提供了最好的时代样本，正是这种实践过程催生了马克思主义发展的新形态，也正是这个实践样本证明了马克思主义发展新形态的历史意义、时代意义、理论意义、实践意义和世界意义。

开放性是新形态的马克思主义的基本特性，根本的原因在于，21世纪世界的复杂性和社会主义发展中出现的新问题需要马克思主义理论的新解释，也需要新形态马克思主义提供理论指导。东欧剧变发生后，世界社会主义运动陷入低潮，但随着经济全球化进程不断走向深入和近期出现的逆全球化趋向，其发展呈现出新态势。作为世界上最大、最成功的社会主义国家，中国特色社会主义的改革实践开创了社会主义发展的新局面，中国共产党已经成为世界无产阶级政党中无可争议的中坚力量，中国特色社会主义成为世界社会主义运动的中流砥柱。面对21世纪世界社会主义运动的复杂局面，中国的发展、社会主义的发展和世界的发展，都面临一系列新问题：中国向何处去？社会主义向何处去？人类社会向何处去？所有这些问题，都需要从理论上作出坚实的回答。谁来回答？一些西方马克思主义者站

① 习近平：《在纪念马克思诞辰200周年大会上的讲话》，人民出版社2018年版，第14页。

在批判立场上对资本主义的分析，是一种“在野党”“反抗式”的回答，无疑对我们认清资本主义的本质具有重要意义，但它所缺乏的恰恰是对于社会主义发展来说最为重要的成功实践的理论反思和总结，因此注定是“在野式的”批判，而非建设性的理论。习近平新时代中国特色社会主义思想，基于中国智慧和中国方案对上述问题作出的科学回答，为世界社会主义的发展提供了建设性思想，为21世纪马克思主义的发展作出了原创性贡献，为许多发展中国家如何在经济全球化背景下有效抵制资本逻辑的控制而走向现代化提供了全新的理论方案，在马克思主义发展史和社会主义发展史上无疑具有重要的理论意义。一方面，习近平新时代中国特色社会主义思想，是中国特色社会主义实践的理论总结，是马克思主义中国化的最新成果，是当今世界百年大变局的时代背景下谱写的当代中国马克思主义新篇章。作为马克思主义中国化的最新成果，它在总结中国特色社会主义现代化建设的开创性实践基础上构筑起的当代中国的马克思主义思想体系，为社会主义的中国道路提供了理论基础，将为中华民族的伟大复兴提供有力的思想指引。另一方面，习近平新时代中国特色社会主义思想，是中国特色社会主义建设同当代世界社会主义运动交互促进的理论成果，是中国共产党对人类发展重大问题的思考和创见，为世界发展和21世纪社会主义的发展贡献的中国智慧和中国方案。党的十八大以来，中国改革开放事业不断取得新成就，为社会主义的发展带来新生机，使两种制度较量呈现新态势。这清楚说明，习近平新时代中国特色社会主义思想是面对国际国内形势新变化，面对人类历史发展新趋势而进行的全新理论探索，体现为全新的理论形态。

习近平新时代中国特色社会主义思想形成于21世纪的历史实践，也必将在21世纪的历史实践中进一步彰显其理论意义。习近平说：“把坚持马克思主义和发展马克思主义统一起来，结合新的实践不断作出新的理论创造，这是马克思主义永葆生机活力的奥妙所在。”[①]长期以来，马克思主义在中国之所以显示出强大的生命力，最根本的原因就在于我们把坚持马克思主义和发展马克思主义有机统一起来，既不走封闭僵化的老路，也不走改旗易帜的邪路。面对进入21世纪以来世情、国情、党情的不断变化，不断推进马克思主义中国化时代化，既是马克思主义发展的重要表现，又是无产阶级政党与社会主义国家继续健康向前发展的客观需要。党的十八大以来，以习近平同志为核心的党中央，以巨大的政治勇气和强烈的责任担当，提出一系列新理念新思想新战略，建构起科学系统的新时代中国特色社会主义思想体系，创造性地提出一系列坚持和发展中国特色社会主义的新思想、新论断、新提法、新举措，从理论和实践相结合的角度系统回答了“新时代坚持和发展什么样的中国特色社会主义、怎样坚持和发展中国特色社会主义，建设什么样的社会主义现代化强国、怎样建设社会主义现代化强国，建设什么样的长期执政的马克思主义政党、怎样建设长期执政的马克思主义政党”等重大时代课题，是最现实、最鲜活的马克思主义，有效回应了进入21世纪以来科学社会主义理论和实践中遭遇的诸多重大问题，其理论价值也必将为21世纪社会主义的发展所不断证实。习近平指出：“一部马克思主义发展史就是马克思、恩格斯以及他们的后继者们不断根据时代、实践、认识发展而发展的历史，是不断吸收人类历史上一切优秀思想文化成果丰富自己的历史。”[②]作为当代中国马克思主义，习近平新时代中国特色社会主义思想提供了一套理解中国发展进而理解世界发展的思想体系、价值体系、制度体系、目标体系、战略体系，将中国革命、建设和改革的思想成果贡献给世界。这一马克思主义发展的新形态，必将以开放包容的姿态继续丰富其内容，为发展着的历史实践继续提供理论解释和思想动力。

① 《习近平主持召开哲学社会科学工作座谈会强调：结合中国特色社会主义伟大实践加快构建中国特色哲学社会科学》，《人民日报》2016年5月18日。

② 习近平：《在纪念马克思诞辰200周年大会上的讲话》，人民出版社2018年版，第9页。

第一章

21世纪马克思主义的理论特性

21世纪马克思主义是马克思主义在当代社会的新形态，体现了鲜明的时代性、科学性、人民性、实践性、开放性。这些鲜明特征在19世纪、20世纪马克思主义所具有的理论特性的基础上，又增加了许多新内涵。这些鲜明特征凸显了21世纪马克思主义的本质和使命，全面展现了21世纪马克思主义的理论形象。这些鲜明特征是我们理解21世纪马克思主义的窗口。

一、21世纪马克思主义的时代性

恩格斯说："每一个时代的理论思维，包括我们这个时代的理论思维，都是一种历史的产物，它在不同的时代具有完全不同的形式，同时具有完全不同的内容。"①马克思主义正是这样的一种理论样态，它虽然诞生在自由资本主义处于上升时期的19世纪，但是在其历史发展进程中必然随着时代的发展与变化而不断改变其内容和形式。19世纪马克思主义侧重于在论证"两个必然"和"两个决不会"的基础上探索人类的彻底解放何以可能的问题，20世纪马克思主义则从理论和实践的双重维度来探索经济文化落后国家如何完成无产阶级革命以及建设社会主义国家的时代课题。21世纪马克思主义与19世纪马克思主义、20世纪马克思主义所处时代方位有着较大差别，必然深深打上21世纪时代特征的烙印。由此，时代性依然是21世纪马克思主义的鲜明特性。

（一）深刻回答21世纪时代问题

问题是时代的声音，每个时代都有属于自己的时代问题，而深刻回答这些时代问题则是马克思主义诞生以来的基本任务。习近平指出："每个时代总有属于它自己的问题，只要科学地认识、准确地把握、正确地解决这些问

① 《马克思恩格斯文集》第9卷，人民出版社2009年版，第436页。

题，就能够把我们的社会不断推向前进。”[①]人类进入21世纪，面临着许多关乎人类生存与发展的时代性问题。以色列共产党前总书记、政治局委员伊萨姆·马霍勒就指出：“自东欧剧变以来，资本主义试图让我们相信，全球变革是不可能的，他们谈到历史的终结和意识形态的终结，尤其是在全球化时代，资本主义试图降低劳动力成本，资本与劳动之间的不平等矛盾日益激化。即使在一些核心资本主义国家，在21世纪很明显存在着巨大的经济社会不平等，贫困、战争、人际关系的商品化、社会关系网的破坏、生态灾难，这些可怕的情况呼唤着革命性的变化。”[②]人类在21世纪，面临着社会不公平、贫困、现代化困境、生态环境失衡、科技伦理、恐怖主义、强权政治、霸权主义、新帝国主义、局部冲突等问题，这些问题均与资本主义制度有着千丝万缕的联系，21世纪马克思主义正是在深刻回答这些问题时应运而生的。

第一，深刻回答21世纪资本主义面临的时代性问题。从马克思主义的起源和发展历程来看，它与资本主义的发展过程与趋势有着十分密切的关系。“马克思主义是关于资本主义的科学，或者更恰当地说，是关于资本主义内在矛盾的科学。”[③]只要资本主义制度还存在，或者说，只要资本主义的内在矛盾对人类社会还产生影响，马克思主义就必然发挥其批判分析资本主义制度的基本功能。自冷战结束以来，世界资本主义获得了迅速发展。但是，资本主义的基本矛盾依然是生产资料的私人占有和社会化大生产之间的矛盾，资本的逐利本性依然是整个资本主义社会一切矛盾的根源。经济危机时有发生，尤其是2008年由美国次贷危机而引发的全球性金融危机则是资本主义世界体系自20世纪30年代经济大萧条以来最严重的经济危机。在资本主义基本矛盾的推动下，资本主义国家内部产生了形式各异的严

① 习近平：《之江新语》，浙江人民出版社2007年版，第235页。

② 宋涛主编：《21世纪马克思主义与新时代中国特色社会主义》，人民出版社2019年版，第54页。

③ 俞可平主编：《全球化时代的“马克思主义”》，中央编译出版社1998年版，第73页。

重社会问题，如贫富分化、社会不公以及社会治理的混乱无序等，资本主义国家采取显性手段如经济渗透、军事侵略、培植代理人等和其他隐性手段如文化殖民、意识形态输出等掠夺、压榨、剥削发展中国家和地区人民创造的财富。面临形形色色的资本主义时代性问题，马克思主义依然活跃在当今世界的舞台上，“《共产党宣言》发表170年来的历史进程表明，马克思主义在21世纪仍然具有强大的生机和活力，仍在为解决当今世界面临的问题提供方案”①。分析和回答资本主义面临的一系列时代性问题并以此为基点，推动了21世纪马克思主义的新发展。一些以马克思主义为指导的政党也对当代资本主义的时代性问题作了深刻回答，如加拿大共产党领袖伊丽莎白·罗利就指出当代资本主义越来越依靠军事力量来维持其霸权统治，“它在根本上具有剥削性、反动性和好战性”②。21世纪的资本主义依然活跃在这个时代，资本主义的固有矛盾依然存在，深刻回答资本主义社会面临的时代性问题依然是马克思主义的基本任务，也是发展21世纪马克思主义的主要素材。

第二，深刻回答21世纪社会主义面临的时代性问题。从马克思主义诞生以来的发展历程看，马克思主义是关于指导社会主义革命、建设和改革事业发展的科学。深刻回答社会主义在自马克思主义诞生以来各个时代所面临的时代性问题就是其中的基本任务。社会主义在东欧剧变后一度陷入低潮，各种关于社会主义失败、马克思主义失败的庸俗论调风起云涌。的确，东欧剧变给世界社会主义运动造成了不可估量的重大损失。但是，东欧剧变并不能说明社会主义已经失败了，只是以无可辩驳的事实证明了以苏联模式为代表的那种社会主义已经失败了。邓小平在反思东欧剧变带来的负面影响的历史课题时鲜明指出：“一些国家出现严重曲折，社会主义

① 宋涛主编：《21世纪马克思主义与新时代中国特色社会主义》，人民出版社2019年版，第35页。

② 宋涛主编：《21世纪马克思主义与新时代中国特色社会主义》，人民出版社2019年版，第76页。

好像被削弱了，但人民经受锻炼，从中吸取教训，将促使社会主义向着更加健康的方向发展。因此，不要惊慌失措，不要认为马克思主义就消失了，没用了，失败了。哪有这回事！”[①]东欧剧变的历史教训是必须加以深刻反思的。经济文化落后的国家在确立社会主义制度之后如何建设社会主义是一个重大的历史性课题，是必须运用马克思主义的普遍真理来对其作科学回答的。邓小平创造性地回答了“什么是社会主义、怎样建设社会主义”的问题，开启了建设中国特色社会主义现代化事业的新征程。党的十八大以来，以习近平同志为主要代表的中国共产党人继承和发展了这一成功经验，使中国特色社会主义事业取得了巨大成功，不断续写了21世纪马克思主义的新篇章。深刻回答21世纪如何建设社会主义的问题是关乎社会主义国家生死存亡命运的重大问题，是推动21世纪马克思主义实现创新发展的关键所在。

第三，深刻回答人类面临的其他重大时代性问题。除了资本主义国家和社会主义国家面临的时代性问题，人类在21世纪还必然面临着许多关乎自身生存与发展的时代性问题，深刻回答这些时代性问题同样是21世纪马克思主义的基本任务。人类在21世纪的时代主题是和平与发展。和平是人类实现发展的前提和基本条件，发展是人类维系自身持续存在的根基。人类在21世纪面临着一系列关乎自己生存与发展命运的重大问题，如贫困、战争、饥饿、环境污染、生态破坏、种族歧视、社会不公、性别不平等。解决人类在21世纪面临的重大时代问题，同样是发展21世纪马克思主义的历史任务。21世纪中国特色社会主义围绕以回答“世界怎么了、我们应该怎么办”的时代性问题为中心提出了全球治理的一系列方案和策略，比如习近平总书记提出了构建人类命运共同体和“一带一路”倡议的战略蓝图等，为发展21世纪马克思主义做出了创新性贡献，并形成了一系列思想成果。可以说，正是在深刻回答人类在21世纪面临的关乎自身生存与发展的问题的过

① 《邓小平文选》第3卷，人民出版社1993年版，第383页。

程中，马克思主义在21世纪实现了创新发展。

“时代是出卷人”，21世纪的伟大时代给当代人类抛出了各种反映时代特征的深层次问题，深刻回答这些问题是发展21世纪马克思主义的基本任务和客观要求。正是在深刻回答人类在21世纪所遇到的各种时代性问题的过程中，推动了21世纪马克思主义的蓬勃发展，丰富了21世纪马克思主义的思想内容，谱写了21世纪马克思主义的新篇章。

（二）主动引领21世纪时代潮流

人类社会每时每刻都在不断向前发展，每个时代都有反映其时代发展特色的潮流。马克思主义自诞生以来，就把引领时代潮流作为其基本任务。在19世纪，马克思和恩格斯立在时代最前沿，创立了关于无产阶级解放、资本主义社会过渡到共产主义社会的科学学说而引领了这个时代的潮流。在20世纪，一大批马克思主义者站在了反压迫反剥削的阶级斗争、反殖民侵略的民族解放斗争风起云涌的时代最前沿，运用马克思主义的普遍真理分析和探索了本国、本地区社会主义革命和建设以及反抗殖民斗争的现实途径、条件、策略等重大问题，引领了20世纪的时代潮流。在21世纪，人类社会因现代化、全球化、市场化、信息化、智能化的深入发展而发生了翻天覆地的变化，人类的生产方式、生活方式和价值观念与之前相比发生了根本性的变革。时代是思想之母，伟大的时代也是人类思想大发展、大繁荣的时代。新自由主义、新保守主义、民主社会主义、结构主义、后现代主义等思潮得到不同程度的发展。马克思主义作为观察当代世界变化的认识工具、引领人类社会进步的科学真理，在21世纪也获得了较快的发展，以独具时代魅力特色的伟大成果引领这个时代的发展潮流。

第一，以“我们正在做的事情”为中心，以突出的发展成就彰显马克思主义的思想光辉和魅力，使21世纪马克思主义成为引领时代潮流的精神高地。坚持和发展马克思主义，就要努力完成马克思主义在各个时代的历史任务。21世纪马克思主义必须接过前人的“接力棒”，继续以“我们正在做的事情”为中心，努力开辟马克思主义发展新境界。坚持和发展中国特色社会主义事业是发展21世纪世界社会主义事业的标杆，其伟大成果是21世纪马克思主义的重要组成部分。以习近平同志为主要代表的中国共产党人带领中国人民以实现中华民族的伟大复兴为目标，不断攻坚克难、艰苦创业，不断开创中国特色社会主义事业发展新局面，取得了一个又一个举世瞩目的伟大成就，使近代以来久经磨难的中华民族迎来了从站起来、富起来到强起来的伟大飞跃。特别是自党的十八大以来，在以习近平同志为核心的党中央的坚强领导下，在统筹推进“五位一体”总体布局和协调推进“四个全面”战略布局的进程中，中国特色社会主义事业发展成就更加光彩照人，“五年来的成就是全方位的、开创性的，五年来的变革是深层次的、根本性的”①。取得伟大发展成就的生动实践深刻回答了“马克思主义为什么行”“中国共产党为什么能”“中国特色社会主义为什么‘好’”三大问题。2008年金融危机后，世界资本主义国家经济增长长期乏力、内部矛盾加剧，而中国经济长期保持较高增长率、社会长期保持和谐稳定，这也充分说明了社会主义制度具有比资本主义制度更多的制度优势。中国特色社会主义的伟大发展成就充分证明了21世纪马克思主义的真理力量，也吸引了一些国际上重要人士对当代中国马克思主义和中国特色社会主义的殷切关注。俄罗斯联邦共产党中央主席团成员吉奥尔吉·卡姆涅夫在批驳当今世界盛行的马克思主义无用论时尖锐指出：“要揭穿类似的荒谬说法，看一看中国就够了。中国已经成为世界最大的工业强国，居住着世界1/5的人口，它战胜了贫困和落后，走上了全球经济和科学发展的领先地位，中国做到这一点并不是违背而恰恰是得益于马克思的理论遗产。”②可以说，以习近平同志为主要代表的中国

① 习近平：《决胜全面建成小康社会 夺取新时代中国特色社会主义伟大胜利——在中国共产党第十九次全国代表大会上的报告》，人民出版社2017年版，第8页。

② 宋涛主编：《21世纪马克思主义与新时代中国特色社会主义》，人民出版社2019年版，第20页。

共产党人坚持把“我们正在做的事情”做好，就是对马克思主义的坚守与创新，就是在发展21世纪的马克思主义。中国特色社会主义的伟大成就大力彰显了马克思主义的思想光辉和魅力，使21世纪马克思主义、当代中国马克思主义成为引领时代潮流的精神高地。

第二，紧扣时代主题，顺应世界发展大势，主动承担人类社会历史重任，在风云变幻的世界舞台中贡献马克思主义智慧，使21世纪马克思主义成为引领时代潮流的方向盘。冷战结束以后，经济全球化、世界多极化、文化多样化、社会信息化加速推进，人类社会发展进入一个百年未有之大变局的新时期。在这个新时期，“世界怎么了，我们该怎么办”“人类向何处发展，怎样发展”等重大的时代问题也凸显出来，和平赤字、发展赤字、信任赤字和治理赤字成为当今人类社会发展问题的焦点。以习近平同志为主要代表的中国共产党人坚持马克思主义的基本立场、观点和方法，在顺应世界发展大势的基础上提出了应对当代世界新变化、新情况、新问题、新矛盾、新难题的发展战略和理念，比如构建人类命运共同体，提出“一带一路”倡议，推动建设相互尊重、公平正义、合作共赢的新型国际关系，倡导建设持久和平、普遍安全、共同繁荣、开放包容、清洁美丽的新世界，坚持走和平发展道路，等等。这些宏大的发展战略和崭新的发展理念既充分展现了马克思主义思想的当代价值，也体现了以习近平同志为主要代表的中国共产党人对马克思主义的坚守与创新的使命担当。这些伟大成果是人类在21世纪解决时代课题、破解时代难题的指导纲领，已经赢得了高度赞誉，已经成为引领当今时代潮流的鲜明旗帜。特别是习近平总书记提出的关于构建人类命运共同体的崭新理念，于2017年11月2日被写入第72届联合国大会国际安全与裁军委员会的两份决议之中。

第三，主动参与当代社会各种流行思潮的交流与对话，在交流与对话中展现马克思主义的思想魅力，使21世纪马克思主义成为引领时代潮流的润滑剂。时代是思想之母，急剧变革的时代必然是思想大发展的伟大时代。在诸多领域发生急剧变革的21世纪，各种新风险、新矛盾、新问题接踵而至，需要人们为应对新风险、分析新矛盾、解决新问题开良方。习近平新时代中国特色社会主义思想是当代中国马克思主义、21世纪马克思主义，它秉承了以往马克思主义的开放性特征，以博大的胸怀、宽广的视野主动参与当代社会各种流行思潮的交流与对话。近六年来，在中国先后举办了中国共产党与世界政党高层对话会、纪念马克思诞辰200周年国际会议、北京大学世界马克思主义大会等大型会议。在这些大型会议中，当代中国马克思主义与各种社会思潮进行交流、对话，让许多国外学者或有识之士深刻认识了当代中国和当代中国马克思主义、21世纪马克思主义。哥斯达黎加广泛阵线总书记安东尼奥·奥尔特加就指出："在拉丁美洲，我们长期受帝国主义和殖民主义的侵害，中国历史上也曾经历过帝国主义剥削，但是靠着中国人民的努力和马克思主义思想，中国人民迎来了从站起来、富起来到强起来的伟大飞跃，我相信中国的理念可以极大促进21世纪马克思主义的发展，也会对世界发展道路新的探索作出引领。"①可以说，当代中国马克思主义正是在主动参与当代各种社会思潮的交流与对话中，彰显了其独特优势和魅力，进而成为引领当今社会时代潮流的润滑剂。

就当前21世纪马克思主义的发展成就来看，它已经成为引领当代社会发展的时代潮流的思想，已经赢得不同国家和地区人民的广泛关注。"历史车轮滚滚向前，时代潮流浩浩荡荡"，21世纪马克思主义必须勇立时代潮头，不断在引领时代潮流中实现创新发展，不断续写辉煌灿烂、波澜壮阔的新篇章，不断把马克思主义推向新阶段。

① 宋涛主编：《21世纪马克思主义与新时代中国特色社会主义》，人民出版社2019年版，第115页。

（三）努力建构21世纪美好社会

建构美好社会是社会主义500年来沧桑历程中孜孜以求的伟大理想，更是马克思主义自诞生以来奋力追求的价值目标。马克思和恩格斯在《共产党宣言》中对未来新社会作出如下概括："代替那存在着阶级和阶级对立的资产阶级旧社会的，将是这样一个联合体，在那里，每个人的自由发展是一切人的自由发展的条件。"①这样的新社会正是自由人联合体，是未来的共产主义社会。为实现共产主义社会的远大理想，无数马克思主义者为此奋斗终生，写下了可歌可泣的悲壮故事。但是，"共产主义决不是'土豆烧牛肉'那么简单，不可能唾手可得、一蹴而就"②，而是一个十分漫长、复杂的过程。实现共产主义依然是21世纪马克思主义始终坚持的崇高理想，建构21世纪美好社会则是实现这一崇高理想的阶段性目标。当代中国是21世纪马克思主义实践创新和理论创新的试验场和中心，新时代中国特色社会主义事业的历史性成就正是建构21世纪美好社会的生动写照。

第一，以实现全体人民共同富裕为统领，充分展现21世纪马克思主义的现实关怀。马克思主义并不是高悬于神圣殿堂的抽象教条，观照人类现实并指引现实的合理发展是其存在的根本价值。在当代中国，实现全体人民共同富裕是以习近平同志为主要代表的中国共产党人遵照马克思主义观照现实的理念而提出的关于建构美好社会的目标构想。习近平总书记指出："消除贫困、改善民生、实现共同富裕，是社会主义的本质要求。"③实现共同富裕不是实现"同步富裕"或实现"同时富裕"，更不是"杀富济贫"，而是在全面建成小康社会的基础上"先富带动后富"，逐步消除两极分化，逐步实现全体人民的共同富裕。习近平总书记在党的十九大报告中指出，在全面建成小康社会的基础上，计划用两个阶段来完成实现全体人民共同

① 《马克思恩格斯文集》第2卷，人民出版社2009年版，第53页。
② 《习近平谈治国理政》第2卷，外文出版社2017年版，第142页。
③ 《习近平谈治国理政》第1卷，外文出版社2018年版，第189页。

富裕的伟大目标，即：第一个阶段，从2020年到2035年，全体人民共同富裕迈出坚实步伐；第二个阶段，从2035年到本世纪中叶，全体人民共同富裕基本实现。在以习近平同志为核心的党中央的坚强领导下，我国2020年已经取得了全面建成小康社会的决定性成就，特别是在中国共产党建党100周年的2021年，我国国内生产总值已经达到114万亿元，人均国内生产总值已经超过世界平均水平。在新的历史征程上，中国共产党将继续围绕实现全体人民共同富裕的伟大奋斗目标，带领全体中国人民建设好新时代中国特色社会主义事业，奋力谱写中国社会主义现代化建设事业的壮丽篇章。总之，实现全体人民共同富裕是21世纪马克思主义的精彩篇章，充分体现了马克思主义关于带领人民走向幸福生活的价值理念。

第二，以确立实现社会主义现代化阶段性目标为方向，大力彰显21世纪马克思主义的使命本色。实现社会主义现代化，是马克思主义政党夺取政权后的重大任务，更是建构美好社会的核心内容。东欧剧变后，以邓小平同志、江泽民同志、胡锦涛同志和习近平同志为代表的中国共产党人始终坚持运用马克思主义的基本立场、观点和方法创造性地解答在经济文化落后的国家如何建设社会主义现代化事业的历史性课题，破解了许多重大难题，提出了一系列切实可行的社会主义现代化建设方案，明确了走中国特色社会主义道路的行动纲领，历经40多年努力奋斗取得了辉煌耀眼的中国特色社会主义现代化成就。中国特色社会主义进入新时代后，在以习近平同志为核心的党中央的坚强领导下，中国共产党人深刻回答了新时代坚持和发展中国特色社会主义的一系列重大理论和现实问题，明确了新时代坚持和发展中国特色社会主义的基本方略，开启了全面建设社会主义现代化国家新征程，制定了在新时代实现社会主义现代化的两个阶段性目标。这两个宏伟的阶段性目标是在中国特色社会主义进入新时代的大背景下提出来的，体现了中国共产党在新的时代条件下为人民谋幸福和为民族谋复兴而建构美好社会的使命担当。

第三，以推动构建人类命运共同体为指向，全面凸显21世纪马克思主义的人类情怀。人类在21世纪处于一个前所未有之大变局的新时期：一方面，人类迎来了前所未有的发展机遇期，在全球化、市场化、现代化、智能化、数字化、信息化等方面深入发展驱动下，日益形成“你中有我，我中有你”的新格局；另一方面，各种威胁人类实现持久和平与繁荣发展的问题和矛盾如环境污染、生态破坏、资源紧张、霸权主义、强权政治、单边主义、逆全球化、局部战争、饥饿疾病、恐怖主义等普遍存在，当代世界并不是和谐平安、清洁美丽、幸福安康的世界。“人类将往何处发展，怎样发展”成为重大的时代课题。中国共产党在解决好“为人民谋幸福”和“为民族谋复兴”的时代课题的同时，还积极参与全球治理，把为世界谋大同作为其重要任务。“为世界谋大同”是马克思主义关注人类未来发展问题的理想性诉求，是以习近平同志为主要代表的中国共产党人为全人类构建美好社会的价值理念，也是其发展21世纪马克思主义的历史任务。推动构建人类命运共同体，正是以习近平同志为主要代表的中国共产党人正确运用马克思主义原理与方法来解决“为世界谋大同”问题的中国方案。以习近平同志为主要代表的中国共产党人高举构建人类命运共同体的旗帜，制定了一系列推动构建人类命运共同体的重大举措，并将其写进了重要的文件如《中国共产党第十九届中央委员会第四次全体会议公报》中。由此，在21世纪的今天，以习近平同志为主要代表的中国共产党人把推动构建人类命运共同体作为价值目标，从而推动了马克思主义的创新性发展，进一步凸显了马克思主义为人类建构美好社会的情怀。

实践创新永无止境，认识真理永无止境，建构美好社会永无止境。马克思主义的价值取向就是为全人类建构美好社会。在21世纪的今天为人类建构美好社会，既是努力完成马克思主义关于建设美好社会的阶段性目标，也是推动21世纪马克思主义发展的重要内容。在急剧变革的21世纪，不仅要从理论上去探索美好社会的建构问题，还要在实践中不断推进美好社会的建设，不断以美好社会的壮丽图景引领人类社会的发展方向。

二、21世纪马克思主义的科学性

“马克思主义揭示了人类社会发展规律，是认识世界、改造世界的科学真理。”[①]科学性是马克思主义的重要特性。马克思在生前，就强调用作为“真正的知识”的实证科学代替作为“意识的空话”的思辨哲学，其一生都在从事科学研究并以重要的科学成果而载入史册，从而奠定了“马克思主义是一门科学”的基础。马克思逝世后，恩格斯将马克思的学说总结为“关于现实的人及其历史发展的科学”[②]。列宁指出，马克思和恩格斯交给工人阶级的是关于“自我认识和自我意识”[③]的科学。毛泽东指出，中国共产党在28年革命中战胜敌人的武器不是机关枪，而是马克思列宁主义，因为马克思列宁主义是“放之四海而皆准的普遍真理”[④]。邓小平认为：“世界上赞成马克思主义的人会多起来的，因为马克思主义是科学。”[⑤]正因为马克思主义为人们提供了认识世界和改造世界的科学世界观和方法论，它才赢得了人们的广泛赞誉、拥护和爱戴，并让人们确立起对马克思主义的崇高信仰。习近平在纪念马克思诞辰200周年大会上的讲话中指出：“马克思主义是科学的理论，创造性地揭示了人类社会发展规律。”[⑥]21世纪马克思主义是关于当代人类实践发展及其规律的科学真理，是中国共产党领导全国各族人民在新时代继续推进中国特色社会主义事业蓬勃发展的科学世界观与方法论。

---

① 《中共中央关于党的百年奋斗重大成就和历史经验的决议》，人民出版社2021年版，第63页。

② 《马克思恩格斯文集》第4卷，人民出版社2009年版，第295页。

③ 《列宁专题文集·论马克思主义》，人民出版社2009年版，第53页。

④ 《毛泽东选集》第4卷，人民出版社1991年版，第1470页。

⑤ 《邓小平文选》第3卷，人民出版社1993年版，第382页。

⑥ 习近平：《在纪念马克思诞辰200周年大会上的讲话》，人民出版社2018年版，第7页。

(一)深化对“三大规律”认识的最新成果

在各个历史时期，根据实践发展和时代变化来深入探索共产党执政规律、社会主义建设规律和人类社会发展规律是坚持和发展好马克思主义的历史任务。党的十八大以来，中国特色社会主义进入新时代，以习近平同志为主要代表的中国共产党人坚持运用马克思主义的基本立场、观点和方法来分析和探究新阶段的人类社会发展、新时代中国特色社会主义建设和新形势下的马克思主义执政党建设等新问题、新情况，形成了一系列关于共产党执政规律、社会主义建设规律和人类社会发展规律的新思想、新观点，进而深化了对“三大规律”的认识。

第一，深化了对共产党执政规律的认识，形成了重要的关于马克思主义政党建设的重要成果。中国共产党是领导人民推进社会主义伟大事业建设的根本政治力量。共产党执政规律是马克思主义政党在治国理政实践过程中所呈现出来的基本规律，为中国共产党领导人民建设社会主义事业提供根本遵循。东欧剧变以后，整个世界发生了巨大变化，马克思主义政党面临着严峻的执政形势、经历着前所未有的执政考验，马克思主义执政党建设被摆在了突出位置。以习近平同志为主要代表的中国共产党人，在深刻总结、反思马克思主义政党以往建设的历史经验基础上，结合中国共产党的现实状况，深刻解答了“建设什么样的党、怎样建设党”的建党课题，形成了一系列关于推进马克思主义执政党建设的新论断、新思路、新观点、新思想，广泛涉及党的建设的伟大目标、战略布局、历史任务、基本内容以及党的宗旨、性质、规章制度、工作路线、思想路线、理想信念等多个方面，取得了一系列丰硕成果。这些成果包括全面从严治党理论以及关于党的先进性和纯洁性建设、政治建设、组织建设、思想建设、反腐倡廉建设等的一系列思想理论。这些重要成果是指导中国共产党治国理政的重要法宝，在中国特色社会主义事业建设中发挥了根本性作用。可以说，在马克思主义执政党建设中取得的一系列重要成果，深化了对共产党执政规律的认识，是指导马克思主义执政党领导人民治国理政、干事创业的科学真理。

第二，深化了对社会主义建设规律的认识，形成了关于推进社会主义建设的重要成果。自马克思主义诞生以来，探索社会主义建设规律就成为其中的理论主题和实践主题。十年“文化大革命”和东欧剧变的惨痛教训，在客观上要求人们必须科学回答“什么是社会主义”“如何建设社会主义”的重大课题。邓小平深刻反思和总结苏联和中国数十年社会主义建设的经验教训，创造性地回答了“什么是社会主义”“如何建设社会主义”的重大课题，形成的重要成果深化了对社会主义建设规律的理论认识，成功开创了中国特色社会主义事业新局面。人类进入21世纪以后，“什么是社会主义”“如何建设社会主义”依然是世界社会主义运动中必须解决的时代课题。以习近平同志为主要代表的中国共产党人结合中国特色社会主义事业建设的实际，深刻总结、分析新中国成立至今特别是改革开放以来建设社会主义的历史经验，深刻回答了“建设什么样的中国特色社会主义”“如何坚持和发展中国特色社会主义”的一系列问题，创造性地提出了一系列关于中国特色社会主义建设的新论断、新理念、新思想、新观点、新理论，广泛涉猎社会主义的政治、经济、文化、社会、生态文明、民生保障、科技、教育、军事、外交等多个方面，关涉社会主义的道路、性质、方向、本质及建设方略、社会主要矛盾等诸多问题。这些新成果在中国特色社会主义事业发展过程中发挥了重大作用，使中国特色社会主义事业发展取得举世瞩目的伟大成就，从根本上扭转了东欧剧变以来世界社会主义运动长期陷入低潮的不利局面，在中国高高举起社会主义、马克思主义的旗帜。这些新成果是21世纪马克思主义的重要内容，在指导中国特色社会主义事业建设过程中发挥了重大作用并取得了举世瞩目的伟大成就，已经被实践证明是指导中国特色社会主义事业建设的科学真理。

第三，深化了对人类社会发展规律的认识，形成了解决当代人类社会发展难题的新方案、新思路。“正像达尔文发现有机界的发展规律一样，马克思发现了人类历史的发展规律”[①]。历史唯物主义是马克思主义经典作家考察人类社会历史发展客观规律的重大成果，为人们认识人类历史发展规律提供了基本立场、观点和方法。进入21世纪以来，当代世界出现了许多新问题、新情况、新矛盾，需要人们对其加以考察、认识和探究。以习近平同志为主要代表的中国共产党人充分运用历史唯物主义的原理与方法来深入研究这些新问题、新情况、新矛盾，为人们深刻认识当今世界的新变化以及解决当代社会发展中的重大课题提供新的思路、方法、方案。其一，深刻分析和研判冷战结束后的世界变化趋势，为解决当代社会重大问题提供药方。以习近平同志为主要代表的中国共产党人努力运用历史唯物主义的一些重要原理与方法深刻分析了当代世界的发展趋势，提出一系列关于当代社会发展新趋势的新论断、新观点、新理念，这些成果为指引人类走向光明前景和中国融入世界潮流把舵定航，为规避当代社会发展进程中的风险和负面效应起到了积极作用。在深刻把握当代社会发展趋势的基础上，21世纪的马克思主义者还在不同程度上提出了解决当代社会发展重大问题的合理方案。如习近平总书记提出了构建人类命运共同体、“一带一路”倡议、构建新型大国关系等重要方案来缓解发展赤字、破解治理赤字、消解和平赤字。其二，深刻总结当代人类社会实践的新进展，深化了对唯物史观中关于人类社会发展规律的许多理论观点的认识。深刻总结当代人类社会实践的新过程和新成果，是获得新思想、新观点和新理论的重要途径。以习近平同志为主要代表的中国共产党人，深入总结当代人类社会实践的新进展，产生了许多具有跨时代意义的思想成果，这些思想成果深化了对唯物史观中许多理论观点的认识，比如，坚持以人民为中心的发展理念深化了对“人民是历史的创造者”以及马克思主义政党工作路线等观点的认识，全面深化改革理论深化了对通过改革解决社会基本矛盾促进

① 《马克思恩格斯文集》第3卷，人民出版社2009年版，第601页。

社会生产力快速发展的理论认识，坚持“绿水青山就是金山银山”的生态文明理念深化了人与自然关系的理论认识，等等。21世纪马克思主义中关于人类社会发展规律的一系列新成果，既是对当代人类社会发展趋势的总体研判，也是对当代人类社会实践经验的深刻总结，既丰富了人类社会发展规律的思想宝库，也为人们解决当代人类社会发展难题提供了新方案、新思路。

科学认识“三大规律”在马克思主义体系中占据着十分重要的地位，21世纪马克思主义将进一步深化对“三大规律”的认识，为人类实践、社会主义建设实践和中国共产党的治国理政实践提供科学指南，进一步丰富马克思主义的思想宝库。

（二）指导21世纪社会主义实践发展的科学方法论

“工欲善其事，必先利其器。”认识规律是为了运用规律，是为了更好地改造世界以满足人们日益增长的现实性需要。马克思主义既是认识共产党执政实践、社会主义建设实践和人类实践的科学，也是指导人们运用这些规律推进社会主义实践发展的科学。21世纪马克思主义是对“三大规律”深化认识的最新成果，内在地蕴含着指导21世纪社会主义实践发展的科学方法论。

第一，创造性运用马克思主义的思维方法来深刻分析和考察21世纪社会主义实践发展的复杂性、系统性、曲折性等问题，科学提炼了一系列指导21世纪社会主义事业实现创新发展的重要思维方法。思维方法是一切方法中最根本、最核心的方法，马克思主义思维方法是马克思主义者思考、分析一切问题的根本方法。21世纪马克思主义是推进21世纪社会主义事业发展的思想指南，蕴含着一系列关于推进21世纪事业发展的思维方法。具体来说，这些思维方法大致可以概括为辩证思维方法、历史思维方法、战略思维方法、底线思维方法、创新思维方法、法治思维方法等。习近平总书记创造性地发挥了这些思维方法的精髓，如他经常提到改革的系统性、整体性和协同性的辩证思维，“历史是最好的教科书”的历史思维，“受警醒、明底线、知敬畏”的底线思维，“明者因时而变，知者随时而制”的创新思维等。系统掌握这些思维方法有助于提升和增强人们干事创业的思维能力如辩证思维能力、历史思维能力、战略思维能力、底线思维能力、创新思维能力、法治思维能力、系统思维能力等。人们的思维能力得到增强和提升，在客观上将提升人们干事创业的综合能力，有效提高人们的工作效率，是事业获得兴旺发达的重要保证。21世纪马克思主义中所蕴含的思维方法是指导人们发展好21世纪社会主义事业的重要利器。

第二，创造性地运用马克思主义思想方法和工作方法来分析和探究推进21世纪社会主义事业发展进程中的主要问题，深化提炼了一系列指导21世纪社会主义事业实现蓬勃发展的重要思想方法和工作方法。马克思主义思想方法是马克思主义政党求索真理、创新理论的重要方法，马克思主义工作方法是帮助人们做好工作、干好事业的重要武器，这两类方法在整个马克思主义方法体系中具有重要的地位和作用。总体看来，21世纪马克思主义的思想方法和工作方法是在汲取以往思想方法和工作方法的经验和智慧的基础上，又根据新的实践和理论探索作出了一定的创新。其一，21世纪马克思主义的思想方法是进行理论创新的重要武器。大致看来，21世纪马克思主义的思想方法主要包括以下方面：一是坚持解放思想和实事求是相统一的求真方法；二是增强问题意识和坚持问题导向相统一的方法；三是贯彻经验总结与开创未来相统一的方法；四是坚持“摸着石头过河”和顶层设计相统一的方法；五是坚持依靠学习走向未来的方法。这些思想方法为马克思主义政党求索真理和创新理论起到了极为关键的作用，21世纪马克思主义中许多重大思想成果都是借助于这些思想方法而取得的。其二，21世纪马克思主义的工作方法是人们做好工作的重要武器。大致看来，21世纪马克思主义的工作方法主要包括以下方面：一是坚持实事求是与调查研究相统一的求实方法；二是坚持统筹兼顾、全面协调的方法；三是坚持“一分部署、九分落实”的方法；四是坚持踏石留印、抓铁留痕的实干方法；五是坚持以人民为中心的群众方法。这些工作方法是马克思主义政党领导人民在推进21世纪社会主义伟大事业进程中取得辉煌成就的制胜法宝。这些思想方法和工作方法是辩证统一的，并处于同一个方法体系之中。有的方法则同时是思想方法和工作方法，如“实事求是”方法。习近平总书记就指出：“实事求是，是马克思主义的根本观点，是中国共产党人认识世界、改造世界的根本要求，是我们党的基本思想方法、工作方法、领导方法。”①21世纪马克思主义为人们提供的以上思想方法和工作方法，是指导人们推进21世纪社会主义事业实现蓬勃发展的科学方法，是21世纪马克思主义的重要内容。

总的来说，21世纪马克思主义所蕴含的科学方法论，是关于推进21世纪社会主义事业发展的一个层次分明、结构完整的方法论体系。这一方法论体系已经在当前社会主义事业进程中发挥了重要的功能作用，其所取得的伟大成就则是人们充分运用这一方法论体系认识世界和改造世界的直接结果。努力掌握好21世纪马克思主义所蕴含的科学方法论，对于继续推进21世纪社会主义事业的创新发展具有重大意义。

（三）坚持开辟真理发展新道路的科学品质

习近平总书记指出：“马克思主义是随着时代、实践、科学发展而不断发展的开放的理论体系，它并没有结束真理，而是开辟了通向真理的道路。”②可以说，不断开辟通向真理新道路是马克思主义的科学品质。21世纪马克思主义是在时代变化、实践发展、科学进步的基础上而实现创新发展的，是以不断求索真理、创新理论、推动实践发展为目的的新形态。从21

① 《习近平谈治国理政》第1卷，外文出版社2018年版，第25页。

② 习近平：《论党的宣传思想工作》，中央文献出版社2020年版，第224页。

世纪马克思主义的基本内容和精神实质来看，它正是在不断开辟真理发展新道路的过程中而实现创新发展的，并以此开辟了21世纪马克思主义发展的新境界。

第一，坚持实事求是，始终保持严谨认真的求实态度。实事求是是马克思主义政党思想路线的核心，也是探索真理、创新理论和推动实践发展始终必须坚持的基本原则。在马克思主义发展的历史上，违背实事求是原则曾经给新民主主义革命事业和社会主义建设事业造成了极为惨重的损失，比如在社会主义革命和建设时期的“浮夸风”“共产风”都给中国社会主义建设事业带来重大损失。“文化大革命”结束后，以邓小平同志为主要代表的中国共产党人深刻反思违背实事求是原则的经验教训，重新确立了实事求是的思想路线。21世纪马克思主义的发展全面坚持了实事求是的基本原则。可以说，贯穿于习近平新时代中国特色社会主义思想的核心原则正是实事求是。习近平总书记多次强调，当代中国正处于社会主义的初级阶段，必须立足于社会主义初级阶段这个“最大实际”，中国特色社会主义事业建设必须坚持从这个“最大实际”出发。正是基于此，21世纪马克思主义始终保持了严谨认真的求实态度，在求实中实现了创新发展。

第二，坚持解放思想，始终保持锐意进取的探索精神。解放思想就是要求人们要勇于冲破教条主义和经验主义的陈旧藩篱，充分运用辩证唯物主义和历史唯物主义的原理和方法从多个视角、多个方面来透视、探索和把握客观事物的内在联系、本质和发展规律，以获得更加深刻而正确的理性认识。21世纪马克思主义在继承以往马克思主义的经典成果基础上，又不断解放思想，深刻总结和反思自苏联社会主义制度确立以来世界社会主义运动和发展的历史经验教训，获得了新的伟大成果。走中国特色社会主义道路绝不是马克思主义经典作家们提前设定的道路模式，而是中国共产党人不断总结以往社会主义建设经验并带领中国人民在实践探索中逐步走出来的。习近平总书记指出：中国特色社会主义是社会主义而不是其他什么主义，科学社会主义的基本原则不能丢，丢了就不是社会主义，科学社会主义也绝不是“一成不变的教条”，“当代中国的伟大社会变革，不是简单延续我国历史文化的母版，不是简单套用马克思主义经典作家设想的模板，不是其他国家社会主义实践的再版，也不是国外现代化发展的翻版”[①]。如果不坚持解放思想，就很难开创中国特色社会主义事业发展新局面。坚持解放思想，始终保持锐意进取的探索精神，是21世纪马克思主义不断取得辉煌成就的关键所在。

第三，坚持与时俱进，始终保持积极开拓的创新品格。与时俱进是马克思主义的活的灵魂，是马克思主义实现创新发展必须坚持的基本原则。人类进入21世纪以来，面临着许多前所未有的新情况、新问题、新矛盾、新难题，解决这些新情况、新问题、新矛盾、新难题就成为发展21世纪马克思主义的历史任务。与此同理，要解答好21世纪的新课题，就必须坚持好与时俱进的基本原则，并始终保持积极开拓的创新品格。创新是坚持与时俱进的必然要求，是解答好21世纪的新课题和推动事业蓬勃发展的根本出路。习近平总书记指出：“要突破发展瓶颈、解决深层次矛盾和问题，根本出路在于创新”[②]。以习近平同志为主要代表的中国共产党人善于洞察人类社会在新世纪以来的变化趋势，结合中国特色社会主义发展实际状况作出了“我们仍然处于大有可为的战略机遇期”的重要论断，以此为根据创造性地探索和解答推进中国特色社会主义事业发展的基本方略、战略目标等重大理论课题和实践课题，创立了习近平新时代中国特色社会主义思想。这一伟大成果突出反映了当代人类社会新变化、社会主义实践新发展、人民新需求，是以习近平同志为主要代表的中国共产党人始终保持积极开拓的创新品格而取得的。以习近平同志为主要代表的中国共产党人正是以创新理念为引领，才在风云变幻的时局中不断化危为机、转危为安，取得一个又一个辉煌成果，

① 习近平：《在纪念马克思诞辰200周年大会上的讲话》，人民出版社2018年版，第26—27页。

② 中共中央文献研究室编：《习近平关于科技创新论述摘编》，中央文献出版社2016年版，第3页。

不断谱写21世纪马克思主义新篇章。“惟创新者进，惟创新者强，惟创新者胜”，当代世界正处于百年未有之大变局，只有不断坚持与时俱进，始终保持积极开拓的创新品格，才能不断推动21世纪马克思主义实现新发展。

总的来说，21世纪马克思主义坚持了实事求是、解放思想和与时俱进的基本原则，不断开启21世纪马克思主义的真理探索之路、思想建构之路，不断产出反映时代新变化、实践新发展、人民新需求的经典成果，使其成为马克思主义政党领导人民推进21世纪社会主义伟大事业兴盛发展的思想武器。实践没有止境，认识真理没有止境，要不断结合时代新变化、实践新发展、人民新需求来不断创新理论、探索真理、推动实践发展，不断开拓马克思主义发展新境界。

三、21世纪马克思主义的人民性

习近平总书记指出：“人民性是马克思主义最鲜明的品格。”①人民是马克思主义的中心范畴，人民性是马克思主义的本质特征。马克思和恩格斯在《共产党宣言》中明确规定了马克思主义的人民性，即“无产阶级的运动是绝大多数人的，为绝大多数人谋利益的独立的运动”②。这里的“绝大多数人”就是指“人民”。他们一生从事的伟大事业正是为人民求解放、谋利益。马克思主义在其发展的历史过程中，始终把为人民求解放、谋利益作为根本任务。“马克思主义不是书斋里的学问，而是为了改变人民历史命运而创立的，是在人民求解放的实践中形成的，也是在人民求解放的实践中丰富和发展的，为人民认识世界、改造世界提供了强大精神力量。”③坚持人民至上是中国共产党百年来领导人民进行革命、建设、改革伟大奋斗实践的重要历史经验，“人民”依然是21世纪马克思主义的核心范畴，为当代

① 习近平：《在纪念马克思诞辰200周年大会上的讲话》，人民出版社2018年版，第17页。

② 《马克思恩格斯文集》第2卷，人民出版社2009年版，第42页。

③ 习近平：《在纪念马克思诞辰200周年大会上的讲话》，人民出版社2018年版，第9页。

人民谋福利、促发展是其中心议题和核心要义。

(一) 谱写人民创造历史伟业的新篇章

“历史活动是群众的活动”,历史是人民创造的,人民是历史的中心,人民的实践活动是人类历史得以产生、发展和变迁的根本动力。人民立场是马克思主义的根本立场,尊重人民创造和反映人民创造历史伟业的精神品质、高尚情怀是马克思主义自诞生以来的价值诉求。21世纪马克思主义围绕着人民群众创造历史伟业的主题而展开,是谱写人民创造历史伟业的新篇章。

第一,反映人民创造历史伟业的丰富内容。人民的伟大实践活动必然创造历史伟业。人民的伟大实践活动是马克思主义的研究对象。21世纪马克思主义根植于广大人民群众的实践活动之中,是对人民群众创造21世纪人类社会历史的经验总结和规律探究。其一,人民群众是推动21世纪社会主义建设和改革事业发展的决定力量。人民创造历史的观点是历史唯物主义的基本观点,是马克思主义政党领导人民群众推进社会主义革命、建设和改革的世界观和方法论。习近平总书记指出:“人民是创造历史的动力,我们共产党人任何时候都不要忘记这个历史唯物主义最基本的道理。”[①]其二,依靠人民群众来创造21世纪社会主义事业。广大人民群众有着无穷无尽的智慧和力量,是战胜21世纪社会主义建设和改革事业进程中一切艰难险阻的制胜法宝。习近平总书记指出:“人民群众有着无尽的智慧和力量,只有始终相信人民,紧紧依靠人民,充分调动广大人民的积极性、主动性、创造性,才能凝聚起众志成城的磅礴之力。”[②]相信人民创造历史伟业和依靠人民创造历史伟业是马克思主义者在21世纪推动马克思主义发展的重要贡献。

① 习近平:《习近平在中央党校2010年春季开学典礼上的讲话》,《学习时报》2010年3月8日。

② 《习近平谈治国理政》第2卷,外文出版社2017年版,第52页。

第二，彰显人民创造历史伟业的价值意蕴。创造历史伟业的主体力量是人民群众，就必须突出人民群众的主体作用。习近平总书记多次强调，要始终把人民置于其中最高位置。其一，创造历史伟业的巨大成果由人民共享。推动经济社会发展的根本目的是让广大人民得到更多实惠，是为促进人民自身全面发展创造更加丰富的物质条件。新发展理念之“共享发展”，充分体现了由人民群众创造的历史伟业必然由人民来共享的价值夙愿。在党的十八届五中全会“十三五”规划建议中就指出：“按照人人参与、人人尽力、人人享有的要求……实现全体人民共同迈入全面小康社会。”[①]其二，不能忘记人民在创造历史伟业过程中的根本性作用。人民是创造历史伟业的真正主体，必须尊重人民的首创精神。习近平总书记在庆祝中国人民政治协商会议成立65周年大会上的讲话中指出：“中国共产党的一切执政活动，中华人民共和国的一切治理活动，都要尊重人民主体地位，尊重人民首创精神，拜人民为师，把政治智慧的增长、治国理政本领的增强深深扎根于人民的创造性实践之中，使各方面提出的真知灼见能运用于治国理政。”[②]离开了人民群众的伟大创造，伟大事业就成了空中楼阁。习近平总书记多次强调，必须尊重人民的伟大创造精神，要让人民群众在创造历史伟业中享有更多获得感。比如，他特别强调不能忘记亿万农民在革命、建设和改革的伟大事业征程中做出的巨大贡献，他在党的十九大报告中提出了通过实施乡村振兴战略来让亿万农民同全体中国人民一道共享发展成果的重要思想，他在之后召开的中央农村工作会议上提出了“把乡村建设好，让亿万农民有更多获得感”的夙愿[③]。

第三，深化了对人民创造历史伟业的规律性认识。人民群众在创造历

① 《中共中央关于制定国民经济和社会发展第十三个五年规划的建议》，人民出版社2015年版，第32页。

② 中共中央文献研究室编：《十八大以来重要文献选编》（中），中央文献出版社2016年版，第76页。

③ 中共中央党史和文献研究院编：《习近平关于“三农”工作论述摘编》，中央文献出版社2019年版，第13页。

史伟业的进程中，无可辩驳地证明了“人民是历史的创造者”的历史唯物主义基本原理的科学性。其一，深化了对人民是创造历史的真正主体的认识。人民创造历史伟业很好地回答了“依靠谁”来推进伟大事业的核心问题，在此基础上确立坚持人民主体地位的基本理念。习近平总书记强调，要把人民放在心中最高位置，只有相信人民、依靠人民，才能赢得人民群众的支持和拥护，我们的伟大事业才会因为有了人民的积极参与而取得成功。其二，深化了对人民是历史发展的根本动力的认识。习近平总书记指出：“人民是推动发展的根本力量。”①他多次在不同场合谈到这一唯物史观的基本观点。正因为人民是推动社会历史发展的根本动力，就要尊重人民的首创精神，全力依靠人民来创造历史伟业，特别是在人民的创造性实践中总结经验、汲取智慧。其三，深化了对激发人民创造潜力的认识。在相信人民、依靠人民、尊重人民的前提下，还必须去组织好、领导好人民，要让潜藏在人民群众中的智慧和力量转化为创造历史伟业的推动力量。依靠人民创造历史伟业，关键就在于充分发掘潜藏在人民群众中的智慧和力量。正是基于此，习近平总书记强调要注重培育人民群众的内生动力，决不能让群众“靠着墙根晒太阳，等着别人送小康”②。通过培育人民群众的内生动力，必将在一定程度上激发他们创造历史伟业的热情、积极性、主动性和创造性，从而汇成创造历史伟业的磅礴之力。深化对人民创造历史伟业的规律性认识是21世纪马克思主义、当代中国马克思主义中最重要的思想成果，极大地创新和发展了历史唯物主义中关于人民创造历史的根本观点。

实现共产主义的伟大事业需要一代又一代人的努力奋斗，推进21世纪社会主义事业的蓬勃发展离不开亿万人民的伟大创造，推进当代中国特色

① 《中共中央关于制定国民经济和社会发展第十三个五年规划的建议》，人民出版社2015年版，第5页。

② 《习近平谈治国理政》第2卷，外文出版社2017年版，第90页。

社会主义伟大事业的蓬勃发展离不开全体中国人民的伟大创造。坚持人民主体地位，尊重人民首创精神，依靠人民创造历史伟业，是21世纪马克思主义始终遵循的基本信念。党的十八大以来，在以习近平同志为核心的党中央的坚强领导下，中国特色社会主义事业取得了巨大成就，这些巨大成就正是中国共产党领导人民创造历史伟业的真实写照。当前中国特色社会主义事业取得的巨大成就，是21世纪马克思主义蓬勃发展的壮丽风景，是人民创造历史伟业的宏伟篇章。由此，发展21世纪马克思主义，必须“紧密跟踪亿万人民的创造性实践”，谱写好人民创造历史伟业的华丽篇章。

（二）带领人民走向美好生活的宣言书

人民立场是马克思主义的根本立场，发展好、实现好和维护好人民的根本利益是马克思主义的根本任务。马克思主义正是以关心人民群众冷暖安危、关注人民群众所思所盼、引导人民群众过上美好生活为中心而述说立论的。人类进入21世纪，人民对美好生活的向往更加期盼，“带领人民创造美好生活”则是马克思主义政党的奋斗目标。带领人民走向美好生活是21世纪马克思主义的核心内容，“我将无我，不负人民”正是21世纪马克思主义的政治宣言。

第一，以回应人民现实关切为根本遵循，彰显21世纪马克思主义的为民情怀。关心人民疾苦、回应人民现实关切是发展马克思主义的核心要义。21世纪马克思主义始终以回应人民现实关切为根本遵循，赢得了广大人民群众的拥护和支持。其一，努力回应人民群众向往美好生活、追求美好梦想新期待。习近平总书记说：“我们的人民热爱生活，期盼有更好的教育、更稳定的工作、更满意的收入、更可靠的社会保障、更高水平的医疗卫生服务、更舒适的居住条件、更优美的环境，期盼孩子们能成长得更好、工作得更好、生活得更好。”[①]他特别强调必须努力回应人民群众对美好生活

① 《习近平谈治国理政》第1卷，外文出版社2018年版，第4页。

的热切向往，把人民对美好生活的向往作为中国共产党人干事创业的奋斗目标，努力向人民交出一份合格的答卷。其二，及时回应和关心人民在现实生产生活中的疾苦。人民群众在现实生产生活中难免会遇到各种困难、矛盾、问题，习近平总书记强调广大党员及其领导干部必须主动关心人民疾苦并帮助人民解难事、消忧愁。面对人民群众的美好期待和现实关切，中国共产党作出了庄严承诺："面对人民群众过上更好生活的殷切期待，我们不能有丝毫自满，不能有丝毫懈怠，必须再接再厉、一往无前，继续把中国特色社会主义事业推向前进，继续为实现中华民族伟大复兴的中国梦而努力奋斗。"①在这一庄严承诺的引领下，一系列普惠性、基础性、兜底性民生保障措施快速实施，一系列顺应人民意愿的战略规划、方针政策相继出台，广大人民群众因此获得了更多实惠。

第二，绘制人民走向美好生活的新蓝图，凸显21世纪马克思主义的鲜活色彩。带领人民走向美好生活，绝不是敲锣打鼓、喊喊口号就可以实现的，而是要在马克思主义执政党的正确领导下，不断凝聚全体人民的智慧和力量，依靠人民努力建设21世纪社会主义现代化事业才能实现。其一，以全面建成小康社会为近期目标，全面部署全民奔小康的施政方案。全面建成小康社会是中国特色社会主义进入21世纪以来前20年的宏伟目标。在党中央的坚强领导下，党制定和实施了一个又一个推动经济、政治、文化、社会、生态文明等领域蓬勃发展的规划和方案，并在这些领域取得了显著成就，人民整体生活质量得到显著改善，为全面建成小康社会奠定了坚实基础。习近平总书记多次强调到建党100周年时要实现全民同步进入小康，"全面小康路上一个不能少，脱贫致富一个不能落下"②。其二，以全面建成富强、民主、文明、和谐、美丽的社会主义现代化强国为远期目标，顶层

① 《习近平谈治国理政》第1卷，外文出版社2018年版，第39页。

② 《习近平在广东考察时强调：高举新时代改革开放旗帜 把改革开放不断推向深入》，《人民日报》2018年10月26日。

设计了实现中国梦的基本方略。全面建成小康社会是实现“两个一百年”奋斗目标的关键一步，更是带领人民过上美好生活的关键一步。中国共产党在十九大报告中又提前设计了第二个百年奋斗目标，即全面建成富强、民主、文明、和谐、美丽的社会主义现代化强国。这一战略目标为亿万人民过上幸福美好生活绘制了宏伟蓝图，即通过两个“十五年”奋斗目标来实现。这一战略目标实现与否事关亿万中国人民的幸福安康，事关世界社会主义事业的兴衰成败。所绘制的宏伟蓝图丰富了21世纪马克思主义的思想内容，为全人类过上美好幸福生活提供了中国智慧和中国方案。

第三，增强马克思主义政党带领人民走向美好生活的使命感和责任感，展现21世纪马克思主义的使命担当。马克思主义政党在带领人民走向美好生活的远大征程中居于主导性地位，必将发挥全局性的引领作用。增强马克思主义政党带领人民走向美好生活的使命感和责任感极为重要。其一，密切马克思主义政党同人民群众的血肉联系是根本。马克思主义政党源于人民，其根基、血脉、力量均在人民。习近平总书记指出：“老百姓是天，老百姓是地。忘记了人民，脱离了人民，我们就会成为无源之水、无本之木，就会一事无成。”[①]密切马克思主义政党同人民群众的血肉联系尤为重要，它直接关系到伟大事业的成败命运。“只要与人民同甘共苦，与人民团结奋斗，就没有克服不了的困难，就没有完成不了的任务。”[②]各级党组织、所有党员领导干部必须把密切党同人民群众的血肉联系作为中心工作来抓。党的十八大以来，党中央采取了一系列举措如党的群众路线教育实践活动、“不忘初心、牢记使命”主题教育、党史学习教育等来加强党同人民群众的血肉联系。其二，加强马克思主义政党自身建设是关键。马克思主义政党在世界社会主义事业中居于主导地位，是引导人民群众过上美好

① 中共中央党史和文献研究院编：《十八大以来重要文献选编》（下），中央文献出版社2018年版，第400页。

② 《习近平谈治国理政》第1卷，外文出版社2018年版，第410页。

生活的核心力量和根本政治保障。毛泽东将党的建设视为中国共产党在中国革命中战胜敌人的“三个主要的法宝”之一[①]。中国共产党自21世纪以来十分注重党的自身建设问题，以习近平同志为主要代表的中国共产党人结合世情、国情、党情的新变化深刻地回答了“建设什么样的党”“怎样建设党”的根本性问题，采取了一系列重大举措加强党的建设，取得了一系列重要成果，极大地提高了马克思主义政党的执政水平和执政能力，确保了马克思主义政党始终成为领导人民干事创业的核心力量。总之，增强带领人民走向美好生活的使命感和责任感，就能使“为中国人民谋幸福、为中华民族谋复兴、为人类谋和平与发展”的历史任务变为现实。增强马克思主义政党带领人民走向美好生活的使命感和责任感，也是发展21世纪马克思主义的客观要求，深刻体现了21世纪马克思主义的使命担当。

总的来说，回应人民现实关切，带领人民走向美好生活，是21世纪马克思主义政党关心人民、观照现实的集中体现。习近平总书记在中国共产党十八届中央政治局常委与中外记者见面时的讲话中强调：“人民对美好生活的向往，就是我们的奋斗目标。”[②]把“人民对美好生活的向往”作为马克思主义政党治国理政的奋斗目标，这是对支持和积极参与推进中国特色社会主义事业的全体中国人民的庄严承诺。“责任重于泰山，事业任重道远。我们一定要始终与人民心心相印、与人民同甘共苦、与人民团结奋斗，夙夜在公，勤勉工作，努力向历史、向人民交出一份合格的答卷。”[③]“人民对美好生活的向往就是我们的奋斗目标”的命题是21世纪马克思主义的宣言书，深刻体现了21世纪马克思主义的时代光辉和精神品质。

（三）坚持以人民为中心的发展理念

人民是马克思主义的中心和直接主体。离开了人民，马克思主义就失去

① 《毛泽东选集》第2卷，人民出版社1991年版，第606页。

② 《习近平谈治国理政》第1卷，外文出版社2018年版，第4页。

③ 《习近平谈治国理政》第1卷，外文出版社2018年版，第5页。

了存在的根基。自马克思主义诞生以来，马克思主义的命运就与人民的命运息息相关。以人民为中心是马克思主义的优良品格和价值所在。进入21世纪以来，“以人民为中心”成为21世纪马克思主义的主题曲。党的十八大以来，习近平总书记多次提到了“以人民为中心”的发展理念，特别是他在党的十九大报告中将“坚持以人民为中心”作为十四个基本方略而提出来。坚持“以人民为中心”的发展理念是当代中国马克思主义、21世纪马克思主义的重要内容，是以习近平同志为核心的党中央对马克思主义群众史观做出的重大贡献。

第一，坚持依靠人民创造历史伟业，彰显21世纪马克思主义以人民为主体的鲜明特色。人民群众是创造历史的决定力量，人民群众是推动人类事业蓬勃发展的依靠力量。马克思主义唯物史观科学回答了“依靠谁创造历史”的根本问题。坚持以人民为中心，就是要依靠人民来创造历史，这是“人民创造历史”这一唯物史观根本观点的根本要求。进入21世纪，世界发生了翻天覆地的变化，亿万人民群众依然是这个时代继续建设社会主义伟大事业的依靠力量。要带领人民走向美好生活，要建设新时代中国特色社会主义事业，其依靠力量正是伟大的人民群众。“离开了人民，我们就会一事无成”[①]；没有人民的积极参与，伟大理想必将成为空想。习近平总书记在党的十九大报告中强调：人民是决定党和国家前途命运的根本力量[②]。坚持以人民为中心的发展理念，就是要依靠人民、相信人民，凝聚和激发起人民群众的创造伟力，使其成为推进中国特色社会主义事业、21世纪社会主义事业的磅礴之力。

第二，坚持以实现好、发展好、维护好人民群众的根本利益为中心的价值理念，体现21世纪马克思主义为民谋福利的价值取向。人民群众既是

① 中共中央宣传部编：《习近平新时代中国特色社会主义思想学习纲要》，人民出版社2019年版，第42页。

② 习近平：《决胜全面建成小康社会 夺取新时代中国特色社会主义伟大胜利——在中国共产党第十九次全国代表大会上的报告》，人民出版社2017年版，第21页。

历史的创造者，也是发展成果的享有者。马克思主义不仅深刻揭示依靠人民创造历史的科学真理，而且还以实现好、发展好、维护好人民群众的根本利益为价值理念。同样，实现好、发展好、维护好人民群众的根本利益是发展21世纪马克思主义的根本任务。坚持以人民为中心的发展理念，实质上就是要坚持以实现好、发展好、维护好人民群众的根本利益为中心的理念。党的十八大以来，在以习近平同志为核心的党中央的坚强领导下，我们党始终坚持以实现好、发展好、维护好人民群众的根本利益为中心的理念，把“为人民谋幸福”作为其治国理政的根本任务，采取了一系列重大举措、实施了许多民生保障措施，人民群众的根本利益得到有效维护，人民群众的生活水平和质量得到较大提高。只有牢固树立以实现好、发展好、维护好人民群众的根本利益为中心的价值理念，才能凝聚民心、民力、民智，才能汇成推动21世纪社会主义事业不断前进的磅礴之力。以实现好、发展好、维护好人民群众的根本利益为中心的价值理念是21世纪马克思主义的核心内容，凸显了21世纪马克思主义为民谋福利的价值取向。

第三，坚持以人民为中心的工作导向，反映21世纪马克思主义为民工作的使命情怀。正确的观念必须转化为改造世界的有效行动，科学的理论必须转化为增进人民福祉的现实行动，这是马克思主义的真谛所在。习近平总书记指出：“以人民为中心的发展思想，不是一个抽象的、玄奥的概念，不能只停留在口头上、止步于思想环节，而要体现在经济社会发展各个环节。”[①]“以人民为中心”绝不是停留在各种文件、书籍和宣传载体中的教义或抽象观念，而是要切实体现在各级党组织、党员领导干部干事创业的实际工作中。习近平总书记强调，广大文艺工作者要坚持以人民为中心的创作导向，广大哲学社会科学工作者要坚持以人民为中心的研究导向。马克思主义政党的一切工作都以为人民谋福利为中心，即“党的一切工作，必须以最广大人民根本利益为最高标准。检验我们一切工作的成效，最终都要

① 《习近平谈治国理政》第2卷，外文出版社2017年版，第213—214页。

看人民是否真正得到了实惠，人民生活是否真正得到了改善，人民权益是否真正得到了保障”[①]。坚持以人民为中心的工作导向，体现了以习近平同志为主要代表的中国共产党人为民工作的担当精神，是21世纪马克思主义的使命所在。

坚持以人民为中心的发展理念，就是要把人民置于最高位置，要把马克思主义的价值情怀凸显出来。坚持以人民为中心的发展理念，是21世纪马克思主义的精髓所在，是当代马克思主义者发展马克思主义的经典成果。坚持以人民为中心的发展理念，深化了对马克思主义人民观的认识，为继续谱写21世纪马克思主义新篇章提供了经典样板。

四、21世纪马克思主义的实践性

实践性是马克思主义的鲜明特性。习近平总书记在纪念马克思诞辰200周年大会上的讲话中对马克思主义的实践性作了经典论述：“实践的观点、生活的观点是马克思主义认识论的基本观点，实践性是马克思主义理论区别于其他理论的显著特征。马克思主义不是书斋里的学问，而是为了改变人民历史命运而创立的，是在人民求解放的实践中形成的，也是在人民求解放的实践中丰富和发展的，为人民认识世界改造世界提供了强大精神力量。”[②]从马克思主义170余年的发展历程来看，马克思主义正是源于实践、在实践中接受检验并随着实践的发展而不断获得发展的普遍真理。21世纪马克思主义是在马克思主义基本原理指导下，直接服务于21世纪马克思主义政党领导人民从事的伟大社会主义实践活动，并在这一实践活动中不断实现发展的科学真理。鲜明的实践品格是21世纪马克思主义的优秀品格，实践性是21世纪马克思主义的突出特征。

① 《习近平谈治国理政》第1卷，外文出版社2018年版，第28页。
② 习近平：《在纪念马克思诞辰200周年大会上的讲话》，人民出版社2018年版，第9页。

（一）系统解决21世纪社会主义实践课题的伟大成果

“全部社会生活在本质上是实践的”①，以改造世界为己任是马克思主义区别于其他理论学说的根本特点。自马克思主义诞生以后，就把解决与社会主义实践课题作为其历史使命。自东欧剧变后，世界处于前所未有的急剧变革时代，21世纪社会主义实践面临着许多亟待解决的实践课题。解决21世纪社会主义实践课题，是推动21世纪马克思主义实现创新发展的源泉。

第一，把解决好带有根本性的社会主义实践课题作为根本任务，极大地推动了21世纪马克思主义的新发展。社会主义制度确立以后，坚持和发展好社会主义就是其中带有根本性的实践课题。具体来说，社会主义的道路、制度、理论和马克思主义执政党是社会主义中的核心组成部分，解决好社会主义的中心任务、道路、制度、理论以及马克思主义执政党的问题就是坚持和发展好社会主义所要解决的带有根本性的实践课题。以习近平同志为主要代表的中国共产党人把马克思主义的普遍真理与中国实际相结合，很好地解决了这些带有根本性的社会主义实践课题，使21世纪马克思主义焕发出了强大的生命力。其一，把实现社会主义现代化作为中心任务来抓，充分凸显21世纪马克思主义的实践主题。实现社会主义现代化是经济文化落后国家建设社会主义事业的中心任务。党的十八大以来，在以习近平同志为核心的党中央的坚强领导下，始终把推进社会主义现代化事业建设作为中心任务来抓，特别是在党的十九大报告中提出了至本世纪中叶期间分“两个阶段”建设社会主义现代化的宏伟篇章。其二，走好21世纪社会主义道路，明确21世纪马克思主义发展的实践方向。习近平总书记在总结中国改革开放40周年的实践经验时指出：“方向决定前途，道路决定命运。”②方向就是沿着社会主义道路前进，就是向着社会主义现代化目标努

① 《马克思恩格斯文集》第1卷，人民出版社2009年版，第501页。

② 习近平：《在庆祝改革开放40周年大会上的讲话》，人民出版社2018年版，第27页。

力。走好21世纪社会主义道路，就是解决好21世纪社会主义实践课题的关键之举。其三，坚持和发展好中国特色社会主义制度，是建设好当代中国社会主义事业的制度保证。东欧剧变后，社会主义制度在与资本主义制度的竞争中处于空前的不利地位。发展出比资本主义制度更优越的社会主义制度，是马克思主义政党坚持和发展21世纪社会主义的实践课题。党在继承改革开放以来中国社会主义制度成果的基础上，结合中国特色社会主义事业发展的实际，开拓创新，在制度建设方面取得了许多原创性、创新性成果。其四，坚持和发展好21世纪马克思主义的理论事业，是发展21世纪马克思主义的核心内容。东欧剧变后，面临形形色色的马克思主义失败论、过时论、无用论，就必须把推进马克思主义理论事业发展作为发展21世纪马克思主义的实践课题来看待。当代中国共产党人本着坚守"老祖宗"的真理与创新理论相结合的原则，形成了习近平新时代中国特色社会主义思想重要理论成果。其五，坚持中国共产党的领导并推进党的建设新的伟大工程，是坚持和发展21世纪中国特色社会主义的政治保证。邓小平在反思东欧剧变和十年"文化大革命"的经验教训时指出："中国要出问题，还是要出在共产党内部。"①推进党的建设新的伟大工程，是坚持和发展21世纪社会主义的实践课题。党的十八大以来，在以习近平同志为核心的党中央的坚强领导下不断推进党的建设新的伟大工程，取得了重大成就，使中国共产党的执政能力和执政水平得到大幅度提升。总之，以习近平同志为主要代表的中国共产党人解决好以上带有根本性的社会主义实践课题，从而增强了人民对中国特色社会主义的道路自信、理论自信、制度自信和文化自信，赢得了人民对中国共产党的爱戴和拥护，极大地推动了21世纪马克思主义的新发展，在世界上高高举起了中国特色社会主义的伟大旗帜。

第二，把解决好带有重要性的社会主义实践课题作为重大任务，极大地丰富了21世纪马克思主义的内容。在带有根本性的社会主义实践课题之

① 《邓小平文选》第3卷，人民出版社1993年版，第380页。

外，还有许多实践课题是十分重要的。这些重要性的社会主义实践课题是对那些具有根本性的社会主义实践课题的具体展开，比如社会主义的经济建设、政治建设、文化建设、社会建设、生态文明建设等。解决好这些重要性的社会主义实践课题，同样是坚持和发展21世纪社会主义的重大任务。以习近平同志为主要代表的中国共产党人创造性地解决中国特色社会主义的经济、政治、文化、社会、生态文明、民生保障、军事、外交等关乎中国特色社会主义事业发展的重要实践课题，产生了一系列重要成果。总之，解决这些重要的社会主义实践课题而产生的成果，极大地丰富了21世纪马克思主义的思想宝库。

实践出真知，解决好那些关系人类生存与发展的实践课题就能铸就伟大成果，系统解决好21世纪社会主义面临的时代课题生成了21世纪马克思主义的伟大成果。中国特色社会主义的伟大实践已经充分证明，深刻认识、解决好当代中国特色社会主义的实践课题正是推进马克思主义实现创新发展的根基所在。因此，在新的历史起点上，深刻认识、解决好当代社会主义面临的实践课题，必将继续谱写21世纪马克思主义的新篇章。

（二）实现理论创新与实践创新良性互动的经典范本

从马克思主义170余年的发展历程来看，在坚持马克思主义基本原理的前提下，一代代的马克思主义者不断结合时代变化、实践发展和人民需要的增长，努力推进实践创新和理论创新，不断为马克思主义的发展开辟新道路，形成了一个又一个辉煌成果。可以说，不断推进理论创新和实践创新是马克思主义实现发展的基本特征，实现实践创新和理论创新的良性互动是推进马克思主义实现创新发展的重要途径。习近平总书记提出：“我们要根据时代变化和实践发展，不断深化认识，不断总结经验，不断进行理论创新，坚持理论指导和实践探索辩证统一，实现理论创新和实践创新良性互动”[1]。理论创新与实践创新的良性互动既是马克思主义创新观的内在要求，也是马克思主义认识论、实践观、方法论中理论与实践辩证统一的生动体现。

第一，在理论创新与实践创新的契合点上，很好地解答了21世纪马克思主义所面临的重大实践课题和理论课题，开辟了21世纪马克思主义创新发展的新境界。每个时代都有反映时代特色和时代精神的重大实践课题，这些实践课题同时也是必须解答的重大理论课题。许多重大实践课题与理论课题在内容上具有可通约性。21世纪马克思主义面临着许多需要解答的重大实践课题和理论课题，解答这些课题都需要在理论和实践的双重维度上实现创新。在东欧剧变以后，从理论和实践的双重维度解答好坚持和发展马克思主义这个课题，是发展21世纪马克思主义的重大历史任务。邓小平在反思东欧剧变时严肃而满怀信心地指出：“一些国家出现严重曲折，社会主义好像被削弱了，但人民经受锻炼，从中吸收教训，将促使社会主义向着更加健康的方向发展。因此，不要惊慌失措，不要认为马克思主义就消失了，没用了，失败了。哪有这回事！”[2]邓小平的谆谆教诲为当代中国共产党人继续奋力谱写马克思主义新篇章、高举社会主义伟大旗帜提供了坚定的信念，以习近平同志为主要代表的当代中国共产党人，创造性地回答了“新时代坚持和发展什么样的中国特色社会主义、怎样坚持和发展中国特色社会主义”“建设什么样的社会主义现代化强国、怎样建设社会主义现代化强国”“建设什么样的长期执政的马克思主义政党、怎样建设长期执政的马克思主义政党”等重大时代课题，创立了习近平新时代中国特色社会主义思想，并不断开创中国特色社会主义事业发展新局面，开辟了21世纪马克思主义创新发展的新境界，使马克思主义的伟大旗帜在中国被高高举起。

---

① 习近平：《辩证唯物主义是中国共产党人的世界观和方法论》，《求是》2019年第1期。

② 《邓小平文选》第3卷，人民出版社1993年版，第383页。

第二，在理论创新和实践创新的相互贯通上，始终把实践基础上的理论创新与理论创新成果指导实践创新统一起来，实现了21世纪马克思主义创新发展的新跨越。推进理论创新的直接目的就是实现实践创新，实践创新也可以上升为理论创新。理论创新和实践创新存在相互贯通的趋势。以习近平同志为主要代表的中国共产党人在坚持和发展马克思主义时，始终坚持了理论创新与实践创新相互贯通的原理，取得了一系列开拓性的成果。其一，把实践基础上的理论创新置于重要位置，突出了理论创新对推进实践创新的重要作用，产生了一系列重要理论成果。在实践的基础上不断推动理论创新，并运用新的理论成果推进实践发展，是中国共产党人不断推进马克思主义中国化的基本经验。进入21世纪以来，当代中国共产党人在不断总结以往社会主义实践经验的基础上，不断根据新的实践作出新的探索，推动了21世纪马克思主义的创新发展。其二，高度重视将理论创新的成果应用于指导实践创新，充分彰显理论创新的目的导向，即指导和推动实践发展，形成了一系列21世纪社会主义的经典实践成果。理论指导实践并推进实践发展，是马克思主义的优秀品格。把理论创新成果运用于指导实践发展，是一代代中国共产党人的基本经验。以习近平同志为主要代表的中国共产党人充分运用21世纪马克思主义理论成果指导当代中国特色社会主义实践，使中国特色社会主义的经济、政治、文化、社会、生态文明、民生、科技、教育、卫生医疗、军事、外交、“一国两制”等多个方面取得了全方位、宽领域、多层次的辉煌实践成果，使中国长期保持了经济快速发展和社会长期稳定奇迹。可以说，从新时代中国特色社会主义的伟大成果来看，实践基础上的理论创新与理论指导实践创新二者是不可分离的，在以习近平同志为主要代表的中国共产党人努力探索中使其实现高度统一，形成了一系列创新性、开创性的重大成果。

第三，在理论创新与实践创新的转换环节上，很好地贯彻了实事求是的思想路线，生动展现了21世纪马克思主义的新面貌。理论创新的成果要转化为实践创新，或者实践创新的成果要升华为理论创新，必须经历一定的转换环节才能完成。贯彻好实事求是的思想路线则是实现二者良性转换环节的重要理路。在中国共产党的革命、建设和改革的历史征程中，逐步形成和确立了一条正确的思想路线，那就是：一切从实际出发，理论联系实际，实事求是，在实践中检验和发展真理。这条思想路线既是实现理论创新必须遵循的基本原则，也是实现实践创新必须遵循的基本原则，更是实现理论创新和实践创新的良性互动必须遵循的基本原则。“文化大革命”结束以后，邓小平在总结“文化大革命”历史教训的基础上重新确立实事求是的思想路线，发出了“解放思想，实事求是，团结一致向前看”①的伟大召唤，开启了中国特色社会主义事业建设的新征程。党的十八大以来，当代中国共产党人在坚持和发展中国特色社会主义的历史进程中，很好地贯彻了实事求是的思想路线，通过系统总结中国特色社会主义事业建设的成功经验，努力实现了理论创新与实践创新的良性互动，取得了当代中国马克思主义的伟大成果，成功书写了21世纪马克思主义的新篇章，在中国高高举起了中国特色社会主义和21世纪马克思主义的伟大旗帜，生动展现了21世纪马克思主义的崭新面貌。

总的来说，21世纪马克思主义在以习近平同志为主要代表的中国共产党人的努力奋斗下取得了辉煌成果，这些成果是其努力实现理论创新与实践创新良性互动的经典范本，体现了鲜明的实践性特征。习近平总书记指出：“实践发展永无止境，我们认识真理、进行理论创新就永无止境。今天，时代变化和我国发展的广度和深度远远超出了马克思主义经典作家当时的想象。同时，我国社会主义只有几十年实践、还处在初级阶段，事业越发展新情况新问题就越多，也就需要我们在实践上大胆探索、在理论上不断突破。”②不断努力实现理论创新和实践创新的良性互动，是解决社会主

① 《邓小平文选》第2卷，人民出版社1994年版，第140页。

② 中共中央党史与文献研究院编：《十八大以来重要文献选编》（下），中央文献出版社2018年版，第346页。

义实践进程中各种理论问题和实践问题的关键之举。因此，在新时代建设中国特色社会主义现代化事业和发展21世纪马克思主义，必须坚持与时俱进，深刻回答时代课题，不断努力实现理论创新和实践创新的良性互动，继续书写21世纪马克思主义的宏大篇章。

（三）推动21世纪社会主义事业蓬勃发展的行动指南

列宁指出："没有革命的理论，就不会有革命的运动。"[①]马克思主义正是指导革命运动的"革命理论"。马克思主义在指导人们从事社会主义革命、建设和改革进程中发挥了重大作用。毛泽东曾形象地将马克思列宁主义和中国革命的关系比喻为"箭和靶的关系"，强调用"马克思列宁主义之箭"去射"中国革命之的"，做到"有的放矢"。[②]从社会主义革命、建设和改革的成功经验来看，在坚持马克思主义普遍真理的基础上，充分运用新的马克思主义理论成果来指导新的实践，必然取得巨大的实践成就。正是基于此，习近平总书记多次强调用发展着的马克思主义理论指导新的实践。21世纪马克思主义是推动21世纪社会主义事业实现蓬勃发展的行动指南。

第一，21世纪马克思主义为推动21世纪社会主义事业的蓬勃发展绘制好了宏伟蓝图。绘制社会主义事业发展的宏伟蓝图，是马克思主义的绚丽光芒所在，也是发展马克思主义的历史使命所在。马克思、恩格斯、列宁、毛泽东、邓小平等伟大的马克思主义者都曾努力为人类绘制了共产主义社会的宏伟蓝图，赢得了人民大众的拥护和爱戴。东欧剧变后，推进21世纪社会主义事业的蓬勃发展是世界社会主义运动过程中的重大历史任务。中国特色社会主义进入新时代以来，以习近平同志为主要代表的中国共产党人接过前人的奋斗目标，继续从理论和实践的双重视角去探索和回答推进21世纪社会主义事业蓬勃发展的一系列理论课题和实践课题，并在此基础上

① 《列宁专题文集·论无产阶级政党》，人民出版社2009年版，第70页。
② 《毛泽东选集》第3卷，人民出版社1991年版，第819—820页。

绘制了推进中国特色社会主义事业的蓬勃发展的宏伟蓝图。概括起来说，中国特色社会主义事业蓬勃发展的宏伟蓝图就是以实现“两个一百年”奋斗目标为核心，提前规划制定切实可行的时间表和路线图。根据所制定的宏伟蓝图，在以习近平同志为主要代表的中国共产党人努力奋斗下，已经取得了许多辉煌的实践成果，全面建成小康社会的伟大目标已经实现，全面建成社会主义现代化强国的奋斗目标正在推进。这一宏伟蓝图开拓了21世纪马克思主义的新境界，谱写了21世纪马克思主义的新篇章，已经成为亿万人民建设中国特色社会主义伟大事业的行动指南。

第二，21世纪马克思主义为推动21世纪社会主义事业的蓬勃发展提供了精神动力。目标指引方向，理想成就未来，蓝图铸就辉煌。要使21世纪马克思主义绘制的关于21世纪社会主义事业蓬勃发展的宏伟蓝图变成现实，就必须具备强大的精神动力。21世纪马克思主义蕴含着推动社会主义事业蓬勃发展的强大精神动力。其一，树立为实现21世纪社会主义事业发展伟大目标而奋斗的崇高理想信念。树立崇高理想信念可以激发人们的创造潜质，是远大奋斗目标变为现实的不竭动力。21世纪马克思主义是我们推进21世纪社会主义事业蓬勃发展的理想信念。习近平总书记指出：“理想信念就是共产党人精神上的‘钙’，没有理想信念，理想信念不坚定，精神上就会‘缺钙’，就会得‘软骨病’。”①为增强当代中国共产党人的理想信念，以习近平同志为核心的党中央采取了一系列有效举措大力加强全体党员的理想信念教育。全体党员树立好为实现21世纪社会主义事业发展伟大目标而奋斗的崇高理想信念，是推进21世纪社会主义事业蓬勃发展的强大精神动力。其二，强化为实现21世纪社会主义事业发展伟大目标而奋斗的使命担当。“使命呼唤担当，使命引领未来。”②在21世纪推进社会主义现代化建

① 中共中央文献研究室编：《十八大以来重要文献选编》（上），中央文献出版社2014年版，第80页。

② 习近平：《决胜全面建成小康社会 夺取新时代中国特色社会主义伟大胜利——在中国共产党第十九次全国代表大会上的报告》，人民出版社2017年版，第17页。

设的伟大事业绝不是轻轻松松、敲锣打鼓就能实现的，而是需要全体共产党员和领导干部带领人民群众真抓实干、努力奋斗才能完成的，牢记使命担当则是全体党员干事创业的强大精神动力。21世纪马克思主义蕴含着要求人们强化干事创业使命担当的丰富内涵。习近平总书记指出："我们要不负人民重托、无愧历史选择，在新时代中国特色社会主义的伟大实践中，以党的坚强领导和顽强奋斗，激励全体中华儿女不断奋进，凝聚起同心共筑中国梦的磅礴力量！"①21世纪马克思主义的信仰力量一定能激发党和人民干事创业的昂扬斗志，为推进21世纪社会主义事业的蓬勃发展提供源源不断的精神动力。

第三，21世纪马克思主义为推动21世纪社会主义事业的蓬勃发展提供了理论武器。21世纪马克思主义与19世纪马克思主义、20世纪马克思主义一样，是指导人们改造世界的普遍真理。作为一种普遍真理，必然为人们合理、有效、科学地改造世界提供强大的理论武器。21世纪马克思主义内在地包含着我们战胜社会主义事业前进过程中各种困难的"锦囊妙计"和丰富的干事创业的经典智慧。习近平新时代中国特色社会主义思想从唯物辩证法和历史唯物主义的角度深入探索了"新时代怎样坚持和发展中国特色社会主义"的原理和方法，其中的"十四个坚持"就是在新时代坚持和发展中国特色社会主义的基本方略。可以说，21世纪马克思主义是人们推进21世纪社会主义事业蓬勃发展的"看家本领"。我们要认真学习好21世纪马克思主义的伟大成果，以其中的方法、策略、理论等来武装头脑，夯实运用21世纪马克思主义分析和解决21世纪社会主义事业发展进程中各种问题的基本功，从而增强建设21世纪社会主义现代化事业的综合能力。

21世纪马克思主义是推动21世纪社会主义事业蓬勃发展的行动指南，为人们推进中国特色社会主义事业的蓬勃发展绘制了宏伟蓝图并提供了精

① 习近平：《决胜全面建成小康社会 夺取新时代中国特色社会主义伟大胜利——在中国共产党第十九次全国代表大会上的报告》，人民出版社2017年版，第17页。

神动力和理论武器，是人们今后较长时期从事社会主义现代化建设事业需要始终坚持的普遍真理。

五、21世纪马克思主义的开放性

习近平总书记指出："马克思主义是不断发展的开放的理论，始终站在时代前沿。"[①]开放性是马克思主义极为重要的品格特征，是其永葆生机与活力的命脉所在。马克思主义诞生后，马克思主义经典作家坚持"随时随地都要以当时的历史条件为转移"的基本原则，不断补充、丰富和发展马克思主义的新内容，使马克思主义始终保持着强大的生命力，不断续写马克思主义的新篇章。21世纪马克思主义是不断发展的开放的科学真理，开放性依然是21世纪马克思主义的优秀品格和重要特征。

（一）面向实践：主动从实践发展中吸收精华

实践是理论创新与发展的源泉，理论是实践创新与发展的先导。自马克思主义诞生以来，马克思主义就成为指导社会主义革命、建设和改革的普遍真理，社会主义革命、建设和改革的实践经验、实践探索成果又成为马克思主义实现创新发展的直接素材和现实基础。面向实践正是马克思主义开放性的具体体现，是马克思主义实现创新发展的根基和源泉。21世纪马克思主义根植于当代人类社会实践，以当代人类社会实践的新变化为根据来推动21世纪社会主义事业的蓬勃发展。

第一，科学总结社会主义现代化建设实践经验是21世纪马克思主义实现创新发展的根本途径，是21世纪马克思主义开放性品格的客观要求。科学总结社会主义在革命、建设和改革过程中的实践经验是马克思主义实现创新发展的根基和源泉。东欧剧变后，各种社会主义失败论、马克思主义

① 习近平：《在纪念马克思诞辰200周年大会上的讲话》，人民出版社2018年版，第9页。

过时论等庸俗论调甚嚣尘上，世界社会主义运动一度陷入低潮。面对国际风云突变的复杂形势，有必要对社会主义现代化建设实践经验进行科学总结。邓小平在20世纪90年代深刻总结和反思了苏联社会主义制度确立以来整个世界主要社会主义国家现代化建设的实践经验，形成了关于建设有中国特色的社会主义的重要理论成果，如社会主义本质论、社会主义初级阶段论、“一个中心、两个基本点”论、“一国两制”论等。党的十八大以来，以习近平同志为核心的党中央在总结反思人类社会主义现代化建设实践经验的基础上，又深刻反思和总结了党的十八大以来中国特色社会主义现代化建设实践经验，形成了一系列重要理论成果，成为21世纪马克思主义的重要组成部分。可以说，21世纪马克思主义的创新发展，正是以直面这些伟大实践为根据的，正是以科学总结这些伟大实践经验并使其升华为科学理论为根本导向的。

第二，21世纪马克思主义在指导21世纪社会主义实践中实现创新发展，指导21世纪社会主义实践是21世纪马克思主义开放性品格的具体体现。马克思主义是以指导人们认识世界和改造世界为目的的普遍真理，指导社会主义实践当然是马克思主义的使命所在，指导社会主义实践也是马克思主义开放性品格的集中体现。21世纪马克思主义既源于21世纪的社会主义实践，又在指导21世纪社会主义实践的过程中实现创新发展。质言之，运用21世纪马克思主义指导新的社会主义实践是其使命所在。回溯以往社会主义的实践历程，每一次新的实践都离不开之前马克思主义理论成果的指导。习近平总书记着重指出：“全党同志要坚持解放思想、实事求是、与时俱进、求真务实，在实践中认识真理、把握规律，用发展着的马克思主义指导新的实践，用新的实践丰富和发展马克思主义，努力开创事业发展新局面、马克思主义发展新境界。”①习近平总书记提出的“用发展的马克思主义指导新的实践”很好地阐释了21世纪马克思主义指导21世纪社

① 习近平：《在纪念胡耀邦同志诞辰100周年座谈会上的讲话》，人民出版社2015年版，第10页。

会主义新实践的精神要义。解放思想、实事求是、与时俱进、求真务实是21世纪马克思主义在指导21世纪社会主义新实践时的方法论精髓，也是21世纪马克思主义开放性品格的具体体现。以习近平同志为主要代表的中国共产党人强调“用发展着的马克思主义指导新的实践”，为中国特色社会主义事业的总体发展把舵定航，为21世纪社会主义实践发展指引方向。总而言之，只有不断坚持解放思想、实事求是、与时俱进、求真务实，不断用发展着的21世纪马克思主义来指导21世纪社会主义的新实践，才能不断开创中国特色社会主义事业发展新局面，不断开辟21世纪马克思主义发展的新境界。

第三，21世纪马克思主义在接受人类社会实践检验的过程中实现创新发展，主动接受人类社会实践的检验是21世纪马克思主义开放性品格的内在要求。真理源于实践，也必然在接受实践的检验中实现发展。“实践是检验真理的唯一标准”是马克思主义真理观的核心内容，认识成果、主动接受人类实践的检验则是马克思主义开放性的内在要求。马克思主义自诞生伊始，就是在不断接受社会主义革命、建设和改革伟大实践的检验中而实现创新发展的。21世纪马克思主义是普遍真理，它同样来源于马克思主义执政党领导人民从事社会主义的伟大实践，也必然接受人类社会实践的检验。习近平新时代中国特色社会主义思想，既是指导中国特色社会主义新实践的思想指南，同时也在中国特色社会主义的实践中不断接受检验。可以说，中国特色社会主义实践是检验21世纪马克思主义是否科学的晴雨表和指示器。自党的十八大以来，中国特色社会主义事业取得了辉煌成就，中国特色社会主义的经济、政治、文化、社会、生态文明和民生、科技、教育、国防、外交等事业蒸蒸日上，人民生活水平和质量显著提高，国际影响力日益提升。中国特色社会主义的成功实践，恰恰证明了21世纪马克思主义的科学性、真理性和有效性。

21世纪马克思主义绝不是束之高阁的神圣教义、枯燥条文，而是来源于21世纪社会主义的生动实践，同时又是指导21世纪社会主义实践的世界观和方法论。概言之，21世纪马克思主义在面向21世纪社会主义实践的过程中实现创新发展，而面向当代社会主义实践则是21世纪马克思主义开放性的基础。

（二）创新理论：努力从现有理论成果中汲取智慧

马克思主义的开放性品格集中表现为马克思主义理论的开放性。习近平总书记指出："理论的生命力在于不断创新"①。马克思主义理论的不断创新是马克思主义开放性的具体表现，也是其不断保持旺盛生命力的关键所在。"坚持理论创新"是中国共产党百年奋斗的历史经验，是中国共产党进行伟大斗争并不断取得胜利的源泉。21世纪马克思主义的新篇章正是通过21世纪马克思主义理论而直接展现出来的，不断创新21世纪马克思主义理论既是发展21世纪马克思主义的重要举措，也是21世纪马克思主义开放性的集中体现。

第一，21世纪马克思主义理论在主动解答时代课题中实现创新发展。每个时代都有自己亟须解决的时代新课题，主动参与解决时代新课题既是马克思主义的使命所在，亦是马克思主义理论得以创新的重要契机所在。人类进入21世纪之后，经济全球化、世界多极化、文化多样化、社会信息化加速推进，急剧变革的时代孕育了许多新的时代课题。这些时代新课题广泛涉及国际政治稳定、全球经济发展、世界文化繁荣、人与自然和谐共处等重大问题，与人类自身生存与发展的命运息息相关。解决这些时代新课题为马克思主义在21世纪的发展提供了重要的历史契机，是马克思主义理论实现创新发展的时代根据。大致来说，围绕回答时代新课题，重点在以下方面实现了创新：一是解答社会发展的时代性课题推进了马克思主义社会发展理论的创新发展，新发展理念是21世纪马克思主义社会发展理论的

① 习近平：《在纪念马克思诞辰200周年大会上的讲话》，人民出版社2018年版，第27页。

经典成果；二是解答全球化加速推进的时代性课题推进了马克思主义全球化理论的创新发展，创造性地提出了新型大国关系、构建人类命运共同体、“一带一路”倡议、全球治理等21世纪马克思主义全球化理论的重大成果；三是应对马克思主义政党建设面临的新形势推进了马克思主义政党建设理论的创新发展，形成了习近平党建思想的重要成果；四是应对人与自然环境关系的新形势推进了马克思主义生态文明理论的创新发展，创造性地提出了“绿水青山就是金山银山”“改善生态环境就是发展生产力”等重要理念，并提出了一系列关于建设美丽中国、美丽乡村的生态文明思想，形成了“两山理念”、美丽中国建设理论等21世纪马克思主义生态文明建设理论。可以说，马克思主义主动解答时代性课题，就可以产生反映时代特征的理论新形态。21世纪马克思主义理论形态正是在解答人类在21世纪所面临的各种时代性课题的过程中产生的，这正是21世纪马克思主义开放性品格的集中体现。历史发展的车轮滚滚向前，21世纪马克思主义理论要继续引领时代，就必须立足于人类社会实践的新变化，科学研判人类社会发展的新趋向，在主动解答时代孕育的新课题的过程中实现创新发展。

第二，21世纪马克思主义理论在反思、完善马克思主义理论自身的过程中实现创新发展。马克思主义不是僵化的理论学说，而是开放的、不断随着人类实践和时代发展而不断发展的理论。马克思主义理论绝不是可以机械地套用在任何领域之上的“万能药方”和“刻板公式”，教条主义是马克思主义的最大敌人。马克思主义理论的开放性反对将马克思主义真理教条化、公式化，同时不断为理论的创新发展开辟新道路。马克思主义经典作家们都采取了不同方式回击那些把马克思主义教条化的荒谬做法。反对教条主义和本本主义是中国共产党人坚持和发展马克思主义的历史任务。“文化大革命”结束后，以邓小平同志为主要代表的中国共产党人反思了反右扩大化以来的“土教条”，重新确立了实事求是的思想路线，不断反思马克思主义理论自身所存在的与时代、新的实践不相符合的理论、观念，不断总结社会主义实践正反两方面的经验教训并使其上升为新的理论。党的十八大以来，以习近平同志为主要代表的中国共产党人联系正在变化的客观实际对马克思主义理论作了深刻反思，主要体现在三个方面：一是对中国1957年反右扩大化以来的一些不合时宜的理论和观点的深刻反思；二是对苏联长期坚守的一些僵化马克思主义观点和理论的深刻反思；三是对国外形形色色的马克思主义思潮或理论的反思、鉴别与批判。通过对马克思主义理论自身的深刻反思，不断剔除那些不合时宜的观点和理论，不断结合实践发展变化补充和完善新的理论观点，如社会主义市场经济理论的不断完善，特别是中国共产党十八届三中全会提出"使市场在资源配置中起决定性作用"代替党的十四大以来长期坚持的"使市场在社会主义国家宏观调控下对资源配置起基础性作用"的观点，其他诸如中国特色社会主义人民民主理论、中国特色社会主义改革开放理论、中国特色社会主义文化发展理论、中国特色社会主义乡村建设理论等，甚至整个中国特色社会主义理论体系的不断完善与发展都是建立在不断对之前马克思主义理论进行深刻反思的基础之上的。由此可见，对既有理论的深刻反思和完善，是发展好21世纪马克思主义的重要途径，是21世纪马克思主义理论开放性品格的内在要求。

第三，21世纪马克思主义理论通过不断总结和吸收人类最新优秀文明成果来推动自身创新发展。主动总结和吸收人类一切优秀文明成果，是马克思主义实现自我发展的基本途径和优良品格。进入21世纪以来，随着人类在经济、科技、文化等方面的迅猛发展，产生了许多重要的优秀文明成果。21世纪马克思主义把人类最新的优秀文明成果作为参照系，总结分析这些优秀成果的成就与不足，主动吸收这些成果的合理成分。其一，马克思主义理论在充分总结和吸收20世纪90年代以来的自然科学成果实现创新发展。一方面，在充分吸收人类最新自然科学成果的合理因子的过程中创新发展了21世纪马克思主义理论。冷战结束后，第三次科技革命加速推进，一系列重大的科技成果如生物工程、航天技术、人工智能、大数据、云计算等诞生，这些科技成果直接成为21世纪马克思主义理论实现创新发展的感性材料，极大地丰富了马克思主义的唯物辩证法、自然观、认识论、历史观等基础理论的理论体系，直接推动马克思主义的社会发展理论、市场经济理论、社会结构理论、人学理论、全球化理论、工业化理论、意识形态理论等的创新发展。另一方面，在总结人类最新自然科学成就的历史经验的基础上推动了马克思主义科学技术理论的创新发展。把历史经验和实践经验升华为科学理论是马克思主义的优秀品格，以习近平同志为主要代表的中国共产党人深刻总结和分析人类最新科技成果的新进展，提出了一系列关于发展科学技术的重要思想，特别是习近平总书记提出建设世界科技强国的一系列思想、观点、理念、方法，成为当前我国建设世界科技强国的思想指南。可以说，21世纪马克思主义理论中许多反映时代精神的华丽篇章正是总结和吸收自然科学最新成果而实现的。其二，21世纪马克思主义理论在总结分析20世纪90年代以来人文哲学社会科学成果实现创新发展。人类进入21世纪以来，东方和西方的人文哲学社会科学优秀文明成果以各种方式快速传播，生态马克思主义、后现代主义、新马克思主义等社会思潮纷至沓来，许多哲学社会科学成果的精品力作如皮凯蒂的《21世纪资本论》、罗尔斯的《正义论》、亨廷顿的《文明的冲突与世界秩序的重建》等吸引了无数人的目光。习近平总书记指出："用宽广视野吸收人类创造的一切优秀文明成果"①。这是以习近平同志为主要代表的中国共产党人对待人类人文哲学社会科学优秀文明成果的基本态度。以习近平同志为主要代表的中国共产党人主动总结和吸收当代人类人文哲学社会科学优秀文明成果中的合理因素，推动21世纪马克思主义理论的发展，比如习近平新时代中国特色社会主义思想中的很多理论成果如生态文明思想等正是在总结分析人类最新的人文

① 习近平：《在纪念马克思诞辰200周年大会上的讲话》，人民出版社2018年版，第27页。

哲学社会科学成果下获得的。21世纪马克思主义理论发展的现实经验充分证明，只有不断地总结和吸收人类一切最新优秀成果，才能更好地推动马克思主义理论的创新发展。

理论创新是推动实践创新、制度创新、文化创新以及其他方面创新的先导，而不断推进21世纪马克思主义理论的创新发展则是推进21世纪马克思主义不断向前发展的关键所在。实践发展没有止步，新的时代必然有新的时代课题出现，推动21世纪马克思主义理论的继续创新发展是继续发展21世纪马克思主义的核心任务。习近平总书记强调："我们要坚持用马克思主义观察时代、解读时代、引领时代，用鲜活丰富的当代中国实践来推动马克思主义发展，用宽广视野吸收人类创造的一切文明成果，坚持在改革中守正出新、不断超越自己，在开放中博采众长、不断完善自己"①。不断推进21世纪马克思主义理论的创新发展，是21世纪马克思主义开放性品格的内在要求。

① 习近平：《在纪念马克思诞辰200周年大会上的讲话》，人民出版社2018年版，第27页。

第二章

21世纪马克思主义的理论渊源

任何一种理论的产生都不是凭空出现的，而是一个代代相传、延绵不断的过程。只有在继承前人已有成果的基础上，结合实践过程中出现的新情况、新问题，才能有新时代与时俱进的理论创新。21世纪马克思主义作为新的时代条件下的创新与发展，就必然与经典马克思主义存在既一脉相承又与时俱进的关系，就必然要以马克思主义经典理论为其重要的理论渊源。这里所说的理论渊源，特指21世纪马克思主义的本源性问题，即21世纪马克思主义对19世纪经典马克思主义和20世纪经典马克思主义的理论承继。而包括西方马克思主义在内的国外社会科学有益成果尽管为学界马克思主义理论的研究提供了新的思路和启示，但他们立足于资本主义社会、以西方问题为中心的理论探讨，注定不可能成为马克思主义发展的主流。因此，西方马克思主义对21世纪马克思主义的影响和意义，并不属于本章探讨的范围，在此不做赘述。

从马克思主义发展史的角度看，“马克思、恩格斯的学说可以称为‘19世纪马克思主义’，列宁主义、毛泽东思想、以邓小平理论为首创成果和基本内容的中国特色社会主义理论可以称为‘20世纪马克思主义’，习近平新时代中国特色社会主义思想可以称为‘21世纪马克思主义’”。[①]开辟21世纪马克思主义发展的新境界，需要在继承和延续19世纪经典马克思主义和20世纪经典马克思主义的基础上展开，并以此为前提，才能建构起符合21世纪时代课题的理论表达和话语体系，才能指导21世纪的实践活动。在庆祝中国共产党成立100周年大会上，习近平总书记强调：“以史为鉴、开创未来，必须继续推进马克思主义中国化。马克思主义是我们立党立国的根本指导思想，是我们党的灵魂和旗帜。中国共产党坚持马克思主义基本原理，坚持实事求是，从中国实际出发，洞察时代大势，把握历史主动，进行艰辛探索，不断推进马克思主义中国化时代化，指导中国人民不断推进伟大社

① 何毅亭：《习近平新时代中国特色社会主义思想是21世纪马克思主义》，《政工学刊》2020年第8期。

会革命。中国共产党为什么能，中国特色社会主义为什么好，归根到底是因为马克思主义行！”[①]马克思、恩格斯作为马克思主义理论的创始人，他们在19世纪提出的科学的思想理论，构成了21世纪马克思主义的深邃理论源泉。马克思主义的“当然继承者”列宁在领导俄国十月革命和社会主义建设过程中，成功地将马克思主义发展到列宁主义阶段，书写了20世纪马克思主义发展的新篇章，并为21世纪马克思主义提供了宝贵的理论财富。20世纪上半叶，面对内忧外患的社会局面和“中国应向何处去”的历史难题，中国共产党领导中国人民取得了新民主主义革命的胜利，确立了人民当家作主的社会主义制度，使马克思主义在中国大地扎根生长，并形成了毛泽东思想，实现了对马克思主义的继承和发展。作为马克思主义中国化的第一次历史性飞跃，毛泽东思想提供了21世纪马克思主义发展的重要思想基础。改革开放后，以邓小平理论为开启性成果的中国特色社会主义理论体系“科学回答了建设中国特色社会主义的发展道路、发展阶段、根本任务、发展动力、发展战略、政治保证、祖国统一、外交和国际战略、领导力量和依靠力量等一系列基本问题”[②]，彰显了马克思主义在中国大地的生机与活力，为21世纪马克思主义的生成发展奠定了坚实的理论之基。作为马克思主义中国化新的飞跃的整体性理论呈现，中国特色社会主义理论体系对21世纪马克思主义生成的奠基性意义，将在第三章具体展开。

一、21世纪马克思主义的深邃理论源泉

19世纪是马克思主义诞生的时代。19世纪中叶，马克思、恩格斯立足于西方资本主义社会，理性深入地考察分析了由资本所主导的“颠倒的世

① 习近平：《在庆祝中国共产党成立100周年大会上的讲话》，人民出版社2021年版，第12—13页。

② 《中共中央关于党的百年奋斗重大成就和历史经验的决议》，人民出版社2021年版，第17—18页。

界”，揭露了资本主义社会不可调和的矛盾和弊病，创立了科学社会主义。自此之后，这一理论学说就深刻影响了人类社会的历史进程，成为人类认识世界、改造世界科学的行动指南。当前，树立“以人民为中心”的发展理念、满足人民群众对美好生活的期待、建设人与自然和谐相处的生态文明社会以及构建人类命运共同体的全球治理方案等，都与马克思、恩格斯在19世纪关注和解答的问题存在高度契合性。马克思主义既产生于19世纪，又超越了这个特定的时代。其创始人马克思、恩格斯关于“人民群众创造历史”的思想、人与自然和谐统一的生态思想以及世界历史的构想等观点，构成了21世纪马克思主义深邃的理论源泉。

（一）“人民群众创造历史”：奠定“以人民为中心”发展理念的基石

“人民性是马克思主义最鲜明的品格。”①马克思、恩格斯从现实个体的物质生产实践活动出发，揭示了人民群众创造历史的伟大真理，形成了人民主体的历史唯物主义观点，确立了人民主体的价值立场，并以此为指导积极投入领导工人群众开展无产阶级革命、推翻资本主义制度、实现人类解放的社会实践中。人民群众创造历史代表了历史唯物主义的核心观点，是历史唯物主义的题中应有之义，也是马克思主义政党区别于其他政党的显著标志。21世纪马克思主义的发展，致力于为人民谋幸福的伟大事业，牢固树立“以人民为中心”的发展理念，满足人民群众对美好生活的向往与追求。究其根源，马克思、恩格斯的人民主体观是其根本的理论依据，为其奠定了坚实的理论基石。

第一，“现实的人”及其实践活动是人民主体思想的理论根基。马克思、恩格斯人民主体思想建立在唯物史观的基础之上，“现实的人”及其物质资料生产实践是人民主体思想的立论基点。首先，“现实的人”是人民主体思想生成的基本前提。所谓“现实的人”，指的是存在于现实世界、处于一定

① 习近平：《在纪念马克思诞辰200周年大会上的讲话》，人民出版社2018年版，第17页。

的社会关系中、从事实践活动的活生生的个体。马克思指出：全部人类历史的第一个前提无疑是有生命的个体的存在。一方面，人的生命体征决定人的自然属性，人从属于自然界，是自然界的一部分；另一方面，人之所以成为人，还在于人作为主体能够进行“有意识的活动”，并在这种活动中结成一定的社会关系，从而使自身的存在本质社会化。在这里，马克思摒弃了将人抽象化的做法，从能动性的生命体角度把握人的现实本性，将“现实的人”作为人类社会的存在基础，指出“人的本质不是单个人所固有的抽象物，在其现实性上，它是一切社会关系的总和”①，从而超越了黑格尔和费尔巴哈对人的本质的理解，实现了对人的认识由“抽象”到“现实”的思想转变，奠定了人民主体思想的现实性根基。所以，历史的真正主体既不是“万能全知”的上帝，也不是黑格尔哲学的“绝对理念”，亦不是费尔巴哈笔下“感性直观的个体”，而是“现实的人”。脱离了现实存在的个体及其实践活动，也就不存在所谓的人类历史。其次，实践活动是“现实的人”成为历史主体的基本方式。正是在实践活动中，人民群众在历史中的主体地位才真正得以确立下来。在《关于费尔巴哈的提纲》中，马克思指出：“从前的一切唯物主义（包括费尔巴哈的唯物主义）的主要缺点是：对对象、现实、感性，只是从客体的或者直观的形式去理解，而不是把它们当做感性的人的活动，当做实践去理解，不是从主体方面去理解。因此，和唯物主义相反，唯心主义却把能动的方面抽象地发展了，当然，唯心主义是不知道现实的、感性的活动本身的。”② 马克思对实践范畴的引入，从根本上克服了旧唯物主义和唯心主义在认识问题上的局限性，在主体与客体之间架起实践的桥梁，科学地阐明了人与客观世界改造与被改造、认识与被认识的存在关系。按照马克思历史唯物主义的观点，在改造客观世界的实践过程中，无数“现实的人”创造出自身生存所需的一切物质资料和社会发展的前提

① 《马克思恩格斯文集》第1卷，人民出版社2009年版，第501页。

② 《马克思恩格斯选集》第1卷，人民出版社2012年版，第133页。

条件，创造出一个属人的世界，推动着人类社会不断发展和进步，人民主体地位也就在此过程中得以确立和展现。因此，整个人类历史都不过是人的实践活动的历史，实践作为人特有的本质特征，是实现人民主体地位的基本方式。

第二，人民群众创造历史是人民主体思想的核心内容。唯物史观创立之前，在谁是历史的创造者问题上，唯心史观一直占据着统治地位。唯心史观贬低人民群众的历史作用，把历史的发展归结为某些伟大人物的意志或某种超人类力量的主宰结果。马克思、恩格斯则从生产力对人类社会发展的决定性作用出发，通过对人民群众物质生产实践活动的深入考察，发现了人民群众在历史进程中的主体作用，进而阐明了“历史活动是群众的事业”[①]，并以此为依据，得出了人民群众创造历史的观点。

人民群众作为历史的主体，首先是社会物质财富的创造者。从根本上说，人类历史就是生产发展的历史，人类生存所需要的物质生活资料，都是由人民群众在生产实践活动中创造的。“一切人类生存的第一个前提，也就是一切历史的第一个前提，这个前提是：人们为了能够‘创造历史’，必须能够生活。但是为了生活，首先就需要吃喝住穿以及其他一些东西。因此第一个历史活动就是生产满足这些需要的资料，即生产物质生活本身”[②]。没有物质生产实践及其所创造的物质生活资料，也就没有人类的存续和人类历史的发展。其次，人民群众的主体作用还表现在精神财富的创造上。人民群众的生活和实践活动是一切精神产品和精神财富产生和发展的源泉。当人们的基本生存需要在得到满足之后，就会产生争取统治，“从事政治、科学、艺术、宗教等等”[③]的精神需要，包括知识分子在内的人民群众在满足这些精神需要的创造中发挥了关键性的历史作用。如果没有精神财富的

① 《马克思恩格斯全集》第2卷，人民出版社1957年版，第104页。
② 《马克思恩格斯文集》第1卷，人民出版社2009年版，第531页。
③ 《马克思恩格斯文集》第3卷，人民出版社2009年版，第601页。

创造，人类社会的发展也无从谈起。最后，人民群众是社会变革的决定性力量。人民群众在创造物质财富和精神财富的同时，也创造并改造着包括生产关系和政治关系在内的一切社会关系。历史本身不是自为的主体，社会形态的更替也不会随着生产力的发展自发地实现，而是必须在人民群众的实践中才能完成。正如恩格斯在对英法资产阶级革命进行评价时所指出的，资产阶级革命最灿烂辉煌的成就是平民大众争取来的。如果没有平民，单纯的资产阶级力量并不足以将查理一世送上断头台。

但是，人民群众作为历史创造的主体，其主观能动性的发挥及其创造历史的活动受到一定的社会历史条件的制约。一定历史条件下的人民群众只能在既定的经济条件、政治条件和精神文化条件的制约下创造历史。其中，生产力因素是制约人民群众创造历史活动的首要的、根本的制约性条件。"因为任何生产力都是一种既得的力量，是以往的活动的产物"[①]，人们不能自由选择。所以，马克思坦言，人民既是历史的"剧作者"，也是历史的"剧中人"。

第三，实现每个人自由而全面的发展是人民主体思想的价值目标。马克思关于人民群众创造历史的唯物史观，决定了马克思主义理论学说必然服务于无产阶级和广大劳动人民群众，必然以实现每个人自由而全面的发展为最终目的与价值归宿。这是马克思人民主体思想鲜明的价值取向。

在马克思看来，人民主体的实现首先意味着全社会的每一个人的自由个性得到充分发展，即"人终于成为自己的社会结合的主人，从而也就成为自然界的主人，成为自身的主人——自由的人"[②]。这也是彼岸的自由王国——未来的共产主义社会的情景写照。"代替那存在着阶级和阶级对立的资产阶级旧社会的，将是这样一个联合体，在那里，每个人的自由发展是

① 《马克思恩格斯选集》第4卷，人民出版社2012年版，第409页。

② 《马克思恩格斯文集》第3卷，人民出版社2009年版，第566页。

一切人的自由发展的条件。”[①]只有在共产主义社会，随着旧的生产关系和交往关系被推翻，过去支配个体发展的异己的力量也将随之被摧毁，每个人的自由发展不再是他人实现自由的障碍，而是他人获得自由的前提。此时，人，才被当作目的，而不是手段，才能在“自由的有意识的活动”中完全自觉地创造自己的历史，成为真正意义上的主体性存在。除此之外，人民主体的实现还意味着全社会每一个人的全面发展，即人以一种全面的方式占有自己的全面的本质。在共产主义社会，劳动对人而言不再是谋生的手段，其本身反而成了生活的第一需要，每个人都可以按照自己的喜好兴趣，上午打猎，下午捕鱼，傍晚放牧，晚饭后从事哲学批判。一方面，每个人都没有特定的活动领域和范围，共产主义社会为每个人能力的发挥提供了一切可能性和保证，个人获得全面发展其才能的手段，成为自身本质的真正占有者；另一方面，由于共产主义社会个人利益与共同利益的一致性，个人能力的增长和提升，也将推动着共产主义社会的不断进步。

马克思、恩格斯对现实问题的深刻关切及其理论的实践特质，暗含了人民主体思想并不是悬置于现实之上的虚无缥缈的“空中楼阁”，人民主体理论必然诉诸于伟大的人类解放的社会变革，必然随着历史的发展由理想变为现实。在马克思、恩格斯看来，完成这一历史任务的主体力量就是无产阶级。“无产阶级将利用自己的政治统治，一步一步地夺取资产阶级的全部资本，把一切生产工具集中在国家即组织成为统治阶级的无产阶级手里，并且尽可能快地增加生产力的总量。”[②]

党的十八大以来，以习近平同志为核心的党中央继承和创新发展了马克思的人民主体思想，围绕“为人民谋幸福”的初心和使命，将马克思主义的人民主体思想推向了21世纪的新阶段。习近平新时代中国特色社会主义思想聚焦于人民群众的现实生活，沿着19世纪经典马克思主义唯物史观的

① 《马克思恩格斯文集》第2卷，人民出版社2009年版，第53页。
② 《马克思恩格斯文集》第2卷，人民出版社2009年版，第52页。

真理道路，创造性地提出“以人民为中心”的发展理念，“始终牢记江山就是人民、人民就是江山，坚持一切为了人民、一切依靠人民，坚持为人民执政、靠人民执政，坚持发展为了人民、发展依靠人民、发展成果由人民共享，坚定不移走全体人民共同富裕道路”[①]，在中国特色社会主义的伟大实践中破解了当代社会发展的价值迷思，实现了人民主体由理想到现实的转变，极大地彰显了马克思人民主体思想的时代意义。

（二）人与自然辩证统一的生态观：提供生态文明建设的基本遵循

19世纪，马克思、恩格斯考察了以机械主义和费尔巴哈人本主义为代表的形而上学自然观，批判了他们在人与自然关系问题上的错误观点，从而科学地阐述了人与自然的辩证统一关系。以此为基础，马克思、恩格斯直指资本主义社会的生态问题，揭露了资本主义社会人与自然相异化的反生态本性，指明了通过变革资本主义生产关系实现人与自然相和解的生态愿望。尽管囿于时代的局限，马克思、恩格斯并没有形成系统性、体系化的生态理论，但是他们对生态问题的关注以及解决生态问题的方法路径，对后世正确处理人与自然的关系产生了重要影响。相较于19世纪马克思、恩格斯生活的时代，在21世纪的今天我们面临着更为严峻的生态危机。如何实现人与自然的和谐共生，需要21世纪马克思主义对之做出科学的回答。而马克思、恩格斯在19世纪提出的“人与自然辩证统一”的生态思想作为马克思主义理论的重要组成部分，则为科学回答这一问题提供了根本的方法论指导，提供了21世纪人类生态文明建设的基本遵循。

第一，马克思、恩格斯科学地阐释了人与自然的辩证统一关系。随着近代科学的发展和人类驾驭自然能力的提升，机械主义自然观在人与自然的关系问题上占据了统治地位。以此为基础，人统治自然、支配自然的观念盛

① 《中共中央关于党的百年奋斗重大成就和历史经验的决议》，人民出版社2021年版，第66页。

行开来，并造成了人与自然之间的紧张关系。马克思、恩格斯在创立科学社会主义的过程中，以辩证唯物主义的自然观还原了人与自然的本真存在状态，深刻地阐释了“人的生存依赖于自然界”的观点，从而实现了对机械主义自然观的超越。马克思指出：“自然界，就它本身不是人的身体而言，是人的无机的身体。人靠自然界生活。这就是说，自然界是人为了不致死亡而必须与之不断交往的、人的身体。所谓人的肉体生活和精神生活同自然界相联系，也就等于说自然界同自身相联系，因为人是自然界的一部分。”①所以，人的生存必须依赖于自然界。作为生命有机体，人需要自然界供给其生存的必要条件，离开了这些，就无所谓人的存在和人类社会的形成。自然界对人及人类社会而言，具有存在的优先性和不以人的意志为转移的客观实在性。任何试图将人与自然界割裂开来，或是轻视自然、凌驾于自然之上的观点都是荒谬可笑的。

在承认自然界存在的客观性和优先性的前提下，马克思、恩格斯着重分析了建立在人的实践活动基础上的“人化自然”。因为只有人化了的自然界对人来说才是真正的自然界。他们从实践出发，将传统意义上的自然划分为自在自然和人化自然两部分，自在自然指的是人类历史产生之前的自然界和人的实践活动尚未触及的自然界，人化自然则是人的实践活动改变了的自然界。在这里，通过对实践范畴的引入，马克思批判了费尔巴哈感性直观的自然观。由于不懂得实践的作用，费尔巴哈只看到人的自然维度，认为人就只是自然的存在物。针对费尔巴哈在自然观上的缺陷，马克思指出，人既是自然的存在，也是对象性的存在。在以自然为对象的活动中，人作用于自然界，深刻地改变了自然的原有面貌，使自然界变成对象性的属人的存在。这个对象性的活动就是实践。人与自然通过实践这个中介形成融合与统一，人与自然“二元对立”的形而上学困境也在实践中得以破解。因此，人与自然之间是一种共生共在、辩证统一的存在关系。

① 《马克思恩格斯全集》第42卷，人民出版社1979年版，第95页。

人与自然共生共在、辩证统一的关系，意味着与自然和谐相处才是人类基本的生存原则，尊重自然才是人类理应秉持的首要态度。正如恩格斯所言，“我们每走一步都要记住：我们决不像征服者统治异族人那样支配自然界，决不像站在自然界之外的人似的去支配自然界——相反，我们连同我们的肉、血和头脑都是属于自然界和存在于自然界之中的”[①]。而且，自然界自身有其客观的运行规律，作为主体的人在利用自然、改造自然的同时，也要受到自然规律的制约。随着生产力水平的提高，人类实践活动逐步深入、改造自然的能力不断得到提升，人与自然之间的关系也面临着日益严峻的挑战。马克思、恩格斯理性地洞察到，对自然资源的过度开发和对生态环境的肆意破坏，势必会遭到自然界的无情报复。如果人类不加以控制，接踵而来的将是毁灭性的灾难。恩格斯在《自然辩证法》书中指出：“我们不要过分陶醉于我们人类对自然界的胜利。对于每一次这样的胜利，自然界都对我们进行报复。每一次胜利，起初确实取得了我们预期的结果，但是往后和再往后却发生完全不同的、出乎预料的影响，常常把最初的结果又消除了”[②]。因此，唯有尊重自然、顺应自然，在正确遵循自然规律的基础上科学改造自然，才能实现人与自然的和谐共生。

第二，马克思、恩格斯尖锐地批判了资本主义社会人与自然相异化的反生态本性。马克思指出，人的实践活动不仅产生了人与自然辩证统一的生态关系，也创造出了人与人的社会关系。一部人类社会发展史，就是一部不断改造自然的历史，是一部特殊的自然发展史。在改造自然的劳动实践中，人与人之间按照一定的方式和规则结成一定的生产关系，共同进行生产劳动，建立起自己的社会交往，创造出属于自己的历史。所以，人与自然的关系和人与人的关系共同贯穿人类文明的始终、作为人类活动的中心课题而存在。而且，人与人的社会关系一经产生，就必然对人与自然的关系形成一

① 《马克思恩格斯文集》第9卷，人民出版社2009年版，第560页。

② 《马克思恩格斯文集》第9卷，人民出版社2009年版，第559—560页。

种制约作用，因为在现实中，人与自然的生态关系是以特定的具体的实践活动及其社会制度和社会关系结构为存在根据的，“只有在社会中，人的自然的存在对他来说才是人的合乎人性的存在，并且自然界对他来说才成为人”①。也就是说，人与人的社会关系决定了人与自然的生态关系。那么，在不同的社会制度中，由于受到人与人的社会关系的制约，人类呈现出的与自然的生态关系就是不同的。由此，马克思、恩格斯就通过对社会制度的考察去探究人与自然关系紧张恶化的原因，将对显性的生态问题的研究深入到隐性的社会制度尤其是生产方式的思考中，在历史唯物主义的视域中成功地找到了生态危机的根源所在。

众所周知，马克思、恩格斯对于人类社会的考察立足于早期资本主义社会中“现实的人”，这是历史唯物主义的出发点，也是考察生态问题的起始点。在《资本论》中，我们可以清晰地看到马克思关于资本主义生产方式对生态环境破坏以及工人现实处境的相关论述：曼彻斯特城市上空弥漫着的煤烟、法国的森林消失、英国的河流污染……在这样的环境下进行生产和生活的工人，他们的现实生活处境已经降低到了“人类的最低阶段”，各种疾病伴随着他们，但是为了生存，他们不得不继续这样的生活。究竟是什么原因导致生态环境的恶化和工人的悲惨处境？马克思、恩格斯指出，正是资本主义制度撕裂了人与自然的和谐关系，造成了生态环境的严重破坏，夺走了人应当有的“类生活”。在资本主义制度产生之前，人与自然的生态关系是基本和谐的，人们在共同的生产劳动中与自然直接地同一。然而，资本主义制度产生后，与资本所创造的巨大的生产能力一同出现的，是资本诱发的人与自然关系的异化。在资本主义生产方式下，劳动不断走向自身的对立面，工人与自己的类本质逐渐脱离，此时人类与自然所发生的任何关系都是自然的异化。当人与自然都丧失了自身的本真状态，成为资本增殖的工具，人与自然的关系也就彻底退变为纯粹的物与物的关系，由原本的“主客

① 《马克思恩格斯文集》第1卷，人民出版社2009年版，第187页。

统一”走向“二元对立”，自然沦为人类疯狂掠夺、征服和改造的对象，人与自然之间的紧张关系和对立状态便呈现出来。因此，人与自然相异化是资本主义社会发展的必然结果。

马克思、恩格斯对资本主义制度下人与自然异化关系的揭示，淋漓尽致地展现了资本主义的反生态本性。资本的天然使命是增殖，是追求剩余价值的最大化。因此，在资本追逐利润的本性驱动下，资本家不仅要剥削与压榨劳动者，还会甘冒一切风险、不断掠夺资源，剥削自然。在资本主义发展过程中，人对人的剥削和人对自然的剥削是并行不悖的。加之对科学技术的广泛运用，资本的“普遍占有”本性实现了对自然界最大限度的控制，自然成为人支配和统治的对象，对自然资源接连不断地开采与挖掘成为资本主义生产的常态。然而，资源是有限的，有限的资源和无限扩张的资本之间形成了矛盾的发展态势。这也从侧面说明了，资本主义社会并不是一种可持续发展的社会形态，它必将被未来人与自然可持续发展的共产主义社会所取代。

第三，马克思、恩格斯明确地指出了实现人与自然相和解的生态目标是共产主义社会的题中应有之义。既然资本主义生产方式是导致生态危机的罪魁祸首，那么只有变革资本主义制度、废除资本主义生产方式，建立“自由而全面发展的共产主义”，才能摆脱人与自然的异化状态，消解资本主义社会的生态危机。“这种共产主义，作为完成了的自然主义，等于人道主义，而作为完成了的人道主义，等于自然主义，它是人和自然界之间、人和人之间的矛盾的真正解决，是存在和本质、对象化和自我确证、自由和必然、个体和类之间的斗争的真正解决。”[①]很明显，马克思在对共产主义的设想中包含了自然的解放和人类解放的双重维度，实现人与自然的和解也由此成为共产主义社会的题中应有之义。

马克思、恩格斯认为，人的异化造成了人与自然的异化，因此实现人与

① 《马克思恩格斯文集》第1卷，人民出版社2009年版，第185页。

自然相和解的重要前提是人同自身的和解，即消除人的异化，建立起合理的社会关系。在《1844年经济学哲学手稿》中，马克思批判了资产阶级国民经济学家将私有财产制度永恒化的观点。马克思认为，私有财产不仅是异化劳动的根源，也是异化劳动的结果和产物。一方面，生产资料的私人占有使资本家在利益的驱动下压榨工人进行强制性劳动，产生了人的异化，形成不合理的社会关系；另一方面，异化劳动又创造了私有财产，与私有财产发生相互作用。因为死的生产资料只有在活的外化劳动的作用下才能发展为资本家的私有财产，而且，“只有这时私有财产才能完成它对人的统治，并以最普遍的形式成为世界历史性的力量”[①]。因此，扬弃私有财产制度、消除人的异化根源，建立合乎人的本性的社会制度，是化解人与人之间矛盾的唯一出路，也是实现人与自然和解的必然路径。在“完成了的自然主义”与“完成了的人道主义”相统一的共产主义社会，必定是资源得到合理开发利用、生产得以可持续发展、财富得以适当分配、人与自然的和谐关系得以确立的理想社会形态。

马克思、恩格斯将生态危机的化解放置于共产主义的社会形态中，并不意味着人与自然的和谐共生是遥不可及的自由王国。共产主义是不断生成着的“消灭现存状况的现实的运动”[②]，是不断实现人的解放和自然的解放的历史过程。当下，我们就可以通过社会实践朝着共产主义的理想改造现实，朝着人与自然和谐统一的方向迈进。21世纪的今天，人类在享受现代文明的同时，也遭遇着前所未有的生态危机。面对这一时代难题，以习近平同志为核心的党中央以19世纪经典马克思主义的生态思想为基本遵循，强调指出：“生态文明建设是关乎中华民族永续发展的根本大计，保护生态环境就是保护生产力，改善生态环境就是发展生产力”[③]，将生态文明建

① 《马克思恩格斯文集》第1卷，人民出版社2009年版，第182页。

② 《马克思恩格斯文集》第1卷，人民出版社2009年版，第539页。

③ 《中共中央关于党的百年奋斗重大成就和历史经验的决议》，人民出版社2021年版，第51页。

设纳入中国特色社会主义总体布局中，形成人与自然和谐发展的现代化建设格局，创造性地提出了“人与自然是生命共同体”“生态兴则文明兴”“绿水青山就是金山银山”“良好的生态环境是最普惠的民生福祉”等一系列关于生态文明的论断，实现了马克思主义生态观与当代中国生态实践的成功结合。同时，习近平总书记站在全球生态文明建设的高度，倡导世界携手联合，共同构建人与自然生命共同体，维护全球生态正义，使马克思主义生态观在21世纪焕发出新的生机与活力。因此，习近平生态文明思想以其科学性、创新性、时代性和开放性的理论特征，奠定了21世纪马克思主义生态文明思想的核心内涵，开启了21世纪马克思主义生态文明的新篇章。

（三）世界历史理论：规定构建人类命运共同体的核心要义

在历史唯物主义的指导下，马克思、恩格斯在科学分析资本运动规律和人类社会发展规律的基础上，提出了世界历史理论。马克思认为，资本的扩张本性注定了它会游走于世界各地，推动世界市场形成，并促进民族历史向世界历史转变。但由于资本主义世界历史自身无法克服的局限性，注定了世界历史的未来属于共产主义，而东方社会由于自身的特殊状况在世界历史的整体进程中极有可能成为未来社会主义革命的中心所在。马克思关于世界历史的前瞻性论断不仅是马克思主义理论的重要组成部分，也规定了21世纪构建人类命运共同体的核心要义。面对当今世界格局的深刻变革和全球性问题带来的挑战，在“世界向何处去”的历史关口，以习近平同志为核心的党中央顺应世界历史的发展趋势，提出了构建人类命运共同体的主张，表达了对全球未来发展趋势与前途命运的深切关怀。这一思想遵循着马克思世界历史理论的内在逻辑，将马克思主义理论与时代发展实际相结合，在对历史与现实的深入思考中极大地彰显了世界历史理论的当代价值。

第一，马克思、恩格斯描述了历史向世界历史的转变是资本推动的结果。站在唯物史观的立场上，马克思认为，世界历史并不是整个人类历史的代名词，而是伴随着生产力的发展和普遍交往的出现而生成的特定的人类历史阶段。“历史向世界历史的转变，不是‘自我意识’、世界精神或者某个形而上学幽灵的某种纯粹的抽象行动，而是完全物质的、可以通过经验证明的行动，每一个过着实际生活的、需要吃、喝、穿的个人都可以证明这种行动。”[①]资本主义开创的大工业及资本扩张所带来的普遍交往，为世界市场的形成和世界历史的开辟提供了根本的原动力。机器大工业的出现，提高了社会的劳动生产效率，极大地激活了市场的空间活力，此时，不断扩大产品销路以获取更多的剩余价值成为资本家的迫切需要。这种需要驱使资本家奔走于世界各地，促使资本主义生产方式由局部走向全球，并最终形成世界市场。以机器大工业为基础形成的世界市场，不仅消解了各民族地区原有的自给自足的单一生产状态，也促进了各领域普遍性的世界交往的形成，使世界成为相互依存的有机统一整体。“各个相互影响的活动范围在这个发展进程中越是扩大，各民族原始封闭状态由于日益完善的生产方式、交往以及因交往而自然形成的不同民族之间的分工消灭得越是彻底，历史也就越是成为世界历史。”[②]

在由机器大工业和普遍交往开创的资本主义世界历史中，资本发挥了决定性作用，是世界历史背后的根本推动力。在马克思看来，世界历史就是资本在全世界范围内的展开，资本创造世界历史的趋势本身就蕴含在自身的扩张运行中。资本无休止的逐利特性注定了它会突破一国界线，寻求最为广泛的“普遍占有”：一方面，在国内，资本为了剩余价值的最大化，必然最大限度地对劳动进行剥削和控制；另一方面，在国际上，为了称霸世界，实现在世界范围内的统治，资本借助于竞争，按照自己的方式创造出一个一体化的世界。在资本的主导下，商品的流通范围日益扩大、流通速度日

① 《马克思恩格斯文集》第1卷，人民出版社2009年版，第541页。

② 《马克思恩格斯文集》第1卷，人民出版社1960年版，第540—541页。

渐加快，世界性的经济体系开始形成，人类历史走向世界历史。正如马克思所言："资产阶级，由于开拓了世界市场，使一切国家的生产和消费都成为世界性的了。"[①]在此意义上，一部资本生成史，就是一部世界历史的形成史。

随着世界市场的开拓，各国在经济上的交往越来越频繁，利益依赖不断被强化，彼此之间的政治关切和文化交流也日渐增多。由此，各地区孤立隔绝的封闭状态被彻底打破，一切物质的和精神的生产都变为世界性的存在，全世界几乎变成了一座城，"过去那种地方的和民族的自给自足和闭关自守状态，被各民族的各方面的互相往来和各方面的互相依赖所代替了"[②]。一些看似只与民族国家相关的问题，在普遍化的世界交往视域下却被赋予了超地域、超民族的意义。马克思举例指出，英国发明的机器不仅夺走了印度和中国劳动者的饭碗，而且就此改变了这些国家的生存形式，这就是世界历史视域下一个民族自身经历的世界性意义。在世界历史阶段，"凡是民族作为民族所做的事情，都是他们为人类社会而做的事情"[③]。

第二，马克思、恩格斯揭露了资本主义世界历史无法克服的局限性。随着资本主义生产方式在世界各地的传播和普遍交往的世界化图景的出现，资本主义大工业所开创的世界历史消解了各民族国家闭关自守的自然生存状态，使人类社会摆脱"人的依赖性"时期，进入现代文明的历史阶段，这无疑是巨大的历史进步。然而，与此同时，资本主义开创的世界历史也造成了前所未有的全球性矛盾和冲突，这是资本主义无法克服的弊病。尽管资产阶级开创了世界历史，但是资本主义世界历史不会是人类历史的终结。

资本主义世界历史由于资本主义固有的内在痼疾，必然面临普遍异化的发展结局。这具体表现在：世界历史在资本主义阶段越是向前发展，人

① 《马克思恩格斯文集》第2卷，人民出版社2009年版，第35页。
② 《马克思恩格斯文集》第2卷，人民出版社2009年版，第35页。
③ 《马克思恩格斯全集》第42卷，人民出版社1979年版，第257页。

就越来越深陷于“物”的统治的泥潭，就越来越受到异己力量的支配。这是因为在资本主义世界历史阶段，面对更为广阔的世界市场和更为庞大的利润空间，资本对劳动的压榨只会不断增强，以致达到无以复加的地步，由此带来的人的生存的异化程度也就会越发强烈。不仅如此，资本主义生产方式与生俱来的内在矛盾，导致了资本主义社会的“恶的循环”，使得资本主义世界历史的发展走向了难以克服的空间性危机。资本主义的生产和流通环节本身就是自相矛盾的。从生产过程来看，资本家必须降低工人的劳动力成本，才能提高利润；但是，在流通环节，工人必须有足够的商品购买能力即足够的货币才能保证这一环节的顺利进行。很显然，这势必形成市场供应不断扩大和市场需求持续不足之间的矛盾，导致生产的相对过剩，并引发严重的经济危机。所以，资本主义生产方式“胎带的”劳动—资本矛盾及其相伴随的经济危机，成为资本主义世界历史向外扩张的重要障碍。资本主义世界历史在空间维度上难以克服的局限性，注定了它必然被新的世界历史形态所取代。

资本主义世界历史的局限性还表现在，资本主义世界历史必然形成不平等的资本主义殖民—霸权体系。为了实现剩余价值的最大化，资本需要通过在全球范围的扩张不断开辟新的交换空间，这就为不平等的全球秩序的生成埋下了重要伏笔。随着各资本主义国家对国外商品销售市场和原材料供应地的不断渴求，他们对世界霸权的需求度也日益强烈。在利润的驱动下，资本主义国家强行把他国纳入自己的权力控制范围，通过暴力、殖民掠夺、战争、贸易侵略等形式疯狂压榨剥削，一些国家地区甚至成为资本主义国家转嫁国内矛盾的对象，致使世界历史呈现出以资本主义国家为主导的不平等的体系格局。一方面，针对世界上那些自然经济占主导地位的农业国家，由于其自给自足的小农经济模式阻碍了资本主义世界市场的扩张，资本主义国家就不惜发动侵略战争以打开这些国家的国门和市场。马克思就曾强烈谴责英国对印度的殖民侵略。另一方面，针对那些实力较弱的资本主义国家，由于它们对世界市场有着同样的扩张欲望，发达资本主义国家就采取暴力战争的方式使它们屈服。正如马克思所言："资产阶级，由于一切生产工具的迅速改进，由于交通的极其便利，把一切民族甚至最野蛮的民族都卷到文明中来了。它的商品的低廉价格，是它用来摧毁一切万里长城、征服野蛮人最顽固的仇外心理的重炮。它迫使一切民族——如果它们不想灭亡的话——采用资产阶级的生产方式；它迫使它们在自己那里推行所谓的文明，即变成资产者。一句话，它按照自己的面貌为自己创造出一个世界。"①

第三，马克思、恩格斯作出了世界历史发展的中心将移至东方社会的预言。马克思早期主要是基于他对欧洲资本主义发展现状分析形成了世界历史理论。在这一时期，他认为世界历史的发展呈现出一种规律性，即东方社会将与西欧国家一样，走上资本主义的发展道路。但是到了晚年，马克思通过阅读摩尔根的《古代社会》和科瓦列夫斯基等人的著作，发现了东方社会结构有着与西欧资本主义完全不同的模式。与此同时，东西方革命实践的基本走向也发生了诸多变化：一方面，西方欧洲无产阶级革命陷入低潮，巴黎公社失败；另一方面，东方社会冲突不断，进入革命高涨时期。马克思开始将目光转向东方社会的俄国，发现俄国的革命形势一触即发，甚至可能重新出现社会主义革命的发展支点。正是理论与实践的双重变化，促使马克思对社会主义革命的道路问题进行新的思考。

马克思立足于世界历史发展的整体性进程，深刻地洞悉对世界历史发展规律的探索必须囊括对东方社会的研究，而俄国农村公社就是这一研究的切入点。基于俄国农村公社的特点及当时俄国所处的历史大环境，马克思就俄国社会的未来发展作出了一种态度极为审慎的论断。在马克思看来，俄国公社具有特殊的二重性：一方面，公社的存续得到俄国国内的支持；另一方面，公社又面临着促使其走向瓦解的诸多因素，如私有制和外在

① 《马克思恩格斯选集》第1卷，人民出版社2012年版，第404页。

的破坏性因素。这使得俄国的发展将面临两条截然不同的道路：俄国社会既可能通过发展商品经济走西方资本主义道路，也可能跨越资本主义制度的“卡夫丁峡谷”而直接进入社会主义。马克思在世界历史的开放性视野中分析了俄国公社实现跨越发展的内外条件：从经济层面而言，俄国公社要想实现跨越式发展，就必须用资本主义社会高度发达的生产力去改造公社，同时借助于俄国有利于使用机器的土地的天然地势才能实现；在政治层面，俄国公社的跨越式发展不仅要依靠俄国革命的爆发，还要依靠世界无产阶级革命的帮助。如果欧洲革命和俄国革命可以形成彼此支援的态势，俄国就“可以不通过资本主义制度的卡夫丁峡谷，而把资本主义制度所创造的一切积极的成果用到公社中来”[①]。基于此，马克思揭示了世界历史发展的一般规律并不是“可以适用于各个历史时代的药方或公式”[②]，各国可以在这一普遍规律下，根据自身的特殊实况，形成具体的发展道路。世界历史发展进程的规律性和各国发展道路的特殊性，使马克思、恩格斯作出了世界历史的发展中心将由西方社会移至东方社会的预言。

在21世纪，面对百年未有之大变局，各国之间的紧密联系和相互依存度不断加深，共同生存于一个整体性的命运共同体中。站在世界历史的高度，以习近平同志为核心的党中央理性审视当今世界的发展趋势和人类面临的重大问题，继承和发展了马克思、恩格斯的世界历史理论，积极推动构建人类命运共同体，“为解决人类重大问题，建设持久和平、普遍安全、共同繁荣、开放包容、清洁美丽的世界贡献了中国智慧、中国方案、中国力量，成为推动人类发展进步的重要力量”[③]。从分析世界市场到立足于“再全球化”的时代场域，从揭露资本主义世界历史的不平等体系到致力于构建平等发展互利共赢的国际关系，从超越“欧洲中心论”到推进东西方不同

① 《马克思恩格斯文集》第3卷，人民出版社2009年版，第575页。

② 《马克思恩格斯文集》第1卷，人民出版社2009年版，第526页。

③ 《中共中央关于党的百年奋斗重大成就和历史经验的决议》，人民出版社2021年版，第64页。

文明的交流互鉴，从探索人类解放到关注整个人类的前途和命运，从东方社会发展中心的理想愿景到中国特色社会主义的现实实践，21世纪马克思主义实现了对19世纪世界历史理论的延续和创造性阐释，凸显了马克思、恩格斯的世界历史理论对21世纪构建人类命运共同体的根本性理论指导意义。开辟21世纪马克思主义发展的新境界，需要以马克思、恩格斯世界历史理论为根本规定，以更加开放的姿态持续推动人类命运共同体的构建，为世界永续发展注入新的动力，为"自由人联合体"的到来铺筑新的道路。

二、21世纪马克思主义的宝贵理论财富

在19世纪，马克思、恩格斯以历史唯物主义的眼光提出了共产主义取代资本主义是人类历史发展的必然趋势，列宁则于20世纪完成了社会主义由理想到现实的历史转变，在东方社会的俄国建立了世界上第一个无产阶级领导的社会主义国家，从而深刻地改变了人类历史的发展进程，并将马克思主义发展到列宁主义的新阶段。在领导俄国的革命实践和社会主义建设实践的过程中，列宁主义形成了包括向社会主义过渡问题、帝国主义问题和无产阶级政党建设等问题在内的诸多理论成果，丰富和发展了马克思主义学说，并为21世纪马克思主义提供了宝贵的理论财富。

（一）新经济政策论：开启社会主义市场经济改革的历史课题

按照马克思、恩格斯的预言，随着资本主义生产方式的发展逐步走向其自身的对立面，建立在这一生产方式基础之上的商品经济模式和资本主义制度也将走向消亡，人类将迎来生产力高度发达的共产主义。然而，历史的发展超出了他们二人的设想，现实社会主义的建立并没有摆脱落后生产力的桎梏。社会主义革命在生产力水平相对落后的俄国率先取得了胜利。在此种情形下该如何建设社会主义呢？沿着马克思、恩格斯的思路直接取

消商品经济的方式是否行得通？面对新生的苏维埃政权和亟待恢复遭受战争破坏的国民经济，列宁创造性地提出了新经济政策的主张，即以一种迂回过渡的方式在经济上利用资本主义以发展社会主义社会的生产力。这里的“新”，是相对于战时共产主义政策而言的，在农业问题、商品经济和对外政策等方面，新经济政策与战时共产主义政策都呈现出了显著差异。通过新经济政策的实施，俄国社会生产力得到了好转和提升，更重要的是，新经济政策为社会主义社会开辟了一条崭新的建设发展道路，并开启了社会主义市场经济改革的历史课题。

第一，以农业改革为起点，推行粮食税制度。战时共产主义时期，为了抵御外敌入侵、制止国内暴乱、对抗连年饥荒，苏俄不得不实行粮食国家垄断。除去田地耕种所必须留的种子和家庭的必要口粮，由国家对农民的全部存粮进行统一核算和平均分配，此为余粮征集制。这一政策的实施集中了全国的人力、物力、财力，使俄国成功地捍卫了新生的苏维埃政权。但是，作为特殊时期的特殊政策，余粮征集制的弊端也日益暴露出来。由于征收程度和范围的不断加大，国内出现了生活必需品严重匮乏的问题。加之战争不断和严重的通货膨胀，农民产生了不满的情绪并逐渐高涨，导致暴动时有发生，工农联盟也逐渐濒临破灭的边缘。列宁开始意识到，这种直接过渡到社会主义的尝试是不可行的，苏俄“不经过一个实行社会主义的计算和监督的时期，即使要走到共产主义的低级阶段也是不可能的”[①]。在小农占多数、产业工人仅占少数的俄国，并不具备直接向社会主义过渡的经济条件和政治条件，因而只能采用特殊的向社会主义的过渡办法，通过与农民“妥协”，以满足农民的要求。基于此，在农民中开展的粮食税改革作为新经济政策的起点和关键举措便应运而生。

粮食税指的是农民在缴纳一定数量粮食之后，可以自行支配与买卖多余的粮食，并且在一定程度上可以自由使用土地。这一政策的实施，首先，

① 《列宁专题文集·论社会主义》，人民出版社2009年版，第252页。

极大地改善了农民的生活，缓解了农民的生存压力，使苏俄的经济状况逐步好转。而且，粮食税规定，国家要获得农民的粮食，就必须拿工业品去同农民交换，这在一定程度上造成了无产阶级同农民阶级的联盟，对政权起到了重要的稳固作用。列宁说："新经济政策的全部意义就在于而且仅仅在于：找到了我们花很大力量所建立的新经济同农民经济的结合。我们的功绩就在这里。"[①]在列宁看来，只有工农两大阶级的产品交换，才是俄国社会主义建设的唯一形式。其次，粮食税的实施，使农民手中有了余粮，农民的生产积极性因此得到了增强。同时，农民手中的剩余粮食绝大部分以商品的形式流入市场，对市场形成刺激作用，激发了市场的流通活力，为后来的商品经济政策奠定了重要基础。

第二，实施国家资本主义，利用资本主义发展社会主义。粮食税对余粮征集制的取代，说明列宁已经突破了战时共产主义时期向社会主义"直接过渡"的思维模式。那么，如何才能使苏俄顺利走向社会主义呢？列宁说："既然我们还不能实现从小生产到社会主义的直接过渡，所以作为小生产和交换的自发产物的资本主义，在一定程度上是不可避免的，所以我们应该利用资本主义（特别是要把它纳入国家资本主义的轨道）作为小生产和社会主义之间的中间环节，作为提高生产力的手段、途径、方法和方式。"[②]显然，列宁是把国家资本主义作为向社会主义过渡的中间环节，把国家资本主义作为社会主义的前阶。列宁认为，苏俄实现共产主义除了要实施新经济政策，还要走国家资本主义的道路。在新经济政策后，俄国至少形成了五种不同的经济成分：宗法式经济、小商品经济、资本主义经济、国家资本主义经济和社会主义经济。在列宁看来，国家资本主义虽然无法和社会主义相提并论，但在当时落后的苏俄，在社会主义大工业尚未建立之前，国家资本主义可以作为联结商品经济和社会主义的桥梁，其现实

① 《列宁选集》第4卷，人民出版社2012年版，第661页。
② 《列宁全集》第41卷，人民出版社2017年版，第217页。

进步性也是不可小觑的。因此，怎样把资本主义纳入国家资本主义的轨道以及如何培植国家资本主义，应该是苏维埃政权迫切需要回答的问题。

在《论粮食税》中，列宁将合作社视为国家资本主义的一种形式，设想通过它完成小生产向社会主义大生产的过渡。一开始，列宁计划让合作社充当农业小生产和国家工业生产之间的纽带，农民在纳税后若想拿手中的余粮去交换国家的工业品，需要经由合作社这个中介，而不是直接到市场上去交换。这样，众多小生产者就会集中起来，有助于个体经济向集体经济的发展和过渡。对于合作社的作用，他给予了高度肯定："在生产资料公有制的条件下，在无产阶级对资产阶级取得了阶级胜利的条件下，文明的合作社工作者的制度就是社会主义的制度"[①]，即合作社的发展就等于社会主义的发展。除此之外，列宁还着重分析了国家资本主义的另一种重要形式——租让制。租让制指的是通过与外国资本家签订合同，将本国的工矿企业租让给外国资本家。列宁认为，租让制的实施，一方面能够给俄国社会创造一个相对和平的发展环境去恢复国民经济，另一方面则提供了利用资本主义服务社会主义的大好机会。通过租让，苏俄可以引进国外的资金和先进的设备，借助于资本主义的技术帮助，扩大工业生产，改善工人生活状况，巩固社会主义的经济基础。基于此，列宁发出向资本主义学习的号召，学习其在经济管理上的经验来建设社会主义。学习的目的是比资产阶级的专家做得更好，以振兴民族工业和农业。他提出了一个著名的对外开放公式："乐于吸取外国的好东西：苏维埃政权＋普鲁士的铁路秩序＋美国的技术和托拉斯组织＋美国的国民教育等等等等＋＋＝总和＝社会主义"[②]。

第三，发展商品经济和自由贸易，建立市场经济体制。列宁曾设想通过粮食税实现工农之间的实物交换，但后果却大大超出了列宁的预计，农民

① 《列宁选集》第4卷，人民出版社2012年版，第771页。
② 《列宁全集》第34卷，人民出版社2017年版，第520页。

在拥有了粮食的支配权后发生了普遍的商品买卖现象，自由贸易市场顺势兴起，货币功能也得到了恢复。由此，列宁不得不做出再次退却的决定，由国家资本主义再一次退却到商品经济和自由贸易。他认识到，苏俄社会主义的建设是不能离开商品经济的，“不管我们怎样觉得商业领域距离共产主义很遥远，但正是在这个领域我们面临着一项特殊任务。只有完成了这一任务，我们才能着手解决及其迫切的经济需要问题”[①]。一方面，俄国只有推动商品经济的发展才能满足人民的需求和维系国内的工农业生产；另一方面，发展商品经济，能够调动广大农民的生产积极性，促进农业发展，并以此为前提带动工业的发展，从而为苏俄社会主义建设奠定物质基础。不可避免的是，商品经济发展必然会造成资本主义生产关系的加强，使苏维埃政权面临着极大的危险性。但是，除了面对这一危险，把危险降到最低限度，苏俄已经别无选择。因此，列宁强调，共产党人必须保持清醒的头脑，“必须懂得：目前的具体条件要求国家调节商业和货币流通”[②]。

商品经济的发展和自由贸易的实施，实质是承认了市场的存在。在俄共（布）第十一次全国代表大会上，列宁就商品经济与市场的关系做出了说明，他指出：必须从市场出发，在充分把握市场规律的基础上有计划地制定相应的经济措施，以调节市场和货币。需要指出的是，列宁倡导的市场体制的运行并没有超出计划经济体制的框架，这也是他“退却”的最后防线。在他那里，市场体制只是向社会主义过渡的“中间环节”，并不是苏维埃经济发展的目标。“新经济政策不是要改变统一的国家经济计划，不是要超出这个计划的范围，而是要改变实现这个计划的办法。”[③]商品经济的发展、市场体制的运用，都必须以计划经济为前提和条件。再者，市场经济的实施不过是特殊时期的特殊政策，尽管列宁认可商品经济和市场体制可以被苏

---

① 《列宁专题文集·论社会主义》，人民出版社2009年版，第286页。

② 《列宁全集》第42卷，人民出版社2017年版，第242页。

③ 《列宁全集》第52卷，人民出版社2017年版，第39页。

维埃俄国所容纳，但他始终并未明确承认社会主义也可以长期实行市场体制，以致在新经济政策的后期出现了对商品和市场的收缩政策。

列宁新经济政策实施后，在国内遭到了种种质疑，并引发了党内和社会各界关于姓资姓社的一系列争论。但是，作为最初向社会主义过渡的权宜之计，新经济政策确实达到了它的目的——既保证了苏维埃政权的性质，又推动了国民经济的健康发展。也正是因为这一政策的现实效果，在不断地总结与反思中，列宁对其认识不断深化，不再将其看作俄国走出困境的应急之策，而是视为落后国家进行社会主义建设的必由之路。新经济政策将马克思主义基本原理与俄国社会实践相结合，打破了人们对马克思主义的教条化理解，在实践中探索出了一条适合俄国国情的社会主义建设道路，成为对马克思主义灵活运用的成功典范。尽管在列宁逝世之后，在斯大林的领导下，新经济政策走向了夭折，但是它在科学社会主义史上的深远意义是不容磨灭的。作为社会主义建设史上的首次改革，新经济政策科学地回答了落后国家如何建设社会主义的现实问题，创造性地开启了社会主义市场经济改革的历史课题，并为后来中国特色社会主义市场经济体制的确立提供了重要的借鉴。

1978年，中国拉开了对内改革、对外开放的序幕，在实践中成功地开辟了具有中国特色的社会主义发展道路，实现了社会主义与市场经济的有机统一。毫无疑问，这是在合理吸收继承列宁新经济政策思想精髓的基础上展开的。邓小平评价说："社会主义究竟是个什么样子，苏联搞了很多年，也并没有完全搞清楚。可能列宁的思路比较好，搞了个新经济政策，但是后来苏联的模式僵化了。"①在新经济政策的实施中，列宁对苏俄国情的清晰认知、对农民问题的强烈关注、对经济建设的高度重视以及对资本主义文明的吸收借鉴等，都深刻地影响了中国共产党人，促使他们领导中国人民在不断完善社会主义制度的改革进程中实现社会主义现代化。党的十八大

① 《邓小平文选》第3卷，人民出版社1993年版，第139页。

后，以习近平同志为核心的党中央结合21世纪中国的具体实际，继承了列宁主义新经济政策的原则，提出全面深化改革的目标任务，在经济建设上致力于以新发展理念引领经济发展新常态，并创造性地提出了市场在资源配置中起决定性作用的重大命题，丰富和拓展了列宁关于社会主义国家经济建设的思想，使20世纪经典马克思主义在21世纪迸发出生机与活力，彰显了马克思主义与时俱进的理论品质。

（二）帝国主义论：透视当代资本主义本质的理论武器

列宁帝国主义问题是近年来广泛受到学界关注的重大问题。它不仅关系人们对当代资本主义的认识和判断，还关乎整个人类未来文明形态的选择。列宁以历史唯物主义为指导，将帝国主义置于人类历史发展的总进程中，系统总结了《资本论》出版后资本主义近半个世纪的发展情况，全面地、透彻地分析了20世纪帝国主义的矛盾、特征与本质，揭示了帝国主义产生、发展和必然灭亡的规律，指明了社会主义取代资本主义是历史发展的必然趋势。长期以来，一直有人对列宁的帝国主义理论持一种否定态度，认为列宁对资本主义的判断已经过时了。事实上，从21世纪资本主义的发展现状来看，帝国主义的本性并未改变，列宁对帝国主义的实质和资本主义发展规律的论述仍然具有很强的解释力。它依然是我们当前透视当代资本主义本质的理论武器，依然能够为我们在国际社会正确处理国与国之间的关系提供关键性的立场、观点和方法。

第一，分析了帝国主义的垄断实质和其他基本特征。资本主义社会的发展与其他人类社会形态一样，遵循着不以人的意志为转移的客观规律。列宁根据唯物史观的基本原理，从马克思主义政治经济学的角度出发，意识到20世纪的资本主义社会已然由自由竞争阶段发展至垄断阶段。在垄断阶段，“资本主义紧紧接近最全面的生产社会化，它不顾资本家的愿望与意识，可以说是把他们拖进一种从完全的竞争自由向完全的社会化过渡的新的社会秩序”[①]。列宁将资本主义这一特殊的历史时期称为“帝国主义”，从而作出了“帝国主义是资本主义的垄断阶段”[②]的论断。

列宁指出，在自由竞争资本主义阶段，大生产排挤小生产、大资本吞并小资本的现象必然引起生产的集中和资本的集中，而集中发展到一定阶段就会出现垄断。“垄断代替自由竞争，是帝国主义的根本经济特征，是帝国主义的实质。”[③]伴随着垄断现象出现的，是不断发展壮大起来甚至控制国民经济命脉的垄断组织。这些垄断组织通过联合操纵商品价格，占领商品市场，以获取高额的垄断利润。当国内市场趋于饱和之后，资本家将垄断资本的统治扩展到国外市场，通过资本输出谋求对整个世界经济和政治的控制。

帝国主义除了具有垄断性的核心特征，列宁还以客观的资本主义经济事实，阐明了帝国主义的其他特征：金融寡头、资本输出、国际垄断同盟、分割世界领土。(1)金融寡头是指操纵国民经济命脉，并在实际上控制国家政权的少数垄断资本家或垄断资本家集团。帝国主义的实质是垄断，而垄断的实质则是可以操纵经济关系和政治国家的金融资本的垄断。在金融资本垄断的基础上，金融寡头便应运而生了。(2)资本的逐利本性必然导致资本的对外扩张，致使资本输出取代商品输出成为帝国主义的常态。(3)垄断资本在世界范围内的扩展是通过国际垄断组织来实现的。为了实现在世界范围内的垄断，这些国际垄断组织结成国际垄断同盟，并在经济上瓜分世界，如早期的卡特尔。(4)殖民扩张、瓜分世界是帝国主义发展的必然结果。列宁指出：“他们是‘按资本’、‘按实力’来瓜分世界的……实力则是随经济和政治的发展而变化的”[④]。世界帝国主义由于“资本”“实力”发展

① 《列宁选集》第2卷，人民出版社2012年版，第593页。
② 列宁：《帝国主义是资本主义的最高阶段》，人民出版社2014年版，第86页。
③ 《列宁选集》第2卷，人民出版社2012年版，第704页。
④ 《列宁选集》第2卷，人民出版社2012年版，第638页。

的不平衡性，后起的帝国主义国家要求重新瓜分世界，从而致使世界范围内的帝国主义战争频发。以上是列宁对于帝国主义基本特征的分析，可以看出，列宁既抓住了帝国主义的本质特征，又以这一特征为逻辑起点精确地推理和阐释了资本主义的内在运作规律；既承接了马克思《资本论》的基本观点和方法论原则，又在新的历史条件客观揭示了20世纪初期资本主义的巨大变化，从而给后世提供了科学分析资本主义的重要理论框架。

第二，揭露了帝国主义的寄生性、腐朽性、垂死性的发展趋势。列宁在对帝国主义政治经济分析的基础上，淋漓尽致地揭露了帝国主义的寄生性、腐朽性和垂死性发展趋势。他说："帝国主义是寄生的或腐朽的资本主义，这首先表现在腐朽的趋势上，这种趋势是生产资料私有制下的一切垄断所特有的现象。"[①]列宁指出，垄断作为帝国主义"最深厚的经济基础"，其私有性质必然与生产的社会化产生尖锐的矛盾与冲突，使得金融危机的发生成为不可避免的社会现象。而且，垄断组织为了获得超额垄断利润，在其发展壮大过程中就会对垄断价格进行操纵，并采取各种手段和措施人为压制新生产技术的问世和推广，从而造成技术进步停滞与消失的后果，以致严重阻碍生产力的进一步发展。没有了技术的进步和在生产领域的应用，资本主义工业的发展速度就会放缓，即产生停滞和腐朽的趋向。但是，这并不意味着帝国主义阶段竞争的离场，相反，垄断条件下的竞争除了采取必要的经济手段，还由于各种非经济手段的介入变得更加复杂和激烈。

由于资本的逐利的自私本性，垄断引发的技术停滞现象随着时间的推移将会愈发明显，与此同时，帝国主义的寄生性如影随形。在垄断时期，金融资本催生出一批依靠"剪息票"为生的"食利者阶层"，他们寄生在广大劳动人民创造的剩余价值之上，不从事生产劳动却掌握着大量的货币财富，终日游手好闲。不仅如此，依托资本生成的还有一批"食利国家"，

① 《列宁选集》第2卷，人民出版社2012年版，第705页。

这些“食利国”通过资本输出，在殖民地、半殖民地国家掠夺高额利润、聚敛巨额财富，寄生于这些落后殖民地国家之上，造成了世界落后国家被压迫被剥削的事实。在国内，垄断资产阶级甚至通过高额垄断利润收买培植“工人贵族”或“特权阶层”充当代理人，分裂、破坏工人运动以消解无产阶级的革命力量，从而为资本肆无忌惮的剥削和压迫创造更为有利的社会条件。

随着帝国主义腐朽性与寄生性的日益凸显，其内部蕴含的垂死性倾向也逐渐暴露出来。这里的“垂死性”，实质指的是“过渡性”，是资本主义帝国主义阶段的“垂死”，而不是资本主义的迅速消亡。生产社会化和生产资料的私人占有之间的矛盾的不可调和性，注定了资本主义终将灭亡的必然趋势。但是，面对资本主义社会的矛盾，资本家不会坐视不理、等待其灭亡，相反，他们会绞尽脑汁在制度内部竭尽所能进行生产关系的调整，以尽可能地使生产关系与生产力的发展相适应，以延缓其灭亡的时间。事实上，在帝国主义阶段，资本主义的发展速度比以往任何时候都要快得多，只不过发展的不平衡与以往相比也更为严重。在此意义上，只有高级阶段的资本主义才能称为帝国主义。所以，资本主义的灭亡不会即刻到来，终将是一个漫长的历史过程。列宁指出：“帝国主义是衰朽的但还没有完全衰朽的资本主义，是垂死的但还没有死亡的资本主义。……”[①]毕竟，“无论哪一个社会形态，在它所能容纳的全部生产力发挥出来以前，是决不会灭亡的；而新的更高的生产关系，在它的物质存在条件在旧社会的胞胎里成熟以前，是决不会出现的”[②]。一旦生产的社会化达到资本主义所不能容纳的地步，资本主义的外壳连同其私有制的内核就会走向灭亡。帝国主义的“垂死性”尽管在人为干预下能够延缓资本主义的机体衰老，但是历史发展的方向不会因此而改变，资本主义终将因其自身无法克服的局限性而走向灭

① 《列宁全集》第29卷，人民出版社2017年版，第479页。
② 《马克思恩格斯文集》第2卷，人民出版社2009年版，第592页。

亡，社会主义取代资本主义是大势所趋。

第三，指明了“帝国主义是无产阶级社会革命的前夜”[①]。列宁在对帝国主义全面考察的基础上，结合当时的革命形势以及他对革命形势的分析判断，得出了“帝国主义是社会主义革命的前夜”[②]的结论。垄断资本主义的出现，为社会主义的到来提供了必要的客观条件。所以，帝国主义作为资本主义发展到一定历史阶段的必然产物，是走向社会主义的过渡的开始，帝国主义发展的下一个历史阶段就是社会主义。

在帝国主义阶段，资本主义的矛盾会更加尖锐和深刻地暴露出来。一方面，“毫无疑问，资本主义向垄断资本主义阶段的过渡，即向金融资本的过渡，是同瓜分世界的斗争的尖锐化联系着的”[③]。由金融资本形成的金融寡头，不仅全面操纵着国内的经济和政治，而且对外实行殖民扩张和财富掠夺，使得战争爆发成为帝国主义时代的频繁常态。列宁指出，第一次世界大战的爆发就来源于各帝国主义列强对殖民地的争夺。后起的帝国主义国家为了重新瓜分世界，面对已经瓜分完毕的世界格局，唯有通过战争的手段去争夺所谓的“阳光下的地盘”。所以，帝国主义是现代战争的根源所在。另一方面，帝国主义战争在给殖民地半殖民地人民带来奴役与苦难、给落后国家带来困境的同时，也唤醒了广大受压迫受剥削的无产阶级的革命意识，使世界革命得到进一步的发展。这具体表现在：帝国主义对殖民地半殖民地的压迫和侵略，必然引起殖民地半殖民地人民的反抗，从而引发争取民族解放的民族战争，这就为落后地区无产阶级革命的爆发创造了条件。正是在此意义上，列宁将帝国主义与社会主义革命联系起来，得出了“帝国主义是无产阶级社会革命的前夜”[④]的论断。

① 《列宁选集》第2卷，人民出版社2012年版，第582页。
② 《列宁选集》第2卷，人民出版社2012年版，第575页。
③ 《列宁选集》第2卷，人民出版社2012年版，第641页。
④ 《列宁选集》第2卷，人民出版社2012年版，第582页。

列宁站在历史唯物主义的立场上，以对立统一的辩证眼光既肯定了帝国主义产生的历史必然性，又揭露了帝国主义的腐朽性、寄生性和垂死性趋势，据此指明了帝国主义终将被社会主义所取代的历史趋势。受到客观历史条件的制约，列宁的某些结论显然具有历史的局限性，但是，我们不能苛求列宁"为他去世以后五十年、一百年所产生的问题提供现成答案"。因此，列宁个别结论的缺陷于整个理论体系而言，是瑕不掩瑜的。

距离1917年列宁《帝国主义论》发表已有一百多年的时间了。但是，列宁对帝国主义的深刻洞悉在当代仍然闪耀着真理的光芒，是我们透视当代资本主义本质的重要理论武器和准确把握时代变化的关键理论依据。进入21世纪，面对日益复杂和变化多端的国际局势，以习近平同志为核心的党中央深刻把握中国与世界发展大势，不断从列宁帝国主义论的理论精髓中汲取智慧，直面当代资本主义的现实本性，推动建设新型国际关系，推动构建人类命运共同体，共谋世界各国发展繁荣，为全球治理贡献了中国智慧和中国方案。

（三）政党建设思想：提供新时代无产阶级政党建设有益启示

列宁在继承马克思、恩格斯关于无产阶级政党思想的基础上，提出了完整系统的政党建设理论，并结合俄国革命和社会主义实践，探索出了一条崭新的无产阶级政党建设道路，将马克思主义的政党学说推向了一个新的历史阶段。21世纪开创党的建设新的伟大工程的新局面，实现全面从严治党的目标，需要以列宁的党建学说为指导。其中，关于坚持无产阶级政党的领导权思想、加强党的思想建设的理论、重视党内组织建设的理论等，为马克思主义政党建设提供了重要的理论指南。

第一，强化执政意识，坚持无产阶级政党的领导权。俄国十月革命胜利后，以孟什维克和社会革命党为代表的反对派煽动舆论排挤布尔什维克党，企图消灭苏维埃政权。面对俄国国内反对派对无产阶级政党的挑战和威胁以及无产阶级政党内部出现的分歧和政治动摇，列宁力排众议，对一系列背离马克思主义的观点进行了强烈批判，论证了党在国家政治生活中的地位和作用，捍卫了无产阶级政党对苏维埃政权的绝对领导。他指出："国家政权的一切政治经济工作都由工人阶级觉悟的先锋队共产党领导。"[①]如果不能正确理解无产阶级政党对其他政党和劳动群众的领导作用，就是对共产主义的背叛。

列宁具体论述了坚持无产阶级领导权的原因。首先，无产阶级政党的全部奋斗目标，就是带领群众实现解放，也只有这一政党才能完成这一历史任务。在当时的形势下，资产阶级反革命势力仍然死心不改，试图瓦解苏维埃政权，腐蚀无产阶级党员干部。此时，若没有了党的领导，无产阶级专政必然被敌人摧毁。所以，列宁坚定地认为，国家的领导权必须掌握在无产阶级手中。其次，无产阶级政党的领导权不是自封的，而是在领导俄国十月革命艰苦卓绝的实践斗争中确立的，是历史的选择；同时，由于无产阶级政党具有革命性强、组织性好、纪律性强等优点，建立无产阶级专政、建设社会主义的任务就自然而然地落到了这个政党身上。

那么，该如何实现无产阶级政党对国家政权的领导呢？苏维埃政权的建立，意味着布尔什维克由领导无产阶级斗争的革命党转变为领导社会主义建设的执政党。面对这一身份的转变，列宁从领导方式、领导理念和领导任务的维度对如何坚持无产阶级的领导权作出了阐释，并进行了相应的政策实践。首先，无产阶级政党对国家政权的领导，主要是政治领导，即为国家制定发展战略和策略，而不直接参与国家行政事务的管理，即坚持党政分开的原则。这使无产阶级政党和国家机关能够各自履行职责，互相配合，避免了因党政不分造成的领导混乱和资源浪费。其次，党的领导除了以政治领导为主，还包含着思想领导。对任何一个政党而言，首要的任务都是说服人民群众相信其纲领和政策的科学性。无产阶级政党要通过思想政治

① 《列宁选集》第2卷，人民出版社2012年版，第624页。

教育的方式，提高人民群众的思想觉悟，使人民群众在自觉认同党的政策和方针的基础上，演变为具有跟随党并为共产主义奋斗的思想自觉。最后，列宁清楚地认识到，巩固新生的苏维埃政权，必须及时把党的工作重心转移到经济建设上来，“要把创造高于资本主义的社会结构的根本任务提到首要地位，这个根本任务就是：提高劳动生产率”①。他指出，军事上的胜利远远比经济建设要容易得多。无产阶级政党虽然掌握着政治权力，但是缺乏经济管理的本领。国家建设若由外行来领导管理工作，就会造成国家建设的混乱局面，严重影响苏维埃政权的生存和稳定。所以，建设学习型政党，提高无产阶级政党的执政能力与执政水平，是无产阶级政党建设不容忽视的关键方面。

第二，加强党内思想理论建设，提升党员的马克思主义理论水平。马克思确立了“从思想上建党”的原则，尤其主张党的领袖必须以科学的理论来武装自己的头脑，进而才能将理论传播给人民群众，达到凝心聚力的革命作用。列宁继承了马克思的这一原则，提出“没有革命的理论，就不会有革命的运动”②，并主张用马克思主义理论来武装全党。党只有在先进理论的指导下，才能发挥先进战士的作用。列宁之所以要高度重视党的思想建设，主要有三方面的原因：首先，布尔什维克需要革命的理论来与其他派别划清界限，以此在思想上规避脱离共产主义的危险。其次，作为新生的社会主义政权，无产阶级政党需要学习资本主义的一切先进技术和事物，批判地借鉴其在经济、政治、文化等各个方面的建设经验，为我所用。最后，面对当时俄国的其他派别试图将资产阶级思想渗透到社会主义运动中，达到削弱党的革命意识和战斗力的目的，无产阶级政党必须强化思想理论建设，实现全党在思想上的团结，以应对资产阶级思想的侵袭，净化党内政治生态，占领意识形态高地。

---

① 《列宁专题文集·论社会主义》，人民出版社2009年版，第96页。

② 《列宁选集》第1卷，人民出版社2012年版，第153页。

对于如何“从思想上建党”的问题，列宁主张通过以创办党建刊物的方式，翻译出版马克思、恩格斯的经典著作，并对相关问题交流探讨，以此调动全党学习马克思主义理论的积极性，促进马克思主义理论的发展。在加强党的思想建设的方式方法上，列宁还创造性地提出了“灌输论”的主张。由于“工人本来也不可能有社会民主主义的意识。这种意识只能从外面灌输进去”①，因此，无产阶级政党要向人民群众灌输党的理论。列宁指出，工人群众头脑中的意识形态，既可能是社会主义的，也可能是资本主义的，要避免资产阶级意识形态的加强和任何脱离社会主义意识形态的倾向，就需要不断从外部向工人阶级灌输马克思主义的科学理论，促进他们由理论自发向理论自觉的转变，从而坚定他们的共产主义信念。

第三，重视党的组织建设，推行民主集中制。组织建设是党的建设一项十分重要的内容。列宁在俄国领导革命和社会建设的实践中，创造性地提出了民主集中制的思想，奠定了无产阶级政党民主政治建设的重要原则。但是，“民主”与“集中”的有机结合却是一个历史的过程。在俄国国内战争时期，党内各种反动思潮猖獗，党组织涣散、分化严重。列宁意识到，“无产阶级实现无条件的集中和极严格的纪律，是战胜资产阶级的基本条件之一”②。于是，他号召共产党人必须以高度集中的方式组织起来，形成权威性的机构，并实行铁一般的纪律，凝聚最大的力量战胜敌人，“集中”的党建策略便应时而生。然而，随着国内形势的改变，高度的集中限制了党内民主的发展，导致了官僚主义的现象，引起了群众的强烈不满。尤其是在十月革命胜利后，高度集中党建策略的弊端日益暴露出来，严重影响了党的执政地位和社会主义政权的稳固。列宁意识到，必须在集中的基础上加强党内民主建设，实现民主与集中的有机结合。

随后，列宁提出了关于民主集中制实施的具体主张。首先，他确立了集

---

① 《列宁选集》第1卷，人民出版社2012年版，第317页。

② 《列宁选集》第4卷，人民出版社2012年版，第135页。

体领导和个人分工负责相结合的原则。一方面防止过度集中下个人专断导致片面、盲目决策的后果，另一方面避免在责任不明确的情况下无政府主义和分散主义带来互相扯皮和办事拖拉，在实行集体领导的过程中极为严格地规定每个人的工作责任。其次，列宁强调党内要充分发扬民主，广泛听取意见，开展自由的同志式的批评，调动党员、群众的积极性、主动性和创造性，筑牢党的群众根基。再次，党内实行少数服从多数，下级服从上级、地方服从中央的原则，只有这样，才能提高党的组织性纪律性，树立政治威信。最后，列宁指出，民主政治建设与民主选举密不可分，必须确保“党的所有负责人员、所有领导成员、所有机构都是选举产生的”①，而且，党内负责人要定期向党员报告工作，实行党务公开，维护党内团结统一。

第四，严肃党内纪律，加强党内监督。列宁认为，党的领导地位不是与生俱来的，也不是一蹴而就的，而是依靠无数党员对党的绝对忠诚和党始终保持先进性的本质特征来实现和巩固的。因此，他强调要提高党员质量，严肃党内纪律，永葆无产阶级政党的先进性。无产阶级政党在国内的执政地位，使很多投机分子想要趁机混入党内，以谋取私利。如何提高党员质量，纯洁党员队伍，成为执政党建设的头等大事。面对党内部分党员思想意志薄弱、政治立场不坚定的情况，列宁号召开展清党工作，清除不合格党员，提高党员队伍的整体素质。同时，严格考察入党分子，延长预备党员的预备期，确保新党员的质量。列宁指出，严肃党内纪律，纯洁党员队伍，提高党员质量，不是短期内的事情，而是党的建设的长期工程。针对党内的官僚主义之风，列宁提醒全党注意它的危害：如果共产党员成了官僚主义者，那就是在毁灭我们的政党。他把反官僚主义的重点放在了身居要职的主要领导人身上，并提倡有觉悟的工农阶级参与这项清除任务，以打击消灭各种危险分子。列宁严肃党纪的主张和措施，确实发挥了积极的净化作用，党的整体质量得到了提高，党的先进性得到了增强，从而为苏维埃政权社会主义建

① 《列宁专题文集·论无产阶级政党》，人民出版社2009年版，第346—347页。

设提供了重要的保障，也为后来无产阶级政党的自身建设提供了宝贵经验。

加强党的自身建设，除了要提升党员素质、优化党员队伍，还要发挥党内监督的作用，大刀阔斧地惩治党内违法乱纪行为。起初，工农检察院承担了检查和监督国家机关的作用，但其职能并未得到有效发挥，反而沦为中央委员会的“附属品”。在列宁的建议下，苏维埃又成立了由工人和农民组成的中央监察委员会，监督党的各级组织和广大党员，防止权力的滥用。中央监察委员会享有中央委员的一切权利，具有独立性，不受制于任何机关或任何个人，对各项事务有权提出任何质询。除此之外，列宁提出强化党内监察机关和国家检察机关的有机结合，在协同联动下对苏维埃政府和权利进行监督，确保社会主义建设沿着正确的方向进行。

列宁对马克思主义无产阶级政党学说的继承与创新发展，是马克思主义发展史上一笔丰厚的历史遗产。它在实践中保证了俄国十月革命的胜利，并为社会主义政权的建设提供了根本的政治保障。更重要的是，列宁的政党建设学说为后来的马克思主义政党正确把握执政规律提供了可资借鉴的理论和开拓思维的方法。进入21世纪后，中国共产党人继承和发展了经典马克思主义的政党思想，不断探索“建设什么样的党”“怎样建设党”的时代问题，为党的建设指明了前进的方向。进入新时代，以习近平同志为核心的党中央将全面从严治党纳入系统性的“五位一体”总布局中，“坚持党的全面领导特别是党中央集中统一领导，坚持民主集中制，确保党始终总揽全局、协调各方”①，实现了对马克思主义党建学说的拓展和深化，从而为新时代坚持和发展中国特色社会主义提供了根本的政治保证。

① 《中共中央关于党的百年奋斗重大成就和历史经验的决议》，人民出版社2021年版，第65页。

三、21世纪马克思主义的重要思想基础

毛泽东思想作为马克思主义基本原理与中国具体实际相结合的产物，“以独创性理论丰富和发展了马克思列宁主义”[①]，实现了马克思主义中国化的第一次历史性飞跃。在纪念毛泽东诞辰120周年的座谈会上，习近平总书记对毛泽东思想的基本内涵和当代价值进行了系统阐释，他指出：“任何时候都不能动摇高举毛泽东思想旗帜的原则，我们将永远高举毛泽东思想的旗帜前进。”[②]发展21世纪的马克思主义，仍要将毛泽东思想作为党的根本指导思想，在理论承继与实践创新中深刻领会毛泽东思想的核心要义，以更好地指导21世纪的社会主义实践。

（一）“为人民服务”：蕴含新时代建设美好生活的目标要求

在继承马克思、恩格斯人民主体思想的基础上，毛泽东结合中国革命和建设的实践，以唯物史观为指导，鲜明地提出了“人民是创造世界历史的动力”主张，创造性地阐释了群众路线和群众观点以及为人民服务的宗旨，以此表达他坚定的人民立场。毛泽东的人民主体思想不仅对中国革命和建设具有重要的指导意义，而且对21世纪马克思主义的发展产生了重要的影响和作用，它内在地蕴含了新时代美好生活建构的目标要求。

第一，旗帜鲜明地指出人民是创造世界历史的动力，深化了对马克思主义群众史观的认识。马克思、恩格斯将物质生产实践引入人类历史，批判了过去占据统治地位的宗教史观和英雄史观，从而得出了人民群众创造历史的人民主体观点。毛泽东在坚持马克思主义群众史观的基础上，充分重视人民群众的历史主体作用，创造性地提出了“人民群众是创造世界历史

① 中共中央文献研究室编：《十八大以来重要文献选编》（上），中央文献出版社2014年版，第692页。

② 习近平：《在纪念毛泽东同志诞辰120周年座谈会上的讲话》，《人民日报》2013年12月27日。

的动力”的观点，为全党牢固树立为人民服务的宗旨和践行群众路线的工作方法奠定了核心的思想前提。毛泽东意识到，新民主主义革命的胜利和社会主义建设取得初步成就，在很大的程度上是由于工人阶级和农民阶级为主体的广大人民群众发挥了举足轻重的作用，他们是革命的主体，是真正的英雄，是社会主义建设一切财富的创造者。

首先，毛泽东深知，人民群众及其所创造的物质财富是一切社会存在发展的基础和前提。他曾对历史唯物主义关于物质生产实践的首要性地位进行系统说明：生活的前提是要生产生活资料，生活资料生产的前提是要有生产资料。因此，只有将生产者和生产资料结合起来，才能创造出社会的生产力。而人们在生产过程中结成的生产关系，其实质就是生产资料的所有权关系。毫无疑问，这是对人民群众作为生产者主体地位的肯定。其次，毛泽东提出，劳动人民群众在实践活动中创造科学文化。他说："作为观念形态的文艺作品，都是一定的社会生活在人类头脑中的反映的产物"[①]，这些文学艺术的根源存在于人民群众日积月累的生活实践中。再次，在关于人民群众推动社会变革的决定性作用上，毛泽东结合新民主主义革命的实践，指明了决定战争胜败的关键在于人民。革命之所以能够取得胜利，根本原因是在中国共产党的领导下依靠群众、组织群众、发动群众的结果。"战争的伟力之最深厚的根源，存在于民众之中。"[②]正是亿万人民群众铜墙铁壁般的拥护和支持，战争中的一切困难才能够被克服，战争的胜利才是可能的。

第二，创造性地提出群众路线的工作方法和认识方法，揭示了群众路线和认识论的内在关联。一直以来，毛泽东都对党的领导方法和工作方法给予高度关注。既然人民群众是创造世界历史的动力，那么党就必然要围绕着人民群众制定领导方法和工作方法。毛泽东在领导新民主主义革命的实践中，将唯物辩证法与马克思主义认识论结合起来，形成了"从群众中

① 《毛泽东选集》第3卷，人民出版社1991年版，第860页。
② 《毛泽东选集》第2卷，人民出版社1991年版，第511页。

来，到群众中去”的工作方法。在党的十四大的党章修订中，群众路线的内容被概括并写进党章。具体表述为：“党在自己的工作中实行群众路线，一切为了群众，一切依靠群众，从群众中来，到群众中去，把党的正确主张变为群众的自觉行动。”①

首先，将一切为了人民放在首位，揭示了群众路线的出发点和归宿。广大人民群众是中国共产党执政的根基，只有一切事情站在群众的立场上去办，切实维护人民群众的根本利益，执政的根基才会牢固。反之，如果共产党人把自己看作群众的主人，那么，不管他们有多大的才能，也是群众所不需要的。其次，一切依靠群众，这是群众路线的立足点和党的路线方针政策的源泉所在。一方面，人民群众是创造历史的动力，只有依靠人民，才能打破旧世界、建立新世界。所以，在社会主义建设的实践中，党员领导干部要深入群众、学会倾听群众的呼声，和人民群众打成一片；另一方面，从认识论的角度而言，理论的正确与否也只有在千百万人民群众的实践中才能得到检验，人民群众的实践活动是检验真理的标准。再次，从群众中来，到群众中去，揭示了党正确的领导方法和工作方法。“将群众的意见（分散的无系统的意见）集中起来（经过研究，化为集中的系统的意见），又到群众中去作宣传解释，化为群众的意见，使群众坚持下去，见之于行动，并在群众行动中考验这些意见是否正确。然后再从群众中集中起来，再到群众中坚持下去。如此无限循环，一次比一次更正确、更生动、更丰富。这就是马克思主义的认识论”②。“从群众中来”，就是要将人民群众的感性经验系统提升为理性认识，形成正确的路线方针；“到群众中去”，则是理性认识再次回到实践中，使党的政策化为群众的自觉行动的过程，并在群众的实践行动中检验这个理性认识。据此，群众路线就具体化为一般领导和个别号召相结合、领导同群众相结合的具体工作方法。

① 《中国共产党第十四次全国代表大会文件汇编》，人民出版社1992年版，第94页。
② 《毛泽东选集》第3卷，人民出版社1991年版，第899页。

第三，强调共产党人要牢固树立为人民服务的宗旨，坚持人民利益至上的价值原则。马克思主义政党区别于其他政党的显著标志就在于它始终站在最广大人民群众的立场上、公开宣称为最广大人民群众服务，这也是马克思主义政党的试金石。对此，毛泽东有着鲜明的论述："我们共产党人区别于其他任何政党的又一个显著标志，就是和最广大的人民群众取得最密切的联系。全心全意地为人民服务，一刻也不脱离群众；一切从人民的利益出发"①。之所以要站在人民的立场上，全心全意为人民服务，根本原因就在于人民群众是最高的价值创造主体、价值评价主体和价值享有主体。

从事实践活动的人民群众是认识世界和改造世界的主体和推动者，是人类历史和一切价值的创造者。在社会主义建设中，人民群众凭借着无限的创造能力，竭尽所能，发挥自身潜能，组织起来创造了社会主义的生产和其他一切事业，这是以往旧社会所不具备的。正是由于社会主义社会实现了人民群众的解放，才拥有了人民群众创造的一切价值。人民群众是价值的创造主体的观点，决定了人民群众的利益高于一切。在现实的实践活动中，必须始终坚持以人民群众的利益满足为最高的价值目标，以人民群众的满意与否为最高的评价尺度。无论是在革命时期还是社会主义建设时期，毛泽东都始终秉持着这一价值原则，并以此为根据制定党的路线方针政策。能否满足最广大人民群众的利益需要，是共产党人一切行动的基本原则和评价标准。毛泽东深刻地认识到了这一点，将全党全国一切工作的出发点落实在给予人民群众切实的利益上，因为只有满足了人民群众的利益需求，使人民群众实际地感受到自己是价值的享有者，才是真正的全心全意为人民服务。

以毛泽东同志为主要代表的中国共产党人继承并发展了马克思主义的群众史观，形成了群众路线的工作方法和为人民服务的宗旨原则，并依靠人民群众坚实的拥护取得了新民主主义革命的胜利和社会主义建设初期的

① 《毛泽东选集》第3卷，人民出版社1991年版，第1094页。

辉煌成就，奠定了中国共产党坚持人民主体地位的品格和基调，并深刻地影响了后来的历代领导人。毛泽东之后，邓小平提出，我们的一切工作都要以群众拥护不拥护、赞成不赞成、高兴不高兴、答应不答应作为衡量一切工作得失的根本标准。正是这样的人民利益标准，使邓小平成功地带领中国人民开启了改革开放和中国特色社会主义事业的新局面。随着改革开放的不断深入，以江泽民同志为核心的党中央强调指出“党要始终代表最广大人民群众的根本利益”，党的全部任务和责任，就是为实现人民群众的根本利益而奋斗。之后，以胡锦涛同志为总书记的党中央秉持人民立场，创造性地提出以人为本的科学发展观，并把实现好、维护好、发展好最广大人民群众的根本利益作为一切工作的出发点和落脚点。正是坚定的人民立场和对人民利益的坚守和捍卫，使一代又一代的中国共产党人带领人民不断取得历史性成就、一步步走向社会主义现代化和中华民族伟大复兴。

进入新时代，以习近平同志为核心的党中央传承历代中国共产党人的人民立场，深入人民生活、倾听人民呼声、反映人民意愿，始终把人民群众对美好生活的向往和追求作为共产党人毕生的奋斗目标，把为人民谋利益、谋发展、谋幸福作为共产党人的历史使命和责任担当，从而实现了对毛泽东人民主体思想的继承和开拓。随着时代发展和社会进步，人民对美好生活的向往更加强烈，需要日益广泛，不仅对物质文化生活提出了更高要求，而且在民主、法治、公平、正义、安全、环境等方面的要求日益增长。基于此，新时代中国共产党人聚焦人民群众的新需求新期待，以满足人民群众的美好生活需要作为工作导向，扎实推进共同富裕，充分彰显了我们党的初心使命和根本宗旨。

（二）独立自主的和平外交思想：提供新时代大国外交的重要理论参照

自新中国成立起，中国共产党就一直秉持独立自主的和平外交政策，恪守维护世界和平、促进共同发展的外交原则，尊重各国人民自主选择发展道路的权利，反对霸权主义和强权政治，维护国际公平正义。独立自主的和平外交思想作为毛泽东思想不可或缺的组成部分，从根上回答了新中国外交所面临的一系列基本性问题，并提出了诸多富有开创性和前瞻性的理论观点，从而书写了新中国外交的辉煌篇章。其彰显出的极具辩证思维的外交策略和构建和平世界的美好意愿，为新时代大国外交尤其是人类命运共同体的构建和“一带一路”倡议提供了重要的理论参照和行动指南。

第一，秉持独立自主的方针，坚决捍卫本国利益。独立自主是中华民族精神之魂，也是毛泽东思想活的灵魂。在新民主主义革命时期，毛泽东就明确表示：“中国必须独立，中国必须解放，中国的事情必须由中国人民自己作主，自己来处理，不容许任何帝国主义国家再有一丝一毫的干涉。”[①]这里的独立不仅是政治上作为一个主权国家拥有自主决定本国一切事物的权利，而且包括经济层面、外交层面的独立。因为这三者是相互联系、不可分割的：经济上的依附必然造成政治话语的短板，沦为他国的政治附庸；政治上若不能独立，经济自主和外交自主便不能实现；外交独立则是在国际舞台上的话语权，倘若丧失，也就谈不上政治独立了。

新中国成立后，面对帝国主义的全面封锁，毛泽东总结、反思了近代中国外交受制于人的历史教训，以此为基础，确立了独立自主的外交方针，并在这一方针的指导下，采取了“一边倒”的外交政策，把“以苏为师”视作新中国外交事业的优先发展方向。可以说，这是在特殊的历史条件下为了给国内社会主义建设赢得相对和平的外部环境而不得不采用的外交政策，是新中国成立初期的必然选择。除此之外，新中国成立初期还制定了“另起炉灶”和“打扫干净屋子再请客”的外交方针。在毛泽东看来，开启新中国外交事业的新篇章，一方面要废除切断旧中国缔结的一切外交条约，开启社会主义中国全新的外交工作；另一方面，必须清扫残余在新中国的帝国主

① 《毛泽东选集》第4卷，人民出版社1991年版，第1465页。

义旧势力和恶势力，只有这样，才能有效推动外交工作的顺利展开。后来，针对在美苏争霸中苏联试图干涉中国内政、损害中国主权的霸权主义行径，毛泽东表示强烈反对和坚决抵制。在他看来，国家主权没有任何谈判的余地，即便是结盟，两国的互相尊重也是必要的前提。同时，毛泽东将唯物辩证法运用于中国外交领域，从而形成了“自力更生为主，争取外援为辅”的方针。他认为，独立自主并不意味着闭关自守，包括西方在内的世界上的任何国家，只要他们秉持平等互利、互相尊重等诸项原则，中国都不会排斥与他们的外交关系。显而易见，毛泽东非常重视中华民族来之不易的独立主权，并在实践中以独立自主的原则积极主动构建与他国的对外关系。随着新中国外交事业的逐步展开，中国在国际社会中的影响力也日益增强，渐渐成为世界格局中一支不可或缺的政治力量。

第二，倡导和平共处五项原则，主张不同文明的求同存异。为了给经济发展营造和平的国际环境，毛泽东主张与世界各国在相互尊重的前提下友好共处、共谋发展。他说：“中国人民愿意同世界各国人民实行友好合作，恢复和发展国际间的通商事业，以利发展生产和繁荣经济。”[①]在新中国成立后的多个重要的外交场合，毛泽东都表达了对和平、民主、平等的国际格局的向往。1955年，在万隆会议上周恩来正式提出了和平共处五项原则，即互相尊重主权和领土完整、互不侵犯、互不干涉内政、平等互利、和平共处。和平共处五项原则作为新中国成立初期外交政策的基本原则，符合中国人民和世界各国人民的根本利益，得到了国际上爱好和平的多数国家的普遍认可和支持，从而为解决国与国之间的交往问题提供了基本准则。和平共处五项原则的提出和运用，毋庸置疑，在中国外交史上对开拓外交事业的新局面、打破帝国主义国家对中国的外交封锁、独立自主地发展与他国的外交关系、推动公平合理的国际秩序的形成有着显著的划时代意义。

国家与国之间可以超越意识形态的对立而和平共处，鲜明地展现了

① 《毛泽东选集》第4卷，人民出版社1991年版，第1466页。

中国共产党人求同存异的外交思维。毛泽东意识到，在现实复杂的国际社会中，由于政治制度和历史文化的差异，各国之间很难完全达成一致。所以，为了在地球上共存，每个国家都应暂时撇开各自的特殊性而去寻找与其他国家的共同点，否则，各国的发展都会受限。毛泽东科学分析了当时的国际格局，并运用矛盾学说将“求同”与“存异”辩证统一起来，以求同存异取代针锋相对，从而实现了对狭隘的对抗性思维的超越。所谓求同存异，指的是在承认国家间存在差异和斗争的前提下，寻求在主要问题上的观点一致性和共同利益的实现。其中，求同是要求，存异是前提，和平发展是目标。求同存异主张的运用，既加强了中国同第三世界国家的联系，也使中法、中日、中美之间的关系得到了缓和，实现了邦交正常化。时至今日，这一外交思想仍是我们处理国际事务的行动指南。全球治理不应推行所谓的“普世价值”，亦不应搞霸权主义和强权政治，而应在承认差异、尊重差异的前提下谋求共同繁荣，在世界各国齐心协力作用下推动美好世界的建构。

第三，建立国际和平统一战线，划分“三个世界”。马克思、恩格斯在批判资本主义社会、建构未来共产主义社会的理想蓝图时，就已经提出了无产阶级联合的思想。在《共产党宣言》中，马克思、恩格斯指出，由于受到世界市场的全面波及，无产阶级遭受的贫穷和压迫将是普遍存在的社会现象，所以，无产阶级革命将会是全世界的革命，是全世界无产者的联合。列宁在领导俄国十月革命的过程中，以一种探索的精神尝试性地提出了殖民地半殖民地人民应当建立统一战线的思想，并号召“全世界无产者联合起来”共同反对帝国主义。诞生于革命与战争时代背景下的毛泽东思想，必然也包含着关于统一战线的理论。统一战线不仅是中国共产党夺取新民主主义革命胜利的三大法宝之一，而且在新中国成立后，统一战线思想对开辟外交事业新局面起到了关键的作用，是毛泽东“三个世界”划分重要的理论依据。

毛泽东意识到，反对霸权主义和帝国主义、维护世界和平，绝不仅仅是单靠一国或几国的力量就可以实现的，还需要团结一切可以团结的力量，形成最广泛的国际统一战线。毛泽东理性地分析了世界各国的力量对比、分化状况及发展现状，在坚决抵制霸权主义和帝国主义对中国主权践踏和威胁的同时，找到了维护世界和平的依靠力量，从而提出了“三个世界”的划分理论，并以之为基础制定了建立国际统一战线的战略原则。毛泽东认为，国际社会中的政治力量主要有三种：“美国、苏联是第一世界。中间派，日本、欧洲、澳大利亚、加拿大，是第二世界。咱们是第三世界。”[①]第一世界是国际和平的威胁者，它们妄图侵略、压迫和剥削他国，是引发世界战争的根源所在；第二世界是第三世界可以联合的、共同维护世界和平的力量；第三世界则是国际反霸统一战线的核心力量，它们受第一世界的压迫和剥削最为严重。“三个世界”划分理论的提出，一方面，表明了中国与苏联划清了界限，并已成为世界民主和平的力量之一；另一方面，打破了第二次世界大战后资本主义与社会主义对立僵持的外交局面，第二世界与第三世界的团结对于制衡第一世界国家的霸权政治，维护来之不易的世界和平具有关键性作用。在那个时代，意识形态之间的斗争无处不在，资本主义与社会主义之间的矛盾具有尖锐的对抗性。毛泽东能够超越社会制度和意识形态的界限，将统一战线思想由马克思、恩格斯最初的设想变为现实，利用资本主义国家间的矛盾扩大和平统一战线的力量，体现了他敏锐的国际政治眼光和卓越的国际政治策略。后来，邓小平给予了毛泽东国际统一战线思想高度的评价，他说：“这一国际战略原则，对于团结世界人民反对霸权主义，改变世界政治力量对比，对于打破苏联霸权主义企图在国际上孤立我们的狂妄计划，改善我们的国际环境，提高我国的国际威望，起了不可估量的作用。”[②]

① 《毛泽东文集》第8卷，中央文献出版社1996年版，第441页。
② 《邓小平文选》第2卷，人民出版社1994年版，第160页。

以毛泽东同志为核心的党的第一代中央领导集体在深刻把握复杂多变的世界格局基础上提出的独立自主的和平外交思想，创造性地丰富发展了马克思主义的国家政治思想，奠定了新中国外交政策的思想基础。以此为指导，新中国有效抵制了霸权主义的威胁，维护和保障了国家安全。而且，毛泽东求同存异的外交思维和谋求世界和平发展的愿望，得到了国际社会的广泛认同，从而提升了中国在国际社会的影响力和国际地位。

与此同时，应当承认，由于当时所处时代的复杂性，新中国成立初期的外交思想不可避免地打上了时代的烙印。然而，其中的若干论断和观点，在当代仍然具有一定的时代价值，对我们分析国际格局、制定正确的国际战略策略，仍然具有重要的启迪意义。新时代，习近平在多个外交场合中反复提及构建人类命运共同体的主张，表达了中国人民对世界和平、共同发展的美好夙愿。毛泽东思想所倡导的和平共处五项原则、关于构建国际和平统一战线的主张，则为人类命运共同体的构建提供了基本的原则和理论参照。此外，生成于新时代中国特色社会主义外交实践的习近平外交思想，继承了新中国独立自主的外交理念并一以贯之，在实践中“坚持独立自主、自力更生，既虚心学习借鉴国外的有益经验，又坚定民族自尊心和自信心”[①]，从而开创了中国特色大国外交的新局面。

（三）社会主义社会矛盾论：确立社会主义改革的基本依据

对社会矛盾的把握直接关乎着社会主义实践的主题和中心。但是，如何正确处理社会主义社会的矛盾问题，马克思、恩格斯并没有给出明确的答案，他们更多的只是从宏观的视角解释人类社会发展规律。马克思主义的当然继承者列宁主要探索的是革命胜利后苏联如何向社会主义过渡的问题，因而也没能提出系统的社会主义矛盾的观点。而斯大林在领导苏联进

① 《中共中央关于党的百年奋斗重大成就和历史经验的决议》，人民出版社2021年版，第67页。

行社会主义建设的过程中，对社会主义社会矛盾的认识由最初承认农民阶级和工人阶级的矛盾，到否认国内矛盾的存在，至后来承认社会主义社会存在着“不会冲突”的矛盾，表明了他对社会主义矛盾认识的模糊性。由此可见，毛泽东之前的马克思主义者对社会矛盾有过一些探索，但是他们都未能提出完整的社会主义社会矛盾学说，因此，毛泽东的社会主义矛盾论在马克思主义发展史上具有独创性的历史意义。在1957年《关于正确处理人民内部的矛盾》中，毛泽东系统论述了社会主义社会矛盾的理论。

第一，指出了社会主义社会的基本矛盾理论是生产力和生产关系，经济基础和上层建筑的矛盾。对社会主义社会基本矛盾的阐释是毛泽东社会主义社会矛盾论的理论根基。在毛泽东看来，社会主义社会相较于以往的阶级社会而言，实现了人民当家作主，但是这并不意味着社会主义社会的矛盾是个虚构概念，承认矛盾也不是对马克思历史唯物主义的背离。相反，科学阐释社会主义社会矛盾恰恰证明了社会主义社会的正当性和合法性。毛泽东指出，社会主义社会作为人类历史发展的社会形态中的一种，仍然没有脱离社会发展基本矛盾的制约，“在社会主义社会中，基本的矛盾仍然是生产关系和生产力之间的矛盾，上层建筑和经济基础之间的矛盾”[①]。但是，与以往的阶级社会相比，社会主义社会的基本矛盾呈现出非对抗性的特征，这是因为，在社会主义社会人民的根本利益是一致的，由此决定了生产力与生产关系是基本相适应的、经济基础与上层建筑也是基本相适应的。结合中国社会主义的实际状况，毛泽东指出，社会主义社会基本矛盾运动具有“又相适应又相矛盾”的特点。具体而言，在生产关系上，我们已经建立了社会主义公有制，但是并不完善，所以它与生产力的发展既适应又矛盾；在上层建筑领域，人民民主专政的建立和马克思主义在意识形态领域的指导地位，与社会主义经济基础是基本适应的，但是社会制度与民众思想中的某些环节还存在与经济基础不相适应、相矛盾的地方。社会主义社

① 《毛泽东文集》第7卷，人民出版社1999年版，第214页。

会基本矛盾的性质和特点，决定了它可以通过社会主义制度本身的完善而得到化解。

社会主义社会基本矛盾理论的提出，无疑是将马克思主义与中国实际相结合的一项重大理论创新，它使人们从以往“社会主义社会无矛盾”的思想中解脱出来，使共产党人正视社会主义社会的矛盾，从而避免了陷入形而上学社会主义观的陷阱。更重要的是，它为社会主义建设实践提供了重要的理论依据。社会主义制度为何需要不断完善和发展？这是因为在生产力和生产关系之间、经济基础和上层建筑之间仍存在不相适应的地方。改革开放的实施就是围绕社会主义基本矛盾来展开，通过发展生产力完善社会主义制度以解决生产力与生产关系不相适应的方面、上层建筑与经济基础不相适应的方面。

第二，表达了社会主义社会的主要矛盾是人民日益增长的物质文化需求同落后的社会生产之间的矛盾。社会主义基本矛盾贯穿社会形态发展过程的始终，由于其抽象性无法直接指导人们的实践活动，因而就需要将社会基本矛盾具体化，以作为化解基本矛盾的突破口。社会主要矛盾就是基本矛盾在具体历史条件下的阶段性展现。具体而言，社会主要矛盾是社会发展的某个具体阶段中在整个矛盾体系中居于主导和支配地位的矛盾，它决定着其他社会矛盾问题的解决。以社会主要矛盾论为指导，中共八大实事求是地分析了“三大改造”完成后社会发生的历史性变化，指出：我国国内的主要矛盾，已经是人民对于建设先进的工业国的要求同落后的农业国的现实之间的矛盾，已经是人民对于经济文化迅速发展的需要同当前经济文化不能满足人民需要的状况之间的矛盾。据此，党和国家做出了将工作重心转移到社会主义建设上来的决定。后来在中共十一届六中全会，这一主要矛盾被表述为人民日益增长的物质文化需要同落后的社会生产之间的矛盾，并被确立下来。

其实，在领导新民主主义革命的过程中，毛泽东就曾对近代中国社会的主要矛盾作出科学的论断，“帝国主义和中华民族的矛盾，封建主义和人民大众的矛盾，这些就是近代中国社会的主要的矛盾”[①]，抓住这两对矛盾才能更好开展革命实践工作。随着社会主义制度的确立和社会主义建设的开展，半殖民地半封建社会的主要矛盾转化为社会主义社会的主要矛盾。这一转变体现了中国共产党人对我国社会性质的准确把握和对社会主义初级阶段基本国情的精准分析。落后的生产力与人民群众日益增长的物质文化需要之间的矛盾上升为国家的主要矛盾后，大力发展生产力、推进物质文明和精神文明建设就成为国家的主要任务。

第三，区分了社会主义社会两种性质不同的矛盾。为了团结全国各族人民推动社会主义建设的发展，巩固新生的社会主义政权，毛泽东对社会主义社会基本矛盾作了两种性质上的区分，即敌我矛盾和人民内部的矛盾。随着社会主义改造的完成和社会主义制度的确立，无产阶级和资产阶级的矛盾基本上得到解决，人民内部的矛盾上升为国家政治生活的主题。于是，敌我矛盾就不再占据主导地位，日益凸显出来的人民内部的矛盾上升为国家政治生活的主题。为什么大量人民内部的矛盾在新中国成立后涌现出来？对于这一问题，毛泽东不是单纯地教条式地用马克思主义理论来解释，而是结合中国实际，挖掘了深层次的利益因素。毛泽东认为，新民主主义革命时期，广大人民群众为了摆脱他们受压迫受奴役的命运，义无反顾地参加革命。此时，人民群众争得民族独立和国家解放的利益目标是一致的。到了社会主义建设时期，受到生产力发展水平的制约，人民群众的部分利益需求无法得到满足，社会发展难免就会产生使群众利益受损的状况，加上部分干部与群众之间冲突的暴露，人民内部的矛盾便大量涌现出来。

社会主义社会的基本矛盾不同于资本主义之处就在于它在性质上表现为人民内部矛盾。在此基础上，毛泽东建构了较为系统的人民内部矛盾学说。首先，在概念上，必须分清什么是敌人、什么是人民。一切赞成、支持、

① 《毛泽东选集》第2卷，人民出版社1991年版，第631页。

拥护社会主义事业的阶级、阶层都是人民的范畴，敌对、反抗、破坏社会主义建设的阶级和集团则是我们的敌人。人民内部的矛盾是在人民根本利益一致基础上的矛盾，是分清是非的问题，与对抗性的敌我矛盾不同。其次，在具体表现上，人民内部的矛盾表现为“工人阶级内部的矛盾，农民阶级内部的矛盾，知识分子内部的矛盾，工农两个阶级之间的矛盾，工人、农民同知识分子之间的矛盾，工人阶级和其他劳动人民同民族资产阶级之间的矛盾，民族资产阶级内部的矛盾，等等”①。再次，敌我矛盾与人民内部的矛盾在一定的条件下可以相互转化。比如，无产阶级与资产阶级的矛盾是敌我矛盾，但通过对民族资产阶级的改造，二者之间的矛盾就成为人民内部的矛盾。这从侧面反映了社会主义社会矛盾的复杂性。最后，在处理方法上，“凡属于思想性质的问题，凡属于人民内部的争论问题，只能用民主的方法去解决，只能用讨论的方法、批评的方法、说服教育的方法去解决，而不能用强制的、压服的方法去解决”②，即“团结——批评——团结”的方针。

毛泽东继承了辩证唯物主义和历史唯物主义的世界观和方法论，以辩证的科学思维分析和把握社会主义社会的矛盾问题，首次把社会基本矛盾的原理运用到对社会主义社会的分析上，创造性地提出了社会主义社会基本矛盾理论，丰富发展了马克思主义关于社会基本矛盾的理论，并系统地阐述了社会主要矛盾的思想，从而为社会主义建设初步探索时期正确处理国内各种矛盾提供了理论依据，为后来社会主义的改革开放奠定了理论前提。在21世纪的今天，面对改革开放取得的历史性成就和人民群众对美好生活的强烈渴望，以习近平同志为核心的党中央站在新的历史方位上，对中国社会的主要矛盾作出了新的科学判断，并在党的十九大报告中正式确立下来。“我国社会主要矛盾已经转化为人民日益增长的美好生活需要和不

① 《毛泽东文集》第7卷，人民出版社1999年版，第205页。

② 《毛泽东文集》第7卷，人民出版社1999年版，第209页。

平衡不充分的发展之间的矛盾”[①]，这一判断标志着中国特色社会主义进入新时代，标志着当代中国共产党人对中国社会发展的规律性的认识和把握上升到新的理论和实践高度。

① 习近平：《决胜全面建成小康社会 夺取新时代中国特色社会主义伟大胜利——在中国共产党第十九次全国代表大会上的报告》，人民出版社2017年版，第11页。

第三章

21世纪马克思主义的历史生成

马克思主义诞生于19世纪中叶，19世纪马克思主义的时代课题是创立马克思主义理论体系，指导无产阶级革命运动。20世纪马克思主义的时代课题是探讨落后的发展中国家如何夺取无产阶级政权从而建立社会主义国家。进入21世纪，探索社会主义国家的发展道路无疑是21世纪马克思主义的重点。从探索社会主义国家的发展道路来说，中国特色社会主义道路的探索与发展毋庸置疑地成为21世纪马克思主义的重心。邓小平理论为迷茫的中国找寻到一条让中国自信的中国特色社会主义道路，科学地回答了“建设什么样的社会主义、怎样建设社会主义”的问题，构成了21世纪马克思主义的历史前提；“三个代表”重要思想凝聚着丰富的政党建设思想，从早期西方马克思主义政党建设和苏联政党建设中反观“三个代表”重要思想，更加能够让我们看到“三个代表”重要思想如何科学地回答了“建设什么样的党、怎样建设党”的问题，提供了21世纪马克思主义政党建设的历史经验；科学发展观超越了“以民为本”发展观、“人本主义”发展观和西方资本主义异化发展观，科学地回答了“实现什么样的发展、怎样发展”的问题，创造了21世纪马克思主义发展理念的历史条件；习近平新时代中国特色社会主义思想在马克思主义哲学、政治经济学和科学社会主义方面，科学地回答了“坚持和发展什么样的中国特色社会主义、怎样坚持和发展中国特色社会主义”的问题，开辟了21世纪马克思主义发展的新境界。

一、邓小平理论构成21世纪马克思主义的历史前提

可能还是有人会问：我们讲的是21世纪马克思主义的历史生成，不是应该从21世纪讲起吗？邓小平理论是20世纪的中国马克思主义理论，与21世纪马克思主义有什么关系，为什么邓小平理论构成了21世纪马克思主义历史前提？从时间坐标上看，邓小平理论确实属于20世纪的马克思主义，但从回答的时代主题来看，邓小平理论却开启了21世纪的马克思主义。在《中

共中央关于党的百年奋斗重大成就和历史经验的决议》中，明确指出邓小平理论“科学回答了建设中国特色社会主义的一系列基本问题，制定了到二十一世纪中叶分三步走、基本实现社会主义现代化的发展战略，成功开创了中国特色社会主义”①。我们不能把21世纪马克思主义的发展局限于时间性问题，而要从时代主题、历史影响和历史发展的角度来思考21世纪马克思主义的历史生成问题。

（一）邓小平理论形成的时代背景

从近代中国发展道路探索的历史来看，中国经历了两次主要的“学习”的过程，一次是向西方“学习”，另一次是向苏联“学习”。

1840年鸦片战争爆发之后，中国逐渐成为半殖民地半封建社会，为了改变半殖民地半封建社会的状态，为了寻求救国救民的道路，中国被迫开启了向西方“学习”的过程。问题是应该怎样西方化以及在多大程度上西方化，究竟是“中体西用”，还是“全盘西化”？“中体西用”主张保留中国的制度，以西方的技术重塑中国，但最终终结于“北洋水师”的全军覆没。“全盘西化”是以西方思想颠覆一切中国传统思想，套用西方的制度来建造中国，使中国的外在和内在全部都西方化，但最终终结于袁世凯称帝、张勋复辟。辛亥革命即便帮助中国推翻了帝制，但是中国在主权上和思想上的半殖民地半封建状态并没有得到改变。这段时期，在经济上，中国沦为西方经济的殖民地；在思想上，国外的思想流派以及国外各种“主义”“思潮涌”入中国。此时，对于自身封建体系已经瓦解的中国来说，它无疑是身处内忧外患之中。历史证明了西方道路在中国是走不通的，中国亟须探索出一条救国救民的道路。

十月革命不仅给苏联带来了胜利，而且给中国送来了改变中国命运的

① 《中共中央关于党的百年奋斗重大成就和历史经验的决议》，人民出版社2021年版，第16页。

马克思列宁主义。但是对于什么是马克思主义、如何建设社会主义，中国还处于懵懂阶段。中国需要向第一个建立起社会主义国家的苏联寻求经验，开始了向苏联社会主义学习的时期。苏联把马克思主义思想、共产主义和社会主义思想传入中国，在苏联的帮助下，中国逐渐对马克思主义思想和社会主义建设有了初步的了解。在马克思主义思想的指导下、在中国共产党的正确领导下，中国找到了能够救国救民的理论思想——马克思主义，找到了能够救国救民的制度——社会主义，找到了能够救国救民的方法——革命。终于，伴随着1949年毛泽东在天安门前那句让人无法忘怀的呐喊“中华人民共和国中央人民政府今天成立了”，中国建立起社会主义国家。

在建设社会主义的过程中，中国逐渐发现中国的实际情况与苏联的实际情况并不完全一致，学习是必要的，但是套用和照搬是绝对不行的。我们不能刚刚摆脱西方资本主义的框框，又被装进苏联社会主义的套子中，中国社会主义建设必须有中国自己的特色，开创中国自己的道路才能保持我们自己的民族特性。因而我们需要将马克思主义中国化，并在马克思主义中国化中凝练出与中国发展相适应的中国特色社会主义理论，在中国特色社会主义理论的提炼中进行中国特色社会主义实践，在进行中国特色社会主义的实践中丰富和完善中国特色社会主义理论，建设中国特色社会主义伟大道路。

由此可见，对于那个时候的中国来说，无论是向西方学习，还是向苏联学习，都是非常必要的，中国需要在已经成功的模式中寻找经验。但别人的理论和别国的模式终究还是与别人的实际和别国的实际相符合，别人的理论和别国的模式终究无法代替我们自身去思考，别人的理论和别国的模式以他们自身的生命形态和生存经验为基础，他们的思想旨趣和制度模式源于他们自己的生命历程之中，他们的追问方式、看待问题的视角以及处理问题的方法也都带有他们特有的生命经验。我们不能期望用他们的思想和他们的模式去思考中国的现实问题，去代替中国人理解中国人自身的生命境遇和生存意义，去依仗他们处理中国的现实问题、建设中国的社会主义。中华民族有自身独特的生命历程、生存境遇和生活体验，我们的特殊性只有我们自己最了解，我们的苦难和希望、伤痛和追求、挫折和梦想只有我们自己能体会。学习西方和苏联的最终目的不是用他们的方式去建设中国，而是要在他们经验的基础上，结合我们自身的实际情况，形成与中国实际发展相适应的马克思主义中国化的理论思想，开创具有中国特色的社会主义制度。

（二）邓小平理论开创了中国特色社会主义道路

为什么说邓小平理论开创了中国特色社会主义道路？

第一，邓小平理论以“解放思想，实事求是”的实践工作，“开启了马克思主义中国化的新觉醒”[①]。率先提出“马克思主义中国化”命题的是毛泽东，为什么说邓小平理论“开启了马克思主义中国化的新觉醒”[②]？确实，率先提出“马克思主义中国化”命题的是毛泽东，他给了我们“马克思主义中国化”的思想启蒙，但是这一时期人们关于“马克思主义中国化”的意识还处于一种自发的状态，邓小平在毛泽东实现马克思主义中国化第一次飞跃的基础上，从“解放思想，实事求是”的角度更加系统化和具体化地展开了“马克思主义中国化”的实践工作，为马克思主义中国化的进一步发展扫清了思想障碍，唤醒马克思主义中国化的自觉意识。从根本上来说，“解放思想”是清理陈旧的、束缚人思维的世界观和思维方式，也就是说，“解放思想，实事求是”的实质是变革世界观和思维方式的问题。“解放思想，实事求是”为我们破除了教条主义的社会主义观念，改变了对社会主义与资本主义关系的理解，让人们认识到充分利用资本主义的一切有益成果来建设社会主义的重要性。因而从这一点来说，邓小平理论与马克思主义是

① 贾建芳：《邓小平开启了马克思主义中国化的新觉醒》，《马克思主义与现实》2014年第5期。
② 贾建芳：《邓小平开启了马克思主义中国化的新觉醒》，《马克思主义与现实》2014年第5期。

一致的，是把马克思主义基本原理与中国社会实际相结合的。正是因为这样，才会有学者发出这样的感慨：邓小平理论的“本质已明确概括在‘解放思想，实事求是’的思想路线里面，如果具体一点说，这个精神就是体现在邓小平同志一切理论思想和实际行动中的那种脚踏实地、面向未来、不断创新的精神；不从抽象原则出发，尊重生活实践要求，不受书本教条束缚，尊重群众首创精神，决不因循守旧，大胆突破陈规，把握方向、认准道路、一往直前的开拓进取精神。”[①]

第二，不依附于西方资本主义，不效仿苏联社会主义模式，以马克思主义理论为指导，建立具有中国特色、展现中华民族特性的社会主义制度。如何在落后的发展中国家建立社会主义，苏联和中国都交出了答卷。但是如何在落后的发展中国家建设社会主义，以解体而告终的苏联最后没有解答好这个问题。解决这个问题，实现在东方落后发展中国家建设社会主义的，是中国，而中国之所以能够做到这一点，一个重要因素在于中国特色社会主义的开创，在于中国找到了具有中国特色的社会主义道路。

作为中国特色社会主义的开创者，邓小平有两大重要贡献。

邓小平的第一个重大贡献在于提出“建设有中国特色社会主义”的科学命题，科学地解答了“建设什么样的社会主义”的时代课题。在党的十二大开幕词中，邓小平指出：“我们的现代化建设，必须从中国的实际出发……把马克思主义的普遍真理同我国的具体实际结合起来，走自己的道路，建设有中国特色的社会主义，这就是我们总结长期历史经验得出的基本结论。”[②]1984年，邓小平指出：“马克思主义必须是同中国实际相结合的马克思主义，社会主义必须是切合中国实际的有中国特色的社会主义”[③]，并指出“总的来说，这条道路叫做建设有中国特色的社会主义的道

① 高清海：《找回失去的“哲学自我”——哲学创新的生命本性》，北京师范大学出版社2013年版，第47页。

② 《邓小平文选》第3卷，人民出版社1993年版，第2—3页。

③ 《邓小平文选》第3卷，人民出版社1993年版，第63页。

路”[①]。1988年5月，邓小平进一步指出：“我们过去照搬苏联搞社会主义的模式，带来很多问题。我们很早就发现了，但没有解决好。我们现在要解决好这个问题，我们要建设的是具有中国自己特色的社会主义。”[②]正是邓小平“建设有中国特色社会主义”命题的提出，使我们更加自觉地认识到我们可以学习西方经验，学习苏联经验，但是我们一定不能照搬西方模式、照搬苏联模式，我们需要建设的是具有中国特色、展现中国风采、彰显中国个性的中国的社会主义模式。

邓小平的第二个重大贡献在于为建设中国特色社会主义提出了初步框架，科学地解答了“如何建设社会主义”的时代课题，为中国的社会主义建设向何处去指明了方向。

首先，社会主义本质理论的提出，明确了中国特色社会主义的本质。社会主义的本质问题直接关涉社会主义建设，不确立社会主义本质，会使社会主义建设迷失方向。苏联没有弄清社会主义本质问题，中国没有现成的可借鉴的经验。邓小平在中国社会主义的实践探索中，深刻反思：社会主义的本质是什么？判断改革开放的标准是什么？贫穷是社会主义的本质特征吗？对这些问题的追问，使邓小平关注生产力与社会主义之间的关系，进而提出社会主义的本质的著名论断。邓小平指出：“贫穷不是社会主义，发展太慢也不是社会主义。”[③]“社会主义的本质，是解放生产力，发展生产力，消灭剥削，消除两极分化，最终达到共同富裕。”[④]社会主义本质问题的提出，让我们明晰了中国特色社会主义建设的发展方向和发展路径。

其次，社会主义初级阶段理论的提出，解决了社会主义理想与现实之间的困境，明确了我国社会主义发展的历史阶段。

我们知道，按照无产阶级革命导师的设想，共产主义首先实现于西方

① 《邓小平文选》第3卷，人民出版社1993年版，第65页。
② 《邓小平文选》第3卷，人民出版社1993年版，第261页。
③ 《邓小平文选》第3卷，人民出版社1993年版，第255页。
④ 《邓小平文选》第3卷，人民出版社1993年版，第373页。

发达资本主义国家，而这些国家由于生产力水平比较高，只要一个很短暂的过渡时期就可以从资本主义过渡到共产主义。对西方发达国家来说是这样，但对于东方落后发展中国家来说呢？对于落后的东方发展中国家中国来说，社会建设的发展并不是这样，我们好像在建设社会主义的道路上迷惘了。从严格意义上来说，我们现在好像不是马克思意义上的从资本主义到共产主义的过渡阶段，也不是共产主义第一阶段，当然更不是共产主义的高级阶段，那么我们到底处于什么阶段？不解决这个问题，我们要么会因现阶段的社会建设与马克思的共产主义理论之间的差距而丧失对社会主义国家建设的信心，要么会急于拉近现阶段的社会主义建设与共产主义理论之间的距离而采取冒进的举措，从而危害到社会主义的建设。社会主义初级阶段的提出解开了这一困局，“党的十三大要阐述中国社会主义是处在一个什么阶段，就是处在初级阶段，是初级阶段的社会主义。社会主义本身是共产主义的初级阶段，而我们中国又处在社会主义的初级阶段，就是不发达的阶段”[①]。这为中国社会主义发展阶段做出了明确的定位，既坚定了我们的共产主义信念，也为我们进行社会主义建设找到了方向。将过渡阶段从共产主义第一阶段中拿出来，这样避免了过渡时期与共产主义第一阶段相混同造成的不确定性，给了过渡时期一个相对稳定的、独立的社会发展阶段。而社会主义初级阶段理论的意义应该放在马克思主义发展史的高度上，从世界社会主义运动史上去理解，它从根本上化解了社会主义理想与现实之间的困境，为21世纪马克思主义正确认识社会主义本质问题奠定了基础。

再次，改革开放使社会主义中国实现了从站起来走向富起来。在世界经济快速发展和中国经济百业待兴的强烈对比下，在世界科技日新月异和中国解决温饱都成问题的鲜明对比下，邓小平指出不实行改革开放就会葬送我们一直以来进行的现代化事业和社会主义事业。党肃清思想上的错

① 《邓小平文选》第3卷，人民出版社1993年版，第252页。

误，开展关于真理标准问题的讨论，从现有的中国实际情况出发，重新制定思想路线、政治路线和组织路线，制定改革开放的决策，打开改革开放的大门。邓小平指出："建设一个国家，不要把自己置于封闭状态和孤立地位。要重视广泛的国际交往，同什么人都可以打交道，在打交道的过程中趋利避害。用我们的话讲，叫对外开放。"[①]赶上时代，摆脱贫穷落后的面貌，使社会主义焕然一新，这是改革开放的目标。改革开放40多年之后的今天，我们在经济、政治、文化、社会和生态各个方面的瞩目成就，让世界看到了中国的发展，让世界听到了中国的声音，让世界感受到了中国的精神，这主要归功于改革开放的决策以及每一任党中央领导集体带领中国人民进行的改革开放的实践探索。

最后，率先打破"姓资姓社"的社会主义和资本主义的抽象对立，正确认识和处理资本主义与社会主义的关系。邓小平指出社会主义的确是对资本主义的否定，社会主义与资本主义的确是对立的，但是这种否定和对立不是"抽象的否定"和"抽象的对立"。毫无依据地排斥资本主义的一切，这是对社会主义和资本主义之间关系问题的抽象理解。正确认识社会主义和资本主义之间的关系，首先在于正确认识市场经济与社会制度之间的关系。过去我们一直把市场经济与资本主义捆绑在一起，认为拒绝资本主义就需要拒绝市场经济，邓小平打破市场经济与资本主义的捆绑论，指出市场经济是手段，是经济基础，而资本主义和社会主义都只是上层建筑，同一经济基础与不同的上层建筑相结合会得出不一样的生产关系，因而市场经济与资本主义相结合是资本主义市场经济体制，市场经济与社会主义相结合是社会主义市场经济体制。中国今天的发展证明了邓小平对社会主义与资本主义的科学论断，证明了发展社会主义市场经济的正确性，同时也为21世纪马克思主义如何正确认识社会主义与资本主义的关系以及21世纪社会主义国家如何进一步实行社会主义市场经济奠定了基础。

---

① 《邓小平文选》第3卷，人民出版社1993年版，第260页。

（三）邓小平理论拉开了21世纪马克思主义发展的序幕

今天，有一个重大的问题依然值得我们去深思，这就是：苏联和东欧的“社会主义”都销声匿迹了，而中国的社会主义为什么非但没有销声匿迹，反而以欣欣向荣的姿态蓬勃发展起来？原因在于社会主义是一个不断发展的过程，每个时期都需要根据时代的发展、从实践出发进行创新性阐释，每一个国家都需要结合本国的实际情况将马克思主义与本国国情相结合，每一种社会主义制度都需要具有自己的特性，这样才能保持一个国家的自信、一个民族的自信和一国人民的自信，而邓小平理论开创了这种让中国能够自信、让中华民族能够自信、让中国人民能够自信的中国特色社会主义。中国特色社会主义不是套用马克思主义公式，不是照搬苏联社会主义模式，而是在中国社会主义实践的探索中与时俱进地进行的创新。邓小平理论开创了中国特色社会主义，向世界展现了中国特色社会主义为世界社会主义建设做出的贡献，构成了21世纪马克思主义的历史前提。

第一，在进一步推进马克思主义中国化方面，邓小平理论构成了21世纪马克思主义的历史前提。邓小平理论在毛泽东思想实现马克思主义中国化第一次飞跃的基础上，进一步推进了马克思主义中国化，使中国逐步从站起来走向富起来的阶段。21世纪马克思主义处于中国从富起来向强起来迈进的阶段，这一阶段我们能做的是在邓小平理论“三个代表”重要思想、科学发展观的基础上，进一步自觉地使马克思主义中国化。习近平新时代中国特色社会主义思想是马克思主义中国化的最新理论成果。首先，习近平新时代中国特色社会主义思想，是对马克思列宁主义、毛泽东思想、邓小平理论、“三个代表”重要思想、科学发展观的继承与发展，是当代中国马克思主义、21世纪马克思主义，开辟了马克思主义中国化时代化的新境界！其次，习近平总书记指出，马克思主义中国化的新时代方向是“推进马克思主义中国化时代化大众化，建设具有强大凝聚力和引领力的社会主义意识形态，使全体人民在理想信念、价值理念、道德观念上紧紧团结在一起”[①]，进一步深化马克思主义与中国国情的结合，注重新时代马克思主义中国化的发展与时代发展同步，新时代马克思主义中国化必须与人民群众的共同命运相连接。再次，新时代马克思主义中国化要在与国外马克思主义的交流互鉴中，扩展当代中国马克思主义的理论视野，开拓当代中国马克思主义的发展维度，丰富当代中国马克思主义的思想内涵，推进21世纪马克思主义的发展。

第二，在社会主义初级阶段的定位问题方面，邓小平理论构成了21世纪马克思主义的历史前提。革命导师马克思和恩格斯并没有在发展中国家建设社会主义的亲身经历，因而我们不能要求他们为我们社会主义建设过程中遇到的种种问题提供现成的答案；马克思、恩格斯不是预言家，也并非神学家，我们也不能把马克思和恩格斯未预料到的事情归罪于他们，我们能做的是将马克思主义与中国具体实际相结合。因而在建设社会主义的过程中，我们不能完全套用马克思、恩格斯有关西方资本主义如何过渡到共产主义的设想，不然势必会造成理想与现实的矛盾。今天，我们依然会面对如何对当代中国的社会主义进行定位的问题。习近平总书记指出：“必须认识到，我国社会主要矛盾的变化，没有改变我们对我国社会主义所处历史阶段的判断，我国仍处于并将长期处于社会主义初级阶段的基本国情没有变”[②]。因此，即使21世纪所处的社会主义初级阶段可能比20世纪所处的社会主义初级阶段更进步一些，但社会主义初级阶段依然是新时代中国特色社会主义的最大实际。只有立足这个最大实际，我们才能不断推进21世纪马克思主义的与时俱进。

第三，在正确认识资本主义与社会主义关系方面，邓小平理论构成了21世纪马克思主义的历史前提。21世纪资本主义形态发生了新的变化，如何

---

① 习近平：《决胜全面建成小康社会 夺取新时代中国特色社会主义伟大胜利——在中国共产党第十九次全国代表大会上的报告》，人民出版社2017年版，第41页。

② 习近平：《决胜全面建成小康社会 夺取新时代中国特色社会主义伟大胜利——在中国共产党第十九次全国代表大会上的报告》，人民出版社2017年版，第12页。

正确处理21世纪社会主义和资本主义的关系是21世纪马克思主义的关键问题。我们承认21世纪资本主义社会形态发生了巨大的改变，但我们也必须看到改变的只是资本主义社会的外在形式，21世纪资本主义的本质并没有改变，而邓小平对社会主义和资本主义之间关系问题的重新理解对21世纪马克思主义的发展依然具有指导作用。习近平总书记指出当今世界正在经历“百年未有之大变局”，虽然资本主义因其内在固有的矛盾而受到阻碍，但为摆脱危机、维护自身存在，资本会不断在追求自身利润最大化的同时不断自我更新。由此可见，资本主义还没有完全发挥出它所能容纳的全部生产力，因而资本主义还不会灭亡；社会主义虽然日益强大，但社会主义还不具备彻底推翻资本主义、取代资本主义的条件，因此共产主义还不能在现在实现，而资本主义现在也不具有消灭和摧毁社会主义的能力，世界的基本世情是资本主义与社会主义处于共存阶段并将长期处于共存阶段。面对资本主义与社会主义长期共存的态势，习近平新时代中国特色社会主义思想指出，我们能做的就是总结几代中国共产党带领中国人民建设社会主义的经验和教训，在改革发展中立足民族实际情况，继承和发展中华优秀传统文化；在对外开放中面向世界，吸收和借鉴一切有利于中国特色社会主义建设的有益成果，从而在与资本主义的博弈和较量中，充分利用资本主义的成果，正确认识和处理社会主义与资本主义的关系，向世界展现社会主义制度的优越性。

第四，在社会主义制度与市场经济相结合方面，邓小平理论构成了21世纪马克思主义的历史前提。党的十八大以来，中国社会主义市场经济体制无论是在理论上还是在实践上都实现了质的飞跃，习近平总书记将社会主义市场经济的发展推向一个新的平台。习近平总书记面对世界经济与中国经济发展的现实，指出要想使中国经济继续保持中高速增长，在国际市场的竞争中保持优势地位，必须充分发挥市场的积极作用，创造性地提出用“决定性”取代“基础性”，实现“市场在资源配置中起决定性作用”的战略目标。习近平总书记强调："理论和实践都证明，市场配置资源是最有效率的形式。市场决定资源配置是市场经济的一般规律，市场经济本质上就是市场决定资源配置的经济。健全社会主义市场经济体制必须遵循这条规律，着力解决市场体系不完善、政府干预过多和监管不到位问题。"[①]从这段论述来看，习近平总书记从四个方面揭示社会主义市场经济发展的重要性：其一，在配置资源之中，最有效的形式是"市场"；其二，市场经济的一般规律是市场决定资源配置；其三，市场经济的本质是发挥市场在资源配置中的决定性作用；其四，健全和完善社会主义市场经济体制的关键在于发挥市场的决定性作用。从"基础性"到"决定性"是跨越式改变，是根据世界经济形势和中国经济发展做出的重大决策，是新时代中国特色社会主义在社会主义市场经济建设方面实现的重大飞跃。

第五，在自信方面，邓小平理论燃起中国人建设具有中国特色社会主义的自我意识，为中国特色社会主义道路自信、理论自信、制度自信、文化自信的逐步确立奠定坚实基础。1840年以后，中国处于向西方学习和向苏联学习的阶段，在学习的过程中很容易陷入模仿的怪圈，在模仿之中会丢失自身的特性，没有自身特性的民族会丢失自信。邓小平理论提出解放思想、实事求是，提出我们既不能照搬西方模式，也不能效仿苏联模式，必须建设有中国特色的社会主义，重新燃起了中国自信的自我意识，开启了中国找回自信的道路——中国特色社会主义道路。新时代中国特色社会主义提出中国特色社会主义道路自信、理论自信、制度自信和文化自信。这种中国特色社会主义道路、理论、制度和文化，历经几代中国共产党人的艰辛探索和不断完善，是中国从站起来到富起来再到强起来实现的自信，是中国向世界证明中国特色社会主义科学性的自信，是坚定推进21世纪马克思主义发展的自信。

综上所述，邓小平理论开创了中国特色社会主义，而中国特色社会主

① 《习近平谈治国理政》第1卷，外文出版社2018年版，第77页。

义的开创具有划时代意义，开启了建设中国特色社会主义的道路。邓小平理论给21世纪马克思主义提供了重要的启示：一方面，必须进一步使马克思主义中国化；另一方面，必须拓宽当代中国马克思主义的发展维度。因而，邓小平理论不会随着它载入史册而成为历史，它是21世纪马克思主义发展乃至以后马克思主义发展的指明灯。

二、“三个代表”重要思想提供21世纪马克思主义政党建设的历史经验

政党的建设直接关系到一个国家的生死存亡，是推进社会建设的重大问题，也是发展马克思主义的重大问题。在对国内外局势的审时度势下，以江泽民同志为核心的党的第三代领导集体提出“建设一个什么样的党、怎样建设党”的时代课题，在政党建设方面进一步深化“什么是社会主义、怎样建设社会主义”。我们应从早期西方马克思主义政党建设失败和从苏联政党建设的经验教训中反观“三个代表”重要思想的意义与价值，明晰“三个代表”重要思想对中国政党建设做出的重大贡献，从而为新时代政党建设提供启示与借鉴。

（一）从苏联政党建设和早期西方马克思主义政党建设中反观“三个代表”重要思想的意义与价值

一个国家是走向高潮还是跌入谷底，与这个国家执政党的政党建设紧密相关。我们先从苏联政党失败的经验教训中反观“三个代表”重要思想的意义与价值。

第一，苏联政党违背了先进生产力的发展要求。苏联后期出现违背先进生产力发展要求的情况，没有正确处理好社会主义理想与现实之间的关系。苏联不是没有看到生产力对落后东方国家进行社会主义建设的重要

性，但因对共产主义的急于求成，苏联逐渐在追求先进生产力的过程中走向了违背生产力发展的道路。苏联政党制定的政策都过于追求速度，脱离了苏联的社会实际情况。从所有制来说，高度集中的计划经济体制的确起到过积极作用，但社会主义要发展必须依赖于一定的市场经济，苏联将市场经济与资本主义制度捆绑在一起，教条地、抽象地理解资本主义和社会主义的关系；从发展方针来说，优先发展重工业是对的，但是不能在重工业发展起来后依然忽视轻工业和服务业的发展，这是苏联难以摆脱落后生产力的一个重要原因；从发展策略上来说，自斯大林开始，苏联陷入与发达资本主义国家竞赛的泥淖中，此后在赫鲁晓夫和勃列日涅夫执政时期，苏联也没有扭转社会主义建设的路线。

第二，苏联政党建设违背了先进文化的前进方向。自斯大林开始，苏联的文化建设偏离了马克思主义的轨迹，陷入将马克思主义教条化的泥淖之中，进而走向个人崇拜之路。无论是将马克思主义教条化，还是推行对列宁的神圣化，斯大林的最终目的都是实现自身的个人崇拜，进而独揽政策大权。本本主义和教条主义成为先进文化发展的束缚，终于"在苏共教条主义的浓厚氛围下，苏联逐渐形成了一种僵化、封闭、保守的思想文化模式"[①]。这种僵化、封闭、保守的思想文化模式一旦形成，后果不堪设想。首先，这个时期的苏联，拒斥社会主义以外的一切文化，这种僵化的思维模式束缚人的思维创新，影响国家改革创新的步伐，使文化的"软实力"作用非但没有发挥出来，反而限制和制约了国家综合实力的提升。其次，苏联这种思维模式扭曲了开放、创新的马克思主义思想，使马克思主义走向了抽象与教条，这种变形了的马克思主义难以成为社会主义发展的指导思想，丧失了推动社会进步和发展的精神驱动力。

第三，苏联政党建设违背了最广大人民的根本利益。苏联解体的一个

① 刘靖北：《关于苏共败亡的几点思考——从"三个代表"思想看苏共败亡的教训》，《当代世界与社会主义》2001年第2期。

重要原因是苏联政党逐渐偏离以人民利益为中心的轨道。人民群众是历史的推动者，失去人心的政党必定难以得到人民的拥戴。苏联社会主义建设后期在经济上实行高度集中的计划经济体制，在政治上推行高度集权的政治体制，官僚特权阶级的衍生日益使苏联政党不关注人民群众的利益。这种集权的政治模式最终使国家的性质发生了异化，从属于人民群众的国家异化成为属于某个领导个人的国家，使充满活力的党组织机关日益萎缩，使群众史观倒退回个人崇拜的极端英雄史观，使干部任职的民主选举制变成直接委任制，使中央监察委员会的监督职能被架空。党政机关的官僚化与法律制度的虚无化造成的不仅是党内建设腐败，更重要的是造成了社会的混乱与人民的激愤。

早期西方马克思主义政党建设这一维度特别容易被忽略，但实际上这是特别重要的一个维度。为什么早期西方马克思主义政党建设从实际出发，却未能获得革命的成功？为什么从实际出发的中国共产党政党建设成功了？以此揭示“三个代表”重要思想的价值与意义，是尤为必要的。在巴黎公社革命之后，西方资本主义改进了福利政策，在物质生产力提高的基础上改善了无产阶级的生活状况，因而西方资本主义进入了相对稳定的发展时期，阶级斗争趋于缓和。在十月革命胜利与西欧无产阶级革命失败的现实背景下，以卢卡奇、柯尔施、葛兰西为代表的早期西方马克思主义者不得不反思西欧无产阶级革命该何去何从。最终，早期西方马克思主义指出欧洲无产阶级革命运动的出路在于拯救丧失了的无产阶级革命意识，夺取文化领导权以及在文化领域建设无产阶级政党，对资本主义进行文化和意识形态方面的批判是他们认为应该坚持和发展的“真正”的马克思主义。在文化领域否定资本主义，成为他们唯一的选择，也是他们新的探索路径。

早期西方马克思主义没有套用苏联社会主义国家的模式，而是立足自身社会现实来寻找革命道路，这一点非常睿智。他们对于马克思无产阶级革命理论把握得也比较准确，看到无产阶级的形成需要使自在的无产阶级具有革命意识，看到无产阶级政党建设必须保持纯洁的政党性，这一点也抓住了问题的关键。根据这两个关键点，西方马克思主义指出西欧无产阶级革命要取得胜利，不应该以宏观的暴力方式进行经济领域的革命，而是首先以微观的非暴力手段进行思想文化领域的革命，因而无产阶级革命首要的不是经济领域的革命，而是意识形态层面的革命，这就使早期西方马克思主义政党建设围绕文化、阶级意识来展开。这一点，也的确符合他们的现实条件。如果说西方马克思主义从现实情况出发，没有套用苏联的模式，也意识到马克思无产阶级政党建设的关键在于无产阶级革命意识，所采取解决问题的办法是必须在意识领域发生革命，获取文化领导权，可以说，西方马克思主义的确是根据他们的现实情况做出的决定，那么西方马克思主义政党建设的问题出在哪里？同样也是从现实的具体情况出发的中国政党建设怎么就成功了？对早期西方马克思主义的探讨又怎么能够反观中国"三个代表"重要思想的意义与价值？

首先，对于无产阶级政党的建设来说，无产阶级政党的革命意识的确十分重要，但是无产阶级革命意识并不是仅仅通过文化方面就能够获得以及保持的。马克思和恩格斯在《德意志意识形态》中早就指出过，无产阶级革命意识需要在无产阶级革命运动中形成，因而问题的实质是非暴力革命中难以形成无产阶级革命意识，革命的环境是无产阶级革命意识形成的必要条件。更重要的是，马克思无产阶级革命主体的形成需要将自在的无产阶级提升为自为的无产阶级，而自为的无产阶级的形成又需要无产阶级革命意识，无产阶级革命意识又是在无产阶级革命运动中形成的，无产阶级革命运动的发起又需要无产阶级革命主体。从表面上来说这是一种"内循环"，如何打破这种"内循环"是问题的关键。西方马克思主义依靠文化意识形态无法打破这种"死循环"，能够打破这种"内循环"的方法只有一个，那就是进行"实践"，发动无产阶级革命运动。归根结底，决定问题的关键性因素是“实践”，而非“意识”。即使当时的西欧经济水平比落后的苏联和中国都高得多，但是根本的解决问题方法还是应该在资本主义物质生产的社会现实中寻求，不推翻资本主义私有制，不进行无产阶级革命运动，仅仅在意识形态领域和文化领域做文章，早期西方马克思主义的无产阶级革命注定成为乌托邦革命，早期西方马克思主义政党建设也注定成为一种乌托邦政党建设。

其次，早期西方马克思主义无产阶级政党建设与苏联政党建设的根本问题在于理论与实践相脱节。“理论与实践相统一”不仅是革命成功的关键，也是政党建设的关键。苏联之所以到后期的发展违背了先进生产力的发展要求、先进文化的前进方向、最广大人民的根本利益，原因在于苏联后期建设已经脱离了本国的实际，对马克思主义理论的理解又是教条主义和本本主义的，套用的教条主义的马克思主义理论与脱离国情难以为苏联谋求新的发展。斯大林提出“一国建成社会主义”，导致自斯大林起的多位苏联领导人都宣称自己执政期间已经建成了社会主义。“一国建成社会主义”虽然在初期对鼓舞人民的士气具有积极作用，但这并不是对列宁“一国或数国首先胜利”理论的继承发展。列宁“一国或数国首先胜利”理论是在他退居书斋仔细研究马克思和黑格尔的重要成果，这为革命寻找合适的时机提供了必要的理论依据。斯大林“一国建成社会主义”是对马克思共产主义过渡理论的套用，没有考虑到苏联落后的发展状况是难以实现“一国建成社会主义”的，因为它不但脱离了马克思主义理论，也脱离了苏联的社会现实，与“一国或数国首先胜利”理论是不能相提并论的。西方马克思主义选择的意识形态道路是迫于当时的国际形势，即资产阶级和无产阶级矛盾的缓和以及资产阶级文化意识的渗透侵蚀了无产阶级革命意识，但远离经济基础，仅仅关注文化和意识形态的上层建筑注定了它最终必定以悲剧告终。因此可以说，西方马克思主义的错误并不是对文化和意识形态上层建筑的关注，错误在于只关注文化和意识形态的上层建筑，转向哲学后的语言晦涩致使无产阶级难以理解，与群众脱节，从而导致马克思主义理论与群众实践关系破裂，而远离政治斗争的西方马克思主义也不具有国际性，难以形成真正的无产阶级。因此，无论是苏联政党建设还是西方马克思主义政党建设最终都没有充分践行“理论与实践相统一”的原则。

再次，从早期西方马克思主义政党建设和苏联政党建设中反观中国共产党建设，可以说中国共产党建设的制胜法宝就是正确理解并运用马克思“理论与实践相统一”的原则。以江泽民同志为核心的党的第三代领导集体提出“三个代表”重要思想，科学地回答了“建设什么样的党，怎样建设党”的根本性问题。“代表先进生产力的发展要求”，从经济方面提出一个政党的建设必须使党的路线、政策和方针与生产力的发展规律相符合，从而使政党做出的路线、方针和政策都有利于提高人民的经济生活水平，这确立了政党建设的经济基础；“代表先进文化的发展要求”，从政治文化方面提出一个政党建设必须使党的路线、方针和政策满足人民对政治文化的需求，这确立了政党建设的政治文化基础；“代表最广大人民的根本利益”，从群众基础方面提出一个政党的建设必须使党的路线、方针和政策以人民的根本利益为出发点和落脚点，发挥人民群众的积极性和创造性，这确立了政党建设的群众基础。通过鲜明的对比，我们可以发现忽视经济基础与人民群众基础，仅仅从政治文化领域来保持无产阶级的革命意识，必然会使政党建设变成一种乌托邦的设想。

总而言之，苏联政党建设和早期西方马克思主义政党建设的问题主要是违背了马克思主义“理论与实践相统一”的基本原则，进而违背了生产力的发展要求、违背了先进文化的前进方向、违背了最广大人民的根本利益，从而失去了政党建设的经济基础，失去了政党建设的精神支撑，失去了政党建设的人民力量。正是通过鲜明的对比，我们更加理解以江泽民同志为核心的党的第三代领导集体提出“三个代表”重要思想的伟大之处。

（二）“三个代表”重要思想与中国共产党政党建设

马克思主义是开放的体系，随着时代的变化而与时俱进，与不同国家的实际情况相结合而形成不同的马克思主义。中国共产党正是抓住马克思主义与时俱进的实践品格和开拓创新的时代精神，才能不断地推进马克思主义中国化。以江泽民同志为核心的第三代中央领导集体指出，“总结我们党七十多年的历史，可以得出一个重要的结论，这就是：我们党所以赢得人民的拥护，是因为我们党在革命、建设、改革的各个历史时期，总是代表着中国先进生产力的发展要求，代表着中国先进文化的前进方向，代表着中国最广大人民的根本利益，并通过制定正确的路线方针政策，为实现国家和人民的根本利益而不懈奋斗”①，从而在政党建设方面展现了中国人的卓越智慧。

第一，中国共产党要始终“代表先进生产力的发展要求”，揭示了共产党执政要以先进生产力为物质基础。解放生产力、发展生产力、实现生产力的先进性，从而实现社会主义的繁荣，是说服那些不信服社会主义或者对社会主义理想信念动摇的人的最好武器，是彰显社会主义制度优越性最有力的证明。从理论上来说，这是对马克思列宁主义、毛泽东思想和邓小平理论的继承与发展。在《神圣家族》中，马克思指出历史的真正发源地在于“物质生产”。在《德意志意识形态》中，马克思、恩格斯指出决定社会状况的是人们所达到的生产力总和，生产力和生产关系的变革推动着整个社会的变革。在列宁看来，“只有把社会关系归结于生产关系，把生产关系归结于生产力的水平，才能有可靠的根据把社会形态的发展看做自然历史过程”②。毛泽东认为中国共产党的政策要符合生产力发展，邓小平也强调生产力对于社会主义发展的重要意义：社会主义的“最根本任务”在于发展生产力。从实践层面来说，苏联政党违背生产力的发展要求而产生的严重后

① 江泽民：《论“三个代表”》，中央文献出版社2001年版，第2页。
② 《列宁选集》第1卷，人民出版社2012年版，第8—9页。

果给了我们深刻的警示，我们要不重蹈苏联政党的覆辙，就必须在马克思列宁主义、毛泽东思想、邓小平理论的基础上，推动生产力的发展。更重要的是，面对世界历史的发展，面对经济全球化，中国要想在历史的发展中不被落下，中国要想在全球化进程中保持优势地位，就必须大力发展生产力。这抓住了中国现阶段最现实的问题，揭示出生产力的先进性对执政党执政地位的重要意义。

第二，中国共产党要始终“代表先进文化的前进方向”，揭示出共产党执政要以先进文化为方向。“江泽民同志把始终代表中国先进文化的前进方向列为‘三个代表’之一，提升到党的性质、宗旨和任务的高度作为党的先进性的重要特征和标志，这在马克思主义党建发展史上是一次伟大的创新，它充分说明在新的历史时期加强文化建设的重要性。”①什么是“先进文化”？“先进文化”首先是要有先进的指导思想，即以马克思列宁主义、毛泽东思想、邓小平理论为指导。其次，“先进文化”是要有与时俱进的理论品格，“先进文化”不是对先前文化的生搬硬套，“先进文化”是紧跟时代潮流、解决时代问题的“先进文化”，是在既有文化的基础上，根据时代的发展进行创新和发展，不断创造与时俱进的“先进文化”。再次，“先进文化”不是对传统文化的一概排斥，不是对西方文化的全盘抵制，而是汲取一切有益文化来提升自己的文化，以“先进文化”武装政党。

“先进生产力”与“先进文化”是辩证统一的。如果说生产力是一个国家发展、一个政党建设的经济基础，是一种硬实力，那么文化是一个国家发展、政党建设的文化基础，是一种软实力，二者相互促进、相互发展。“先进生产力”的发展需要有“先进文化”做文化支撑，“先进文化”的进步又需要“先进生产力”做经济基础。经济上的贫困不是社会主义，文化上的衰落也不是社会主义。一个国家的综合实力不仅仅是经济实力，也包括文化实力，文化作为一种软实力越发成为综合国力提升的重要武器，因而

① 梅荣政：《论江泽民“三个代表”的内涵和实践》，《科学社会主义》2000年第5期。

在21世纪共产党必须推进物质文明建设与精神文明建设的统一。我们要弘扬中华优秀传统文化、吸收借鉴国外有益文化、抵制反动文化思潮侵袭，保证文化的先进性，保证21世纪马克思主义政党文化的先进性。

第三，中国共产党要始终“代表最广大人民的根本利益”，揭示出共产党以人民为中心的执政规律。“先进生产力”和“先进文化”之所以能够统一在一起，在于二者有一个重要的统一点——最广大人民的根本利益，因为发展“先进生产力”和“先进文化”的最终目的都是实现最广大人民的根本利益。马克思和恩格斯的群众史观之所以超越了之前的英雄史观，在于马克思和恩格斯洞察历史背后的真正力量是人民，历史背后的真正动力是人民的利益。无论是生产力的发展，还是思想文化的先进，都是希望能够给人民带来美好的生活。不以人民为中心、不关注群众的利益、不关心人民生活的政党，不会赢得人民的拥护和爱戴。“三个代表”和“两个先进”形成一个有机统一体，“其杰出贡献就在于，把工人阶级政党建设的三大基本要素有机地构成一个整体，三者之间辩证地连为一体，相互依存，不可分割”①，从而实现对共产党执政规律的新探索。

“三个代表”重要思想是中国共产党在中国特色社会主义实践探索中，对马克思主义与时俱进、开拓创新精神的继承与发展。首先，“三个代表”重要思想是对马克思主义生产力与生产关系的唯物史观理论的继承与发展。以江泽民同志为核心的党的第三代中央领导集体洞察马克思生产力的发展理论，看到生产力不发展，全部陈腐污浊的东西会在极端贫困下死灰复燃，生产力也必须扩大到普遍世界交往，才能保证一个国家的长治久安，一个政党的持久执政。《中共中央关于党的百年奋斗重大成就和历史经验的决议》高度赞扬以江泽民同志为主要代表的中国共产党人“开创全面改革开放新局面，推进党的建设新的伟大工程，成功把中国特色社会

① 戴舟：《论“三个代表”》，《求是》2000年第13期。

主义推向二十一世纪”[①]。其次，“三个代表”重要思想是对马克思社会存在与社会意识、物质生活和精神生活的辩证关系原理的应用与发展。21世纪，在经济发展突飞猛进的今天，人们的物质生活普遍得到了提高，但人们的精神生活还需要先进的文化理论来丰富和完善，这是对马克思主义社会存在与社会意识相统一、物质生活与精神生活相统一理论的实践运用。马克思说：“理论只要说服人，就能掌握群众；而理论只要彻底，就能说服人”[②]，因而要使共产党能够使人信服，我们需要以理论文化丰富和拓展人们的精神生活。最后，“三个代表”重要思想是对马克思群众史观的继承与发展。马克思以群众史观颠覆了以往的英雄史观，揭示出人类社会发展的真正动力是人民群众。正是因为推动历史进步的是人民群众，促进历史发展的是人民群众，掌握历史方向的是人民群众，“三个代表”重要思想提出“代表最广大人民的根本利益”丰富了马克思群众史观理论。

（三）“三个代表”重要思想为21世纪马克思主义政党建设提供的借鉴意义

随着改革开放步伐的日益加快，随着中国社会主义市场经济的日益发展，中国的社会发展以及中国人的生活方式发生了巨大变化。此时，我们需要加强政党建设，防止党员干部思想僵化、组织涣散、信念动摇以及作风腐败等现象。在经济繁荣、社会和谐、民族发展背后的重大问题是党的建设问题。在中国共产党新老交替的关键时刻，一大批年轻党员即将接任各级领导职位，如何全面提升中国共产党干部队伍的素质，如何培养和建设一支品行优良、作风清廉、敬业爱岗的高素质干部队伍，是中国当下亟须面对和解决的棘手问题，也是发展21世纪马克思主义必须解决的关键问题。如何进行中国共产党的政党建设，从而保证建设一支更优良的党员队伍，保

① 《中共中央关于党的百年奋斗重大成就和历史经验的决议》，人民出版社2021年版，第16页。

② 《马克思恩格斯选集》第1卷，人民出版社2012年版，第9—10页。

证中国共产党能够做出更正确的决定，保证中国共产党能够带领中国人民建设更美好的生活，保证中国能够在国际竞争中始终立于不败之地？对此，我们必须回到“三个代表”重要思想，揭示“三个代表”重要思想的新时代意义。

第一，“三个代表”重要思想深化了21世纪马克思主义政党建设的使命。在社会主义革命和建设时期，中国共产党的任务是以无产阶级利益为基础、通过阶级斗争来推翻“三座大山”以赢得民族独立和人民解放；而在社会主义建设时期，中国面临的主要矛盾已经不再是阶级对立和阶级斗争的问题，其任务是以最广大人民的根本利益为基础、通过社会合作来进行社会主义现代化建设。因而在社会主义现代化建设的关键时期，中国共产党肩负着带领全国人民进行现代化建设的重要使命，我们党必须实现“对党员的要求应从推翻旧制度的革命者转换为先进社会生产力和先进文化的体现者”①。中国特色社会主义新时代，中国共产党肩负着带领中国人民实现中华民族伟大复兴中国梦的重大使命，肩负着团结各国进行人类命运共同体建构的重大使命，需要进一步深化对自身的认识。而作为“立党之本、执政之基、力量之源”的“三个代表”重要思想，为在不断变化的历史背景和世界环境中推进21世纪马克思主义政党建设提供理论指导。

第二，“三个代表”重要思想为21世纪马克思主义政党的民主政治建设提供新的坐标。21世纪，如何建设一支能够代表最广大人民根本利益的马克思主义政党，是新世纪中国共产党进行政党建设亟须解决的问题。如何才能“代表最广大人民的根本利益”？答：加强21世纪中国共产党民主政治建设。习近平新时代中国特色社会主义思想在过去关于协商民主的理论与实践探索中，确立了协商民主的地位、原则、基本内容、建构体系、重要作用，推进协商民主广泛多层制度化发展，指出：“社会主义协商民主，是中

① 胡伟：《“三个代表”：党的建设面向新世纪的坐标》，《探索与争鸣》2000年第10期。

国社会主义民主政治的特有形式和独特优势”[①]，“全心全意为人民服务，始终代表最广大人民根本利益，是我们能够实行和发展协商民主的重要前提和基础”[②]。由此可见，中国共产党之所以能够带领中国人民进行社会主义革命和建设，除了有正确的指导思想和指导方针，还有一个重要的原因在于中国共产党以人民性为基础进行民主政治建设。

第三，“三个代表”重要思想是对共产党执政规律的新探索。21世纪，面对国内外经济、政治、文化、社会等形势的变化，如何继承党的优良传统、如何发挥党的优良作风、如何保证党的先进性，是新世纪马克思主义政党建设的重大问题。“三个代表”重要思想中，最重要、最关键和最鲜明的字眼是“代表”和“先进性”，正是这三个“代表”和两个“先进”为21世纪中国共产党执政规律的新探索奠定了基础。首先，习近平新时代中国特色社会主义思想通过提高经济开放水平、加快从要素驱动和投资规模驱动发展为主向以创新驱动发展为主的转变、积极推动能源生产和消费革命、深入认识经济发展新常态、推进供给侧结构性改革等经济措施，代表着21世纪最先进生产力的发展要求。其次，习近平新时代中国特色社会主义思想既坚持吸收借鉴国外有益文化成果，建构“面向世界”的文化，又提出创造性转化和创新性发展中华优秀传统文化，“加强对中华优秀传统文化的挖掘和阐发，使中华民族最基本的文化基因与当代文化相适应、与现代社会相协调，把跨越时空、超越国界、富有永恒魅力、具有当代价值的文化精神弘扬起来”[③]，“努力实现传统文化的创造性转化、创新性发展”[④]，建构“立足民族”的文化，始终“代表中国最先进文化的发展要求”。再次，习近平新时代中国特色社会主义思想“坚持人民主体地位，顺应人民群众对美好生活的向往，不断实现好、维护好、发展好最广大人民根本利益，做到发

① 《习近平谈治国理政》第2卷，外文出版社2017年版，第291页。
② 《习近平谈治国理政》第2卷，外文出版社2017年版，第295页。
③ 《习近平谈治国理政》第2卷，外文出版社2017年版，第340页。
④ 《习近平谈治国理政》第2卷，外文出版社2017年版，第313页。

展为了人民、发展依靠人民、发展成果由人民共享”[①]，把“以人民为中心”与“坚持发展”紧密结合，一切发展要以人民的利益为中心，始终“代表人民最广大的根本利益”。由此可见，“先进的生产力”“先进的文化”与“最广大人民的根本利益”始终是中国共产党政党建设的标准和尺度，是党一切政策、方针、路线的出发点和落脚点。

三、科学发展观创造21世纪马克思主义科学发展的历史前提

“党的十六大以后，以胡锦涛同志为主要代表的中国共产党人，团结带领全党全国各族人民，在全面建设小康社会进程中推进实践创新、理论创新、制度创新，深刻认识和回答了新形势下实现什么样的发展、怎样发展等重大问题，形成了科学发展观”[②]。“科学发展观是中国共产党在中国特色社会主义发展进程中，为人类认识未来和发展开辟的一个新的视角”[③]，“以人为本”开启了与传统民本思想、西方人本主义思想不同的全新视角，“全面协调可持续”的基本要求与“统筹兼顾”的根本方法开启了不同于西方资本主义和传统社会主义的新发展观，为中国特色社会主义发展、人类发展以及21世纪马克思主义发展提供借鉴。

（一）“以人为本”是对“以民为本”“人本主义”发展观的超越

“民本思想”是中国古代发展观的核心，虽然在不同的历史时期“民”的含义都有所不同，但就“民”的本质含义来说，“民”总是相对于“君”和“官”等统治者的被统治者，“民”并不被看作目的，而只被看作手段，因而它都是统治阶级为了安抚被统治阶级的手段和策略。与中国古代的“民本

① 《习近平谈治国理政》第2卷，外文出版社2017年版，第214页。

② 《中共中央关于党的百年奋斗重大成就和历史经验的决议》，人民出版社2021年版，第16页。

③ 张雷声：《科学发展观与中国特色社会主义的发展》，《思想理论教育导刊》2004年第2期。

思想”不同，西方发展观的核心是“人本主义”。“人本主义”是对“人”的强调，主张“以人为中心”。但一方面，“人本主义”对“人”的强调以及“以人为中心”的“人”是“抽象”的；另一方面，“人本主义”对人的强调是对“个人”的强调，把个人意志看作超越一切客观事实和理性之外的存在。

“以人为本”与“民本思想”和“人本主义”不同，一方面“以人为本”不是统治阶级用来统治被统治阶级的政策，另一方面也不是把人作为宇宙中心的理论。“以人为本”的科学发展观并不是对传统“民本思想”和西方“人本主义”的复归，而是对以“现实的人”为基础、以“人的自由而全面的发展”为旨趣的马克思人学思想的继承和发展。首先，“以人为本”中的“人”不是中国古代被统治的“民”，也不是西方现代抽象的“人”，而是对马克思“现实的、具体的人”的继承。马克思用“实践观点”实现了黑格尔没有实现的中介化道路，真正地实现了主体和客体的统一。而马克思所谓的“现实的个人”，不是黑格尔的“绝对观念”，也不是青年黑格尔派的“自我意识”，更不是费尔巴哈的无主动性的“感性直观”的人，“而是现实中的个人”[①]，是“有血有肉的人”。换言之，这样的人不是“物化的人”，不是“神化的人”，也不是自然的“感性直观的人”，而是“现实的、具体的个人”。因此我们可以说，马克思的“现实的人”一方面通过实践活动真正地体现了人的“主体性”，另一方面又避免了在强调人的“主体性”时陷入“人类中心主义”的泥淖之中。因而，科学发展观坚持的“以人为本”，是以马克思的“现实的人”为本，是以“现实的生活中的人民”为本。

其次，“以人为本”的价值旨趣不是“统治者对被统治者的统治”，不是“抽象的人对抽象的人主体地位的高扬”，而是对“每个人的自由而全面发展”价值旨趣的继承。在马克思看来，个体本身的力量确证了社会的发展，“人类社会的发展史归根结底是个体发展史，是个性不断发展的历史，人类社会发展的最终归宿归根结底是实现每个人的‘自由个性’，理想的人类

① 《马克思恩格斯选集》第1卷，人民出版社2012年版，第151页。

社会归根结底是‘有个性的个人’组成的‘自由人联合体’”[①]。“自由”是人摆脱“奴隶制”限制的状态，也就是说是“出自人的自愿”，只要不是“出自人的自愿”，人就并非真正的自由。“全面”并非“全能”，也就是说马克思并非希望未来社会能够培养出全能的人，而旨在表明人的发展是“全面”的，正如马克思在《德意志意识形态》中指出的：“任何人都没有特殊的活动范围，而是都可以在任何部门内发展，社会调节着整个生产，因而使我有可能随自己的兴趣今天干这事，明天干那事，上午打猎，下午捕鱼，傍晚从事畜牧，晚饭后从事批判，这样就不会使我老是一个猎人、渔夫、牧人或批判者”[②]。因而这种“全面”说的是人可以不仅仅是一个猎人、渔夫、牧人或批判者，人可以既是猎人，又是渔夫、牧人或批判者。比起实现“每个人自由而全面的发展”的结果，马克思更重视实现“每个人自由而全面发展”的条件，这个条件就是人与自然、人与人以及人与自身的和谐统一。而真的有一天人类可以实现自由而全面的发展的时候，谁又可以成为最终实现自由而全面发展的人？“是那些富商巨贾，还是名流政客，抑或是权贵精英？”其实马克思人类解放思想最闪耀人性光辉的三个字在于“每个人”，“每个人”告诉我们：人对自由和发展的追求是人类社会发展不再受到财富多少的左右，也不再受到地位高低的支配，而是公平、平等地洒向每一个人，这充分体现了马克思对人类社会自由、平等、公平的渴望。“以人为本”就是为实现人与自然、人与人以及人与自身和谐统一创立的科学发展观，是为实现“每一个人的自由而全面发展”而创立的科学发展观。

“以人为本”的科学发展不仅是对马克思人学思想的继承，更是马克思人学思想在当代中国语境的现实展开。“以人为本”的内涵有两个维度，它既包含“人是什么”的本体论维度，又包含“如何对待人”的价值论维度，因而“以人为本”的科学发展观是本体论与价值论的统一。

---

① 陈曙光：《论“每个人自由全面发展”》，《北京大学学报（哲学社会科学版）》2019年第2期。

② 《马克思恩格斯选集》第1卷，人民出版社2012年版，第165页。

第一，“人是什么”的本体论维度。“以人为本”的“人”不是“个别人”，不是“少数人”，也不是“所有人”，而是“最广大人民”，因而“以人为本”代表的不是“个别人的利益”，不是“少数人的利益”，也不是“所有人的利益”，而是“最广大人民的根本利益”。透过马克思对人类历史发展三大形态的论述，我们可以看到人类社会经历“人的依赖性”阶段、“以物的依赖性为基础的人的独立性”阶段、“人的自由个性”阶段，从本体论维度可以将人的发展阶段归为“‘群体本位’、‘个体本位’和‘类本位’”[①]，而“类本位”是对“群体本位”和“个体本位”的扬弃，人是群体存在物、个体存在物和类存在物的统一。因而，“‘以人为本’必须体现‘类’的向度，但要防止无视其他物类的人类中心主义，‘以人为本’必须体现‘群体’向度，但要防止用集体压制个人的集体专制主义，‘以人为本’必须体现个体向度，但要防止个人至上的极端个人主义”[②]。

第二，“如何对待人”的价值论维度。“如何对待人”是对“人是什么”本体论的价值论缘起，而“以人为本”对“如何对待人”给出了科学的回答，是马克思“人的根本就是人本身”[③]在当代中国语境的现实实践。马克思意在表明人之所以为人不需要外物来证明，人之为人的根本在于人自身，因而“以人为本”正是马克思思想的当代表述，是对“如何待人”的科学解答。

（二）超越西方资本主义异化发展观和传统社会主义发展观的新发展观

以“以人为本”为核心、以“全面、协调、可持续”为基本要求、以“统筹兼顾”为根本方法的科学发展观，超越了造成“非物”“非人”和“非已”全面异化的西方资本主义异化发展观，也超越了“有增长无发展”的传统社会主义发展观，是21世纪的科学发展观。

---

① 参见高清海：《高清海哲学文存·续编》卷2，黑龙江教育出版社2004年版，第10页。

② 陈曙光：《以人为本“元论”》，武汉大学博士论文，2010年，第I页。

③ 《马克思恩格斯选集》第1卷，人民出版社2012年版，第10页。

西方资本主义的发展观是以占有和扩张的资本逻辑为主线、以"物"为尺度的异化发展观。西方资本主义发展道路使人与自然、人与人以及人与自身陷入全面异化的状态，从而造成"非物""非人"和"非己"的现象。第一，西方资本主义的异化发展观使"物"成为"非物"。马克思指出资本主义社会中人与人的社会关系被物与物的虚幻形式呈现出来，因此商品具有了一种神秘的属性，从而产生了商品拜物教。而这种商品拜物教又衍生出货币拜物教，本来是为了支付方便而产生的"一般等价物"，却被赋予了万能的神的性质，"对于这一时代说来，货币是一切权力的权力"①，这样就使本应成为"一般等价物"的商品变成了"非物"的"神"。而一旦货币转化成资本，资本内在自我增值的欲望就被赋予了"资本万能"的神秘性，从而衍生出资本拜物教，使本应是"物"的资本变成人与人之间的一种"关系"。由此可见，西方资本主义异化发展观使本应成为自己对象化力量的"物"，反而成了自己对象化的异己力量的"非物"。

第二，西方资本主义的异化发展道路使"人"成为"非人"。人是一种类存在物，人与动物的不同在于人的类本性使人具有双重尺度，人可以按照任何一个物种的尺度和人内在固有的尺度进行生产从而改造自然。"任何一个物种的尺度"赋予人"合规律性"，"人的内在的固有的尺度"赋予人"合目的性"，人正是在这种"合规律性"和"合目的性"的统一中"按照美的规律"来塑造自然，也塑造自己。但是透过西方资本主义发展道路，我们可以看到异化劳动使人的"内在固有的尺度"不能支配"任何一个物种的尺度"，反而被"资本"这个物所奴役，从而使人只从资本的尺度来规定自己或他人，衡量人类的标准不是人自身，而是资本。由此可见，西方资本主义异化发展观使本应在自己对象化力量中日益强大的"人"，反而在自己对象化的异己力量的强大中变得日益"非人"。

第三，西方资本主义的异化发展道路使"己"成为"非己"。在马克思

① 马克思：《资本论》第1卷，人民出版社2004年版，第825页。

看来，自由的有意识的活动是使人成为“类存在物”，人正是在这种自由的有意识的活动中使“自己”真正地成为“自己”。但在资本主义的异化中，人为了使自己生存下去而不得不颠倒了“目的”和“手段”，从而将满足自己的肉体生存视为目的，将自己的类生活视为实现自己肉体生存的手段，“由此，人的类本质作为手段而变成异己的本质，这种异己的本质限制了人肉体和精神的发展，限制了人生产自然的方式，从而反过来限制了人自身”①，人逐渐失去自己的精神家园，失去自己安身立命的精神支撑。由此可见，西方资本主义异化发展观使本应成为在自己对象化力量中日益满足需求提升的“己”，反而在自己对象化的异己力量的强大中变得日益“非己”，异化使“己”变成“非己”。由此可见，西方资本主义发展观并不是与人类发展相契合的发展观。

第二次世界大战之后，一批社会主义国家崛起，为破解如何发展以及如何克服西方资本主义异化发展观而形成传统社会主义发展观，提供了可能。从社会主义国家的现实处境来说，一是与马克思预想社会主义率先在资本主义发达国家实现不同，现实的社会主义在东方落后的发展中国家率先实现，为此，发展中国家亟须加快追赶资本主义的步伐，突破经济发展的壁垒；二是从资本主义到共产主义的过程中有一个过渡阶段，这个过渡阶段有多长，如何在这个过渡阶段实现社会发展，马克思主义没有给我们现成的指导理论，也没有现成的可以借鉴的发展模式。正是在这样的情况下，一种追求经济快速发展、赶超资本主义的传统社会主义发展观形成。

这种社会主义传统发展观在初期为实现社会主义国家的经济发展起到了一定的推动作用，但在社会日益发展中它的弊端也越发暴露出来。第一，传统社会主义发展观教条主义地理解社会主义和资本主义的关系，抽象地理解社会主义与资本主义的对立，不能正确发挥市场经济的自主性。

① 曹琳琳、王露璐：《成己、成物与成人：人的异化及其类本质的复归——重读马克思〈1844年经济学哲学手稿〉》，《马克思主义与现实》2015年第3期。

第二，传统社会主义发展观在追求经济增长的过程中放慢了精神文化建设的步伐，精神文化建设发展赶不上经济发展的速度，从而造成经济基础与上层建筑的不适应，造成社会发展的不平衡。第三，传统社会主义发展观将发展中心放在城市，造成城乡之间、地区之间、部门之间发展的不协调。第四，传统社会主义发展观是一种粗放式的发展观。传统社会主义发展观亟须解决如何追赶资本主义的问题，只注重增长而忽视长远发展，从而导致自然资源既不能实现共产主义社会人与自然的和谐，也不能像资本主义那样成为资本增值的核算成本，从而带来资源的浪费和生态环境的破坏，造成发展的不可持续。正是因为传统社会主义发展观的这些弊病，传统社会主义发展观难以成为克服西方资本主义发展观“非物”“非人”和“非己”的科学发展观。随着市场经济的发展，以及随着传统社会主义发展观和西方资本主义发展观抗衡，西方资本主义发展观和传统社会主义发展观都被异化思想侵蚀，都面临社会发展的“不全面性”“不协调性”以及“不可持续性”。

中国在社会转型过程中面临着比西方发达国家和传统社会主义国家更加复杂的局面。西方资本主义国家和传统社会主义国家的问题在中国同时空出现，中国既需要面对如何超越西方资本主义发展观的问题，也需要面对如何超越传统社会主义发展观的问题，以及如何能够在借鉴和扬弃西方资本主义发展观、传统社会主义发展观的过程中开创具有中国特色的科学发展观。在对西方资本主义发展观和传统社会主义发展观借鉴、融合和扬弃的基础上，科学发展观应运而生，实现了对西方资本主义发展观和传统社会主义发展观中“异化”“不全面”“不协调”“不可持续”的克服与超越。“它是对资本主义单纯由市场推动的发展和传统社会主义单纯由权力驱动的发展的双重扬弃，是由国家权力和资本市场双轮驱动而又双向制约的发展模式。”①

① 陈学明、罗骞：《科学发展观与人类存在方式的改变》，《中国社会科学》2008年第5期。

首先，“以人为本”的科学发展观克服西方资本主义发展观和传统社会主义发展观中“以物为本”的社会现象。西方资本主义发展观之所以带来社会的全面异化，使“物”“非物”、使“人”“非人”、使“己”“非己”，是因为西方资本主义社会发展观的核心是“以物为本”。通过上文的论述，我们可以看出西方人本主义不能克服“以物为本”的发展倾向，“对于当代资本主义来说，最大的危机在于偏离了资本主义发展的轨道，陷入了资本增殖的幻象，从而堕入了欲望的深渊”①。传统社会主义在发展过程中，为了追赶资本主义，摆脱贫穷落后的状态，将社会发展的重心放在经济上，在带来一定经济发展效益的同时，也使人们崇尚物质利益的追求，更有甚者将此视为追赶发达资本主义国家难以跨越的“卡夫丁峡谷”，将此视为与资本主义社会并肩的标志。党的十七大报告指出：“必须坚持以人为本。全心全意为人民服务是党的根本宗旨，党的一切奋斗和工作都是为了造福人民。要始终把实现好、维护好、发展好最广大人民的根本利益作为党和国家一切工作的出发点和落脚点，尊重人民主体地位，发挥人民首创精神，保障人民各项权益，走共同富裕道路，促进人的全面发展，做到发展为了人民、发展依靠人民、发展成果由人民共享。”②从中可以看到，与西方人本主义以自由、平等抽象权利掩盖人们实际生活中的异化现象不同，与传统社会主义发展观重物质轻人文不同，“以人为本”的科学发展观突破了抽象人本主义和重物轻人的现象，强调人主体地位的同时发挥人的首创精神，也保障人民的社会权益。更重要的是，科学发展观并非不重视发展，科学发展观以发展为第一要务，但“发展是第一要务”要以“以人为本”为核心，“以人为本”是“发展是第一要务”的前提，必须将“以人为本”与“发展是第一要务”结合起来，才能明晰科学发展观是在重视人的基础上实现人的发展。

① 王庆丰：《资本论的再现》，中央编译出版社2016年版，第130页。

② 胡锦涛：《高举中国特色社会主义伟大旗帜 为夺取全面建设小康社会新胜利而奋斗——在中国共产党第十七次全国代表大会上的报告》，人民出版社2007年版，第15页。

其次，科学发展观以“全面、协调、可持续”为基本要求、以“统筹兼顾”为根本方法，实现对西方资本主义发展观和传统社会主义发展观的片面性、不协调性和不可持续性的超越。第一，科学发展观坚持发展的“全面性”。与西方资本主义发展观和传统社会主义发展观偏重经济不同，科学发展强调发展的“全面性”，在人们经济生活提高的同时也注重人们政治生活、文化生活、社会生活等各方面的需求，把科学发展落实到人们现实生活的各个方面，全面地改变人们的生活方式。第二，科学发展观坚持发展的“协调性”，协调不同部门、不同地区、不同领域、不同阶段和不同环境之间的发展，协调发展规模、发展程度、发展速度和发展效益之间的发展情况，从而保证社会发展的良性运作，使各个方面相互促进和共同发展。第三，科学发展观坚持发展的“可持续性”。西方资本主义发展观和传统社会主义发展观都造成了人与自然之间的紧张，科学发展观力图克服人与自然的紧张关系，尊重自然、发展自然、保护自然，使资源可以持续利用，使人们可以在良性、可持续的生态环境中生产生活，从而保证人类社会发展的可持续。第四，科学发展观坚持“统筹兼顾”的根本方法。“统筹兼顾”是以马克思主义关于发展的世界观和方法论为指导并将其运用到社会发展的科学方法。“统筹”是根据功能和特点统筹安排好不可分割的有机体系以及整体的各个部分，“兼顾”是在科学发展观“全面性”的基础上，使各个部分都能“各得其所”和“各安其职”，从而实现城乡之间、区域之间、国内外间、当前与长远之间、个人与集体之间、局部和全局之间、人与自然之间、人与人之间、人与自身之间的统筹发展。“全面”“协调”和“可持续”是相互联系、不可或缺的统一体，“全面性”必然要求“协调性”和“可持续性”来支撑，而“协调性”也需要“全面性”和“可持续性”来调节，“可持续性”是“全面性”和“协调性”能够展开的重要保证，“统筹兼顾”则是将“全面”“协调”“可持续”统一起来的科学方法。

由此可见，以“以人为本”为核心、以“全面、协调、可持续”为基本要求、以“统筹兼顾”为根本方法的科学发展观是马克思主义的科学发展观，在借鉴、批判和扬弃西方资本主义发展观和传统社会主义发展观的过程中实现了超越，是以胡锦涛同志为总书记的党中央为中国特色社会主义发展提供的科学发展观，是中国为世界和谐发展提供的中国智慧，是对中国特色社会主义如何发展、人类如何发展的双重解答。

（三）21世纪马克思主义发展观与科学发展观一脉相连

21世纪的今天，“历史”越来越成为“世界历史”，全球化使每一个国家都自觉不自觉地加入世界历史的发展进程之中，因而有人说：科学发展观过时了，科学发展观不适用了。新时代中国特色社会主义提出“以人民为中心的发展思想”和构建人类命运共同体，证明了科学发展观的科学性和合理性，彰显了21世纪马克思主义发展观与科学发展观一脉相连，又与时俱进。

第一，习近平新时代中国特色社会主义思想将“以人民为中心”与“发展”理念相结合，在新时代推进了“以人文本”的科学发展观。习近平总书记将“创新”“协调”“绿色”“开放”“共享”的新发展理念融入“坚持人民主体地位”，形成了“以人民为中心的发展思想”。不言而喻，“以人民为中心的发展思想”的内涵是“坚持人民主体的地位”与“坚持发展理念”相结合，在坚持人民主体地位的基础上主张依靠人民群众共同发展中国特色社会主义，与人民群众共创中国特色社会主义发展成果；在共创中国特色社会主义发展成果的基础上主张为人民谋幸福、谋发展，与人民群众共享中国特色社会主义发展成果；在共享中国特色社会主义发展成果的基础上主张尊重和关心人民群众，与人民群众共同参与国家事务和社会事务的治理。“以人民为中心的发展思想”的主线是为人民谋复兴、谋幸福、谋发展。“共创”“共享”和“共治”是“以人民为核心”的三条路径：“共创”是“以人民为中心的发展思想”的前提，体现了依靠人民的力量才能创造更多的财富；“共享”是“以人民为中心的发展思想”的核心，如果说“共创”是如何把蛋糕做好，为实现民族复兴奠定坚实的物质基础，那“共享”就是如何把蛋糕分好，为民族复兴大业的实现提供了强大的群众基础；“共治”是“以人民为中心的发展思想”的特色，发展协商民主、健全民主制度、丰富民主形式，法德并治与协商共治为新时代人民当家作主提供政治保障。①由此可见，“以人民为中心的发展思想”是立足科学发展观“以人为本”基础上，将“人”与“发展”相连的新时代发展观。

第二，习近平新时代中国特色社会主义思想将“全面、协调、可持续的发展”进一步推进到人与自然、人与人、人与自身的和谐统一，提出构建人类命运共同体。第一，人与自然和谐统一的命运共同体。习近平总书记指出：“人类发展活动必须尊重自然、顺应自然、保护自然”②。因而我们必须团结、利用一切可以团结、利用的力量，这种力量不仅是人的力量，也包括自然的力量。人类命运共同体不仅仅是人的命运共同体，人类社会不是与自然无关的独立社会，人类命运共同体的建构也不是脱离自然的人的命运共同体，必然是包括人与自然和谐统一的命运共同体。第二，人与人和谐统一的共同体。人类社会最终是要走向马克思“人的自由个性”的真正共同体阶段，我们现在还不具备迈向人类社会第三大形态的条件，但是今天人与人之间越发形成一个命运共同体，今天“人类命运共同体”的建构是通向马克思“人的自由个性”第三大形态的中介环节，因而人与人之间只能且必须通过构建人类命运共同体来应对全球化的挑战。第三，人与自身和谐统一的共同体。面对全球问题，我们每一个人都不能置身事外，我们每一个人都要实现“自我”与“他我”的统一、“小我”与“大我”的统一，建立人与自身的命运共同体，才能将“自我”融入“他我”之

① 参见朱雪微：《习近平“以人民为中心”的发展思想对马克思人学思想的创新与发展》，《理论视野》2019年第3期。

② 《习近平谈治国理政》第2卷，外文出版社2017年版，第394页。

中，将“小我”融入“大我”之中，进而实现人与自身的和谐统一。这种共同体不是人与自然、人与人、人与自身三个相互独立的共同体，而是以人类命运为纽带的人类命运共同体，因而人与自然和谐统一的共同体、人与人和谐统一的共同体和人与自身和谐统一的共同体是人类命运共同体的内在组成部分。

综上所述，只要发展问题依然是人类的时代问题，无论21世纪社会现状发生什么样新的变化，“如何发展、怎样发展”都是人类不得不面对的重要课题，人类文明新形态建设的主题依然是如何对待资本主义、如何克服资本主义造成的异化、如何正确认识资本主义的发展和社会主义的发展之间的关系问题、如何发挥人的主观能动性改造人的生活方式，因而科学发展观依然适用，科学发展观依然会使21世纪马克思主义熠熠生辉。

四、习近平新时代中国特色社会主义思想开辟21世纪马克思主义的新境界

习近平总书记在“坚持和发展什么样的中国特色社会主义，如何坚持和发展中国特色社会主义”的实践探索中，继承并发展了马克思列宁主义、毛泽东思想、邓小平理论、“三个代表”重要思想、科学发展观，开创了新时代中国特色社会主义发展新局面，形成了习近平新时代中国特色社会主义思想的伟大成果。“习近平新时代中国特色社会主义思想是当代中国马克思主义、二十一世纪马克思主义，是中华文化和中国精神的时代精华，实现了马克思主义中国化新的飞跃。”[①]这一理论成果丰富和发展了马克思主义哲学、政治经济学和科学社会主义理论，开辟了21世纪马克思主义的新境界。

① 《中共中央关于党的百年奋斗重大成就和历史经验的决议》，人民出版社2021年版，第26页。

（一）习近平新时代中国特色社会主义思想开辟马克思主义哲学新境界

马克思睿智地洞察到“我们的时代”是“历史向世界历史的转变”的时代。19世纪中叶，马克思、恩格斯在其合著的《德意志意识形态》中极富洞察力地提出，“我们的时代”的根本特征和基本标志，是“历史向世界历史的转变”。这深刻地表现在，“单个人随着自己的活动扩大为世界历史性的活动”[①]，“每一个单个人的解放的程度是与历史完全转变为世界历史的程度一致的”[②]。习近平总书记立足中国的社会现实，从马克思的“我们的时代”具体到我们中国的时代，提出中国特色社会主义进入“新时代”。习近平总书记指出：“我们必须认识到，这个新时代是中国特色社会主义新时代，而不是别的什么新时代。”[③]对于中国特色社会主义进入“新时代”，习近平总书记从三个“意味着”勾勒了中国特色社会主义进入“新时代”的历史图景：中国特色社会主义进入新时代，意味着近代以来久经磨难的中华民族迎来了从站起来、富起来到强起来的伟大飞跃，迎来了实现中华民族伟大复兴的光明前景；意味着科学社会主义在21世纪的中国焕发出强大生机活力，在世界上高高举起了中国特色社会主义伟大旗帜；意味着中国特色社会主义道路、理论、制度、文化不断发展，拓展了发展中国家走向现代化的途径，给世界上那些既希望加快发展又希望保持自身独立性的国家和民族提供了全新选择，为解决人类问题贡献了中国智慧和中国方案。[④]第一个“意味着”讲述了从中国从站起来到富起来再到强起来的历史性飞跃，第二个“意味着”表明了中国从为中国特色社会主义做“理论辩护”到做“理

① 《马克思恩格斯选集》第1卷，人民出版社2012年版，第169页。

② 《马克思恩格斯选集》第1卷，人民出版社2012年版，第169页。

③ 《习近平在学习贯彻党的十九大精神研讨班开班式上发表重要讲话强调：以时不我待只争朝夕的精神投入工作 开创新时代中国特色社会主义事业新局面》，《人民日报》2018年1月6日。

④ 《中共中央关于党的百年奋斗重大成就和历史经验的决议》，人民出版社2021年版，第64页。

论阐释”再到“理论引领”，第三个“意味着”揭示了中国从“未现代化”到逐步走向“现代化”再到帮助世界发展中国家“拓展现代化”，证明了中国的时代进步对世界的时代发展起到的重大作用。习近平总书记指出，新时代的中国，要在马克思主义哲学方面有所建树。

习近平新时代中国特色社会主义思想继承了马克思主义唯物辩证法思想，提出“我们要学会运用辩证法，善于‘弹钢琴’，处理好局部和全局、当前和长远、重点和非重点的关系，在权衡利弊中趋利避害、作出最为有利的战略抉择”[①]，以“辩证思维”“战略思维”“历史思维”“创新思维”和“底线思维”的新术语拓展了马克思主义唯物辩证法思想，对马克思主义辩证法做出了术语改变。新时代，改革开放再出发的时候比改革开放之初要更加艰难，我们进入了攻坚的时期。在这样新的现实情况下，习近平总书记指出“改革没有完成时”，新时代改革开放坚持“辩证思维”，既要“摸着石头过河”，在改革开放的社会实践中摸索规律，又要“加强顶层设计”，促进局部的阶段性改革开放。坚持“战略思维”，提高战略定力，统筹好国内国际两个大局，对内改革对外开放，既实现自身的发展，也促进世界的和平。坚持“历史思维”，在重视历史、研究历史、借鉴历史中反思历史、把握历史、运用历史，从而实现历史、现实与未来的互通互鉴；坚持“创新思维”，打破循规蹈矩的旧思维和因循守旧的旧观念，树立创新之思，在创新之思中进行创新之行，提高自主创新能力，走独立自主的创新之路；坚持“底线思维”，在加快实施自由贸易战略中，注意评估风险，筑牢安全网；在维护国家安全中，以全球思维统筹全局，握紧维护国家安全的战略主动权；在人民军队的建设中，使战士全身心聚焦于战斗，建设在人民和党需要时拉得出、上得去、打得赢的军队。

在科学的唯物史观方法论的基础上，马克思将唯心主义“物质”和“意识”关系颠倒过来，别具洞察力地以“群众史观”打破了“英雄史观”。新

① 《习近平谈治国理政》第2卷，外文出版社2017年版，第206页。

时代，习近平总书记在对马克思“群众史观”、毛泽东“群众路线”、邓小平“群众是我们力量的源泉”、江泽民“必须不断提高人民生活水平”、胡锦涛“以人为本”思想的继承，是在吸收马克思“人的自由而全面的发展”、毛泽东“社会主义经济法则是发展生产”、邓小平“发展就是硬道理”、江泽民“发展是党执政兴国的第一要务”、胡锦涛“发展仍是解决我国所有问题的关键”思想的基础上对群众史观进行丰富与完善，提出以人民为中心的发展思想，从而将“以人民为中心”作为“发展”的前提，将“发展”作为“以人民为中心”的目标，明确了“发展为了谁、发展依靠谁、发展成果由谁共享”，在既有理论的基础上增添了新的内涵与意义。

同样是人民的问题，过去的对象是以“人民为中心”的问题，是“发展”的问题，而随着时代的发展，今天的问题已经不单单是“以人民为中心”的问题，也不仅仅是“发展”的问题，新时代中国特色社会主义的研究对象是“以人民为中心的发展”问题。这并不是两个名词的简单相加，而是产生了一个新的概念和新的术语；这不仅使研究对象发生了新的变化，更代表了与新的对象相关联的新的话语体系和理论体系的建构。因此可以说，习近平总书记在既有理论的基础上，赋予其新的概念形态和新的理论内涵，提出以人民为中心的发展思想，在新时代丰富了马克思主义群众史观的理论内涵。习近平总书记深刻揭示了新时代中国特色社会主义“要坚持人民主体地位，顺应人民群众对美好生活的向往，不断实现好、维护好、发展好最广大人民根本利益，做到发展为了人民、发展依靠人民、发展成果由人民共享”①，新时代中国特色社会主义把“以人民为中心”与“坚持发展”紧密结合起来。由此可见，从外在形式来说，以人民为中心的发展思想的提出，使新时代的发展问题更加明确和直观；从内在原理来说，一切理论的展开都要以“以人民为中心的发展思想”为逻辑核心；从现实实践来说，新时代一切社会主义的建设工作都要围绕“以人民为中心的发展思想”加以展开。

---

① 《习近平谈治国理政》第2卷，外文出版社2017年版，第214页。

更重要的是，“十个明确”“十四个坚持”“十三个方面成就”蕴含着丰富的哲学思想，体现了习近平新时代中国特色社会主义思想对马克思主义世界观和方法论的掌握与运用，凸显了习近平新时代中国特色社会主义思想对当代世界的发展与当代人的生存状态做出的深刻反思，为我们进一步摆脱陈腐思想、变革思想观念、推动思想解放奠定基础，彰显和焕发马克思主义哲学的思想魅力。

（二）习近平新时代中国特色社会主义思想开辟政治经济学新境界

在政治经济学的领域中，马克思在“劳动的二重性”“剩余价值”等方面做出了变革，实现了政治经济学的“术语革命”。习近平新时代中国特色社会主义思想将马克思主义政治经济学的基本方法，运用到中国改革开放与现代化建设的社会实践之中，提炼、改造和创造出具有新内涵的术语、新意义的理论和新思想的话语体系。这一方面展现了马克思“术语革命”的伟大意义、思想力量和精神魅力，为丰富和发展马克思主义政治经济学注入新的活力；另一方面，把马克思主义政治经济学中国化推向了新阶段。如果说《资本论》“最好的地方”是“劳动二重性”和“剩余价值”，那么习近平新时代中国特色社会主义思想中对推动政治经济学发展最具革命性、最有创新价值的地方，在于揭示了社会主要矛盾转变为“人民日益增长的美好生活需要和不平衡不充分的发展之间的矛盾”，市场与政府的关系转变为“市场在资源配置中起决定性作用和更好发挥政府作用”，改变了既有术语。更重要的是，提出“经济发展新常态”“新发展理念”和“供给侧结构性改革”等新术语，对政治经济学的术语做出了改变，并在实践中指导了新时代的社会主义经济建设。

马克思和恩格斯指出，人类历史与人类生存的第一个前提是生产满足吃喝住穿等一些基本的生产和生活所需要的资料，也就是“生产物质生活本身”[1]，而这要求我们“必须从物质生活的矛盾中，从社会生产力和生产关系之间的现存冲突中去解释”[2]，也就是说这由生产力与生产关系、经济基础与上层建筑的社会基本矛盾所决定。社会主要矛盾是社会基本矛盾的重要范畴运动的集中体现，反映一定时间内社会出现的主要的和集中的矛盾，会随着经济的发展和时代的变化而发生变化。1956年，党的八大提出我国国内的主要矛盾是人民对于建立先进的工业国的要求同落后的农业国的现实之间的矛盾，人民对于经济文化迅速发展的需要同当前经济文化不能满足人民需要的状况之间的矛盾。1981年，党的十一届六中全会提出我国社会的主要矛盾是人民日益增长的物质文化需要同落后的社会生产之间的矛盾。2017年，党的十九大，习近平总书记指出：新时代，人们已经不再满足于物质文化的基本需要，而是提出了多样化、多层次和多方面的需求，主要问题也不再是“生产力落后”的问题，而是“发展不平衡不充分”的问题，“我国社会主要矛盾已经转化为人民日益增长的美好生活需要和不平衡不充分的发展之间的矛盾”，在社会主要矛盾方面对既有术语做出了改变。

为解决我国“发展不平衡不充分”的问题，在现实实践中必须从政治经济上着手。马克思等经典作家没有在现实中真正经历社会主义建设，因而不可能完全预料社会主义建设过程中的所有问题，这就需要我们一代又一代马克思主义者根据时代的发展与时俱进地推动马克思主义的发展。中国马克思主义者把马克思主义基本原理同中国实际发展相结合，从邓小平到习近平，洞察社会主义现代化建设中发展市场经济的重要性，逐步完善中国的社会主义市场经济体制，体现了中国在社会主义市场经济方面做出了创新。社会主义制度与市场经济相结合是社会主义发展中前所未有的探索，经过20多年的努力，我国社会主义市场经济体制已经初步确立，但有很多问题需要进一步完善，而在社会主义市场经济体制的改革中，最重要

① 《马克思恩格斯文集》第1卷，人民出版社2009年版，第531页。
② 《马克思恩格斯文集》第2卷，人民出版社2009年版，第592页。

的莫过于调节好市场与政府之间的张力。党的十四大创造性地提出“社会主义市场经济”这一新的范畴；党的十五大提出“使市场在国家宏观调控下对资源配置起基础性作用”；党的十六大提出“在更大程度上发挥市场在资源配置中的基础性作用”；党的十七大提出“从制度上更好发挥市场在资源配置中的基础性作用”；党的十八大，习近平总书记指出新时代社会主义市场经济体制中，市场在资源配置中不能只处于基础性作用，而要“更大程度更广泛范围发挥市场在资源配置中的基础性作用”。[①]到党的十八届三中全会提出“把市场在资源配置中的‘基础性作用’修改为‘决定性作用’”[②]。从党的十五大、十六大、十七大和十八大，一直坚持市场在资源配置中起“基础性作用”，而党的十八届三中全会提出市场在资源配置中起“决定性作用”，这不仅是术语的变化，更为经济发展方式的转变、实现政府职能的转变和抑制腐败现象提供了可能。因此，我们说的术语改变也不仅是理论和思想的改变，而且是实实在在的现实生活的改变。

在社会主义市场经济改革中，习近平新时代中国特色社会主义思想提出“新常态”“新发展理念”与“供给侧结构性改革”等创新术语。这种术语的改变一方面体现了习近平新时代中国特色社会主义思想对马克思“术语革命”的继承，另一方面在现实生活中指引了中国的经济发展。在分析我国经济发展的阶段性特征与考察世界经济长周期的情况下，习近平总书记提出“我国经济发展进入新常态”的重大判断，这种“新常态”揭示了“当前和今后一个时期我国经济发展的大逻辑”[③]，而面对这种“新常态”，习近平总书记以“供给侧结构性改革”作为认识、适应和引领经济新常态的重要手段。我们通常认为我国经济发展的现状是需求不足，是需求跟不上供给，矛盾主要出现在供给侧，但“供给侧改革”的提出使我们发现实则不然，在经济“新常态”下，我国经济发展的问题在于供给的商品没有根据需

① 《习近平谈治国理政》第1卷，外文出版社2018年版，第76页。

② 《习近平谈治国理政》第1卷，外文出版社2018年版，第76页。

③ 《习近平谈治国理政》第2卷，外文出版社2017年版，第233页。

求的改变而改变，致使“需求外溢”，因此供给能力不足造成的是消费能力外流。为此，习近平总书记提出“解决这些结构性问题，必须推进供给侧改革”[①]。针对新时代的经济该实现什么样的发展、怎样发展的问题，习近平总书记创造性地提出以“创新”为第一动力，以“协调”为内在要求，以“绿色”为必要条件，以“开放”为必由之路的“新发展理念”引领经济发展“新常态”，一方面实现了对旧发展理念的突破，另一方面又为中国经济实现稳健发展把舵定向。

“十个明确”“十四个坚持”“十三个方面成就”充分彰显了习近平新时代中国特色社会主义思想对马克思主义政治经济学理论思维的运用与阐发，并将这一理论思维运用于新时代的中国特色社会主义经济实践发展之中，从而进一步深化对经济发展规律的掌握，提高了经济发展能力与水平，丰富与发展了中国特色社会主义政治经济学。

（三）习近平新时代中国特色社会主义思想开辟科学社会主义新境界

从广义上来说，科学社会主义是马克思和恩格斯对人类社会美好发展理想的向往和探索人类解放现实道路而创立的科学；从狭义上来说，科学社会主义作为马克思主义基本组成部分，是马克思和恩格斯通过马克思主义哲学和政治经济学在研究资本主义社会过程中形成的理论。科学社会主义在20世纪经历了风云变幻，苏联为世界展现了一幅建设现实社会主义国家制度的画卷，把社会主义从理想变为现实。苏联的社会主义实践给迷途中的中国指明了方向，中国开始社会主义的探索之路。但是由于东欧和苏联的社会主义偏离了科学社会主义的道路，20世纪80年代先后发生了东欧剧变和苏联解体的惨剧。因此，有一个重大的问题依然值得我们去深思，这就是：苏联和东欧的“社会主义”都销声匿迹了，而我们中国的社会主义为

① 《习近平谈治国理政》第2卷，外文出版社2017年版，第254页。

什么非但没有销声匿迹，反而以欣欣向荣的姿态蓬勃发展起来了？原因在于社会主义不是一成不变的，而是一个不断发展的过程，每个时期都需要根据时代的发展从实践出发进行创新性阐释，而中国特色社会主义不是套用马克思主义公式，不是照搬苏联社会主义模式，而是在中国社会主义实践的探索中与时俱进地进行创新。习近平新时代中国特色社会主义思想制定了许多前所未有的创新性方案，实施了许多前所未有的创新性战略，使21世纪科学社会主义的发展进入了新时代。

习近平总书记指出："中国特色社会主义是社会主义而不是其他什么主义，科学社会主义基本原则不能丢，丢了就不是社会主义"①，"中国特色社会主义，是科学社会主义理论逻辑和中国社会发展历史逻辑的辩证统一"②。由此可见，中国特色社会主义是在科学社会主义的基本原则和中国社会发展的基本国情之间保持一定的张力，而"'初级阶段'和'中国特色'这两个概念的提出，规定了社会主义存在的时间和空间"③。新中国的一代又一代领导集体，在对科学社会主义理论的不断继承和创新中，科学应对了中国的社会主义与资本主义的问题、社会主义的特殊性与普遍性的问题、社会主义的一个阶段与最终理想的问题。而中国特色社会主义这么多年的实践，不但证明了社会主义在中国的合理性，也证明了中国特色社会主义为世界社会主义做出的贡献。因此，"坚持和发展中国特色社会主义是一篇大文章，邓小平同志为它确定了基本思路和基本原则，以江泽民同志为核心的党的第三代中央领导集体、以胡锦涛同志为总书记的党中央在这篇大文章上都写下了精彩的篇章"④，习近平新时代中国特色社会主义思想则继承中国特色社会主义的理论和经验，在科学社会主义方面续写下新的雄伟篇章。

① 《习近平谈治国理政》第1卷，外文出版社2018年版，第22页。
② 《习近平谈治国理政》第1卷，外文出版社2018年版，第21页。
③ 刘海涛：《科学社会主义与中国特色社会主义》，《唯实》2016年第3期。
④ 习近平：《关于坚持和发展中国特色社会主义的几个问题》，《求是》2019年第7期。

马克思科学社会主义以“人的自由而全面发展”为根本旨趣，以实现“人类社会或社会化的人类”的“真正共同体”为终极理想。习近平总书记立足当今世界格局的变化，创造性地提出“人类命运共同体”，解决当今时代应该建构什么样的共同体的问题。“人类命运共同体”不是马克思“真正共同体”的翻版，而是结合当今时代条件，在对马克思“真正共同体”基本思想继承基础上实现的理论创新。“人类命运共同体”思想在对马克思“类”思想接续的基础上进行了创新，是通向马克思“真正共同体”的中介，将“世界意识”“命运意识”“共同意识”融入“类”思想中，“和平、发展、公平、正义、民主、自由”[①]等全人类的共同价值丰富和扩展了马克思的“类”思想，把“你”“我”“他”以及“你们”和“他们”变成了“我们”。习近平总书记立足现实，把马克思“真正共同体”的理想图景落实在当代生活中。“人类命运共同体”是以人的“类”本性为连接纽带形成的“共生”“共通”“共识”“共建”“共赢”“共享”的命运共同体，“不仅体现了马克思共同体思想的时代精神，激活了马克思共同体理论的当代生命力，而且推动了马克思共同体思想的创造性发展和当代重构，为马克思主义哲学与当代世界的对话与结合开辟了新的广阔前景”[②]。因此，回溯21世纪马克思主义的历史生成，我们可以明晰习近平新时代中国特色社会主义思想究竟与以往思想何以一脉相承，又何以与时俱进。

“对马克思来说，真正重要的是一种共同体到底为人的自由发展提供了怎样的条件。这是马克思探索共同体乃至表达‘共同体’思想的独特之处”[③]，这也是习近平新时代中国特色社会主义思想努力实现的，试图在现实生活中为实现人的自由发展不断完善条件。“中国梦”是建构新时代中国

① 习近平：《携手构建合作共赢新伙伴 同心打造人类命运共同体——在第七十届联合国大会一般性辩论时的讲话》，《人民日报》2015年9月29日。

② 王公龙：《人类命运共同体思想对马克思共同体思想的创新与重构》，《上海行政学院学报》2017年第5期。

③ 秦龙：《马克思对“共同体”的探索》，《社会主义研究》2006年第3期。

特色社会主义话语体系的核心术语，实现中华民族伟大复兴的“中国梦”，为中国人实现自由而全面发展提供了方向。“十个明确”“十四个坚持”与“中国梦”是一体两翼的关系，从总目标、总任务、总体布局和战略布局等方面揭示了习近平新时代中国特色社会主义思想的框架，展现了习近平新时代中国特色社会主义思想为世界发展提供的中国智慧与中国方案。“十个明确”从理论逻辑上阐明了新时代坚持和发展什么样的中国特色社会主义，“十四个坚持”从实践逻辑上阐明了新时代如何坚持和发展中国特色社会主义，“十三个方面成就”从历史逻辑上阐明了习近平新时代中国特色社会主义思想的历史成就，体现了习近平新时代中国特色社会主义思想是理论逻辑、实践逻辑与历史逻辑的统一。“十个明确”“十四个坚持”“十三个方面成就”在科学社会主义方面丰富与完善了马克思主义理论，在根植于中国特色社会主义实践的基础上，进一步提炼与深化了马克思主义科学社会主义理论，同时又进一步推动了中国特色社会主义实践的发展，充分贯彻和落实了马克思主义科学社会主义理论与科学社会主义实践相结合的路径。“五位一体”的全面布局和“四个全面”的战略布局，是习近平总书记在科学社会主义领域创造的新术语，也是建设中国特色社会主义、为实现中国人的自由而全面发展制定的战略方案。在马克思看来，人类未来社会必将是经济、政治、社会、文化、生态全面发展的社会，因此从物质文明和精神文明的“两位一体”到物质文明、精神文明、政治文明“三位一体”，到物质文明、精神文明、政治文明和社会建设的“四位一体”，再到新时代中国特色社会主义的物质文明、精神文明、政治文明、社会建设和生态文明建设的“五位一体”，不仅仅是增添了“生态文明建设”一个术语而已，不仅仅是从二、三、四到五的数字变化而已，而是表征了新时代中国特色社会主义的建设日益完善。“全面建设社会主义现代化国家、全面深化改革、全面依法治国、全面从严治党”的“四个全面”体现了中国社会主义改革发展的全面性，同“五位一体”一起为实现科学社会主义的理想提供充足的条件。

（四）习近平新时代中国特色社会主义思想是马克思主义中国化的最新理论成果

从上述论述中，我们可以看到习近平新时代中国特色社会主义思想在马克思主义哲学、政治经济学、科学社会主义方面做出的理论创新。这种马克思主义理论的创新可以分为对马克思主义理论的“扬弃性”创新和对马克思主义理论的“原创性”创新两种。

首先，习近平新时代中国特色社会主义思想实现的对马克思主义理论的“扬弃性”创新，是指批判性地扬弃既有的理论，改造旧的理论，赋予其新的内涵与意义。从上文论述习近平新时代中国特色社会主义思想做出的理论创新中，我们可以看到：第一，习近平新时代中国特色社会主义思想以“中国特色社会主义进入新时代”赋予了马克思“我们的时代”以中国内涵与中国意义，展现了新时代中国特色社会主义对世界的重大影响力和现实感召力；第二，习近平新时代中国特色社会主义思想以“辩证思维”“战略思维”“历史思维”“创新思维”和“底线思维”丰富和充实了马克思的辩证法思想；第三，习近平新时代中国特色社会主义思想提出“以人民为中心的发展思想”，实现了马克思群众史观、“以人民为中心”和“发展”思想的有机融合；第四，关于新时代中国社会主要矛盾变化的论断，以“美好生活需要”的术语代替旧有的“物质文化需要”，以“不平衡和不充分的发展之间的矛盾”的新术语取代了“落后的社会生产力之间的矛盾”的旧术语，实事求是、与时俱进地揭示了当今中国社会的主要矛盾；第五，习近平新时代中国特色社会主义思想以市场在资源配置中的“决定性”作用取代之前市场在资源配置中的“基础性”作用，准确地把握了市场经济在新时代中国特色社会主义中的地位变化。

其次，习近平新时代中国特色社会主义思想实现的对马克思主义理论的“原创性”创新，是指在理论逻辑与实践逻辑的统一中，创造性地发明新的理论。第一，习近平新时代中国特色社会主义思想创新性提出“新常态”和“供给侧结构性改革”，准确分析和判断了我国经济发展的大逻辑，为我国认清经济发展的形态提供了理论基础。第二，“人类命运共同体”虽然是对马克思“真正共同体”思想的继承，但并不是对“真正共同体”术语的改造，而是根据“世界怎么了”的时代之问提出的“我们怎么办”的21世纪人类生活的创新方案，是习近平新时代中国特色社会主义思想对马克思主义理论的“原创性”创新。第三，“中国梦”的术语创新，彰显了新时代中国人民对实现中华民族伟大复兴的期盼。第四，“十个明确”“十四个坚持”“十三个方面成就”使习近平新时代中国特色社会主义思想自成一个完整、严密和科学的逻辑体系，是对马克思主义哲学、政治经济学和科学社会主义的创新与发展，其历史性、时代性和原创性彰显了习近平新时代中国特色社会主义思想对世界之变、历史之变和时代之变的科学解答，凸显了习近平新时代中国特色社会主义思想深刻的哲学洞察力、非凡的政治经济学思想的运用能力以及出色的科学社会主义理论创新能力。

“实践没有止境，理论创新也没有止境。不断谱写马克思主义中国化时代化新篇章，是当代中国共产党人的庄严历史责任。”[①] 综上所述，习近平新时代中国特色社会主义思想将既有的理论与时代的发展相结合，一方面，聚焦中国社会的现实发展，对原有的理论进行新的诠释和激活，赋予其鲜明的时代内涵和鲜活的当代价值；另一方面，聚焦于中国社会的现实发展，对现实中的重大理论问题和重大现实问题进行反思和实践，形成新的理论成果，创造新的术语，实现了对马克思主义理论的继承与发展，体现了习近平新时代中国特色社会主义思想的创新价值、实践缘由和现实观照，开辟了21世纪马克思主义的新境界。

---

① 习近平：《高举中国特色社会主义伟大旗帜 为全面建设社会主义现代化国家而团结奋斗——在中国共产党第二十次全国代表大会上的报告》，人民出版社2022年版，第18页。

第四章

21世纪马克思主义的出场背景

从19世纪到21世纪的今天，人类社会都在孜孜不倦地追求更先进的社会制度。19世纪的开创性事件是资本主义制度的确立，20世纪的开创性事件是作为替代资本主义制度的苏联模式的问世。虽然苏联模式对资本主义制度的挑战以失败告终，但它为新的、更先进的制度模式提供了宝贵的经验教训。面对表现糟糕的资本主义与业已落幕的苏联模式，中国道路将为21世纪的人类社会贡献自己的智慧、方案和力量。

一、弊端丛生的资本主义制度

资本主义是当前世界体系中占主导地位的社会制度，它给人类社会所带来的生产力方面的飞跃是有目共睹的，但由于生产资料掌握在少数人手中这一致命的缺陷，资本主义制度在经济、民主、社会、生态和对外关系方面存在不可克服的缺陷。

（一）经济危机是资本主义无法解开的结

自1825年英国发生第一次经济危机以后，经济危机就如同幽灵般飘荡在资本主义世界的上空，频繁发作。资本主义经济危机的爆发具有周期性，比较大的经济危机有1857年经济危机、1929—1933年经济危机、1973—1975年经济危机以及2008年的金融危机等。自进入国家垄断资本主义阶段后，资本主义发生经济危机的周期明显缩短，给全球经济健康持续发展带来了更多的破坏、风险和挑战。经济危机是资本主义制度无法克服的痼疾，是资本主义基本矛盾运动的必然产物。

经济危机不仅消耗了人类社会的生产力和财富，也影响了人们对资本主义的好感。精明的资本家不可能认识不到这一点，但资本主义制度的本性决定了经济危机的不可根除性。大卫·施韦卡特（David Schweickart）指出："资本主义最根本的两个矛盾是：1. 工资是生产成本的一部分，必须予以控制，但产品必须被出售。2.资本主义要求稳定的增长以保持健康，但无限增长与地球的资源限制和容量是矛盾的。”[①]前者产生的是经济危机，后者引发的是生态危机，对于其中任何一个，资本主义都无力解决，不幸的是，二者又叠加在一起，经常会产生相互矛盾的命令：一方面，为了解决生态危机需要限制消费，这会引发或加重经济危机；另一方面，为了解决经济危机，就必须刺激消费，这会加重生态的压力。艾伦·恩格勒（Allan Engler）也认为，在资本主义框架下解决经济危机面临着两难的境地：“供给侧政策能够保持和提高资本在总收入中的份额，但以牺牲工人阶级的收入、就业人口和市场需求为代价。凯恩斯主义的政策——通过提高工人阶级的购买力——将恢复市场需求，但以牺牲资本占有的总收入的份额为代价。”[②]资本家无疑倾向于第一种政策，但它削弱了普通民众的购买力，结果是供给过剩；后一种政策虽然提高了消费能力，但在某种程度上打击了资本家的积极性，可能导致供给不足。

从过去的历史看，经济危机并不是资本主义制度的结束，而是往往为它开辟了一个新前景，因为通过将某些资本家逐出商界，其他资本家得以恢复盈得利润。危机时期，原材料价格暴跌，失业迫使工人接受低工资，生产因而重新变得有利可图，资本积累就会再次开始。[③]但是，亚历克斯·卡利尼科斯（Alex Callinicos）认为，资本主义的兴衰循环不会永久地持续下去，因为资本主义随着时间的推移已经发生了变化。这种变化表现在：由于竞争，资本家变得越来越强大，一百年前成千上万的小个体雇主被现在的大型跨国集团所取代，而这种公司通常为国家所有，像法国雷诺公司、英国石油公司、英国利兰汽车公司等。公司规模的扩大意味着破产成为一件更

① David Schweickart, “Yes Virginia, There Is an Alternative. *Perspectives on Global Development & Technology*”, Vol. 10, No. 1 (January 2011), pp. 173-193.

② Allan Engler, *Economic Democracy: The Working-Class Alternative to Capitalism*, Halifax & Winnipeg: Fernwood Publishing, 2010, pp. 24-25.

③ [英] 克里斯·哈曼：《利润率和当前世界经济危机》，《国外理论动态》2008年第10期。

为严重的事情：一百年前一个个体雇主能够在没有破坏国民经济的情况下破产，但在今天1000家大型公司支配英国经济（所有发达的工业国家也是如此）的情况下，这种情形早已不再，因为如果这些企业中的相当大数量破产，那么整个国民经济将遭受重创。据此，卡利尼科斯推断指出："不管什么颜色的政府都会将金钱注入难以为继的企业。玛格丽特·撒切尔大规模地资助英国利兰汽车公司，而罗纳德·里根支持克莱斯勒，即使这违背了他们所有的经济原则。在1984年，'自由市场'的里根政府实际上甚至走得更远，当其中一个最大的美国银行（伊利诺大陆银行）破产时，美联储为阻止一场金融恐慌而介入进来，并且实际上将这家银行国有化。"[①]政府对行将破产企业的拯救使经济危机不再扮演修复利润率的角色。只要低效率的企业足够庞大，就不会被摧毁，而会继续运营。所以，在这种情况下，资本主义社会充斥着许多低效率的资本。卡利尼科斯强调，经济危机无法承担修复利润率和摧毁低效资产的角色导致通货膨胀的持续存在：过去，价格在繁荣时期上升而在衰退时期下降，而现在它们却在一直上涨。衰退不会消除通货膨胀，而只会减缓价格增长的速度。

生产资料私有制的制度安排使普通工人成为经济危机最大的受害者。左翼学者观察到，资本家对利润的疯狂追逐引发了周期性的经济危机，但买单的却是普通民众。托马斯·韦斯科夫（Thomas Weisskopf）指出，主要的金融企业和富有的精英阶层不负责任的行为引发了自"大萧条"以来最严重的资本主义经济危机，导致"大多数民众失业率上升，实际工资、收入和福利下降，社会不平等加剧"。[②]在理查德·沃尔夫（Richard Wolff）看来，美国民众遭受了一场并不是由他们引起的持续数年的经济危机，数千万人的失业，他们一直被灌输"危机时期需要每个人都要付出代价"，但这里

① Alex Callinicos，*The Revolutionary Road to Socialism*，London：Socialist Workers Party，1986，p.17.

② Thomas E. Weisskopf，"Reflections on 50 Years of Radical Political Economy"，*Review of Radical Political Economics*，Vol. 46，No. 4（Dec, 2014），pp. 437–447.

的“每个人”却并不包括引发这场危机的人。形成鲜明对比的是：“离前所未有的空闲房屋不远处生活着空前数量被取消房屋赎回权和无家可归的人，工资和收益呈现下降趋势而利润则同步上升。这些情况迫使成千上万的人要求从地方、州和联邦获得更多的帮助，但官方却不断宣布更多的削减公共服务。”①经济危机时期民众利益的边缘化也进一步表明了资本主义的伪善性和贪婪性。

资本主义制度虽然是以推动人类生产力发展而著称，它却又陷入了毁灭生产力的怪圈之中。只要资本主义不从根本上变革私有制这一生产关系，充当调适生产力的经济危机就不可能消失。

资本主义制度的确具有提高社会生产力的趋势。马克思指出：“资本在无限地追求发财致富时，力求无限地增加生产力。”②但是，资本主义发展生产力的最终目的是无限攫取剩余价值，当剩余价值不能满足资本家贪婪私欲时，发展起来的生产力又会被不同程度地破坏。只要不从根本上改变以私有制为基础的资本主义生产关系，就不可能彻底消除经济危机，也不可能把提高生产力作为推进人类社会发展的目标任务。

（二）资本主义与真正的民主不兼容

资本主义政治制度的经济基础是生产资料私有制，所以，它的运行逻辑是为占有生产资料的少数人服务。表面上“正义”的资本主义政治制度实质上受资本逻辑的操控。

对于资本主义社会的民主性质，施韦卡特认为，它属于多头政治，即成年公民经过数次选举从候选人中选出政治领导人的过程，这种政治秩序好于专制，但不是真正的民主。原因在于：“民主是一种政治制度，在这种制度下，全体选民都能很好地得到相关信息并积极参与，同时不受特权的

① Richard Wolff，*Democracy at Work：A Cure for Capitalism*，Chicago：Haymarket Books，2012，pp. 2-3.

② 《马克思恩格斯全集》第47卷，人民出版社1979年版，第545页。

少数阶级的任何阻拦”[①]，但在资本主义社会里，资产阶级是一个拥有特权的少数阶级，他们通过政治献金、媒体等占据着统治地位，选举只是任其摆布的过场和程序而已。沃尔夫也批判指出，资本主义是一个金钱胜过民主的社会。“一个发挥作用的民主要求所有的民众都能获得有效参与工作场所、地区和国家等层面上的决策所需的时间、信息、建议和其他的支持”[②]，但资本主义无法满足这些条件。相反，由大股东、公司主管和高级经理人等构成的利益集团凭借雄厚的财力向他们在社会的主要机构、政党和候选人中所选定的代理人提供捐赠，通过这些网络产生的政治领导人又反过来推动这些群体的利益。以美国为例，美国有线电视新闻网2019年2月7日报道，2018年美国中期选举的支出高达57亿美元，甚至超过了2008年总统选举花费的53亿美元，成为有史以来最昂贵的国会选举。其中，佛罗里达州联邦参议员竞选耗资最为庞大，共花费2.09亿美元，最终胜选的共和党候选人里克·斯科特在竞选中投入了6300多万美元的个人财产。[③]如此庞大的竞选经费非普通民众所能承受，大财团成为左右选举的关键因素，竞选成功的候选人将为财团的利益服务。所以，资本主义的选举看似实行公平的一人一票，实则金钱支配着政治进程。

在很多人看来，包括集会、结社、选举和言论自由等在内的民主权利有利于保护他们自身的利益，似乎民主就是普通民众手中对抗统治阶级的尚方宝剑。但是，罗默指出：“只要资本控制在一个很小的富有阶级的手里，政治就必然要符合该阶级的需要。”[④]在现实资本主义社会中，民主政治进程被强势资本所扭曲。民主是资产阶级的特权，只有占有资本的少数人能

① [美] 大卫·施韦卡特：《超越资本主义》，宋萌荣译，社会科学文献出版社2006年版，第160页。

② Richard Wolff, *Democracy at Work: A Cure for Capitalism*, Chicago: Haymarket Books, 2012, p. 94.

③ 中华人民共和国国务院新闻办公室：《2019年美国侵犯人权报告》，《人民日报》（海外版）2020年3月14日。

④ [美] 约翰·罗默：《社会主义的未来》，余文烈等译，重庆出版社2010年版，第107页。

够从受限制的民主权利中获益，普通民众获得的某些权利归根结底是为资产阶级服务的，正如恩格勒所指出的，“形式上的权利有利于稳定社会关系，选举的政府能够使资本主义权利在工人心目中合法化”[①]。

在资本主义制度中，最为引以为傲的自由和民主都不过是资产阶级的自由和民主，无产阶级获得的只是形式上的权利。具体而言：

资本主义的自由实际上是资本的自由，即“不受任何限制地花钱做一切想做的事”。这种自由理念虽然推动了社会生产力的发展，但也产生了严重的后果：环境的破坏正是富人自由的消费习惯、跨国公司自由放任的商业行为以及政府的宽松政策三者共同作用的结果；发展中国家的贫困、饥饿和污染也与发达国家的富人和政府不受限制地追求自身利益有关。而且，资本主义政府的偏颇性导致自由的价值中立受到质疑，这种自由理念只服务于企业和资本家的利益。典型的例证是：2008年金融危机爆发后，在大型企业因为狂敛利润而行将破产时，政府会毫不犹豫地动用纳税人的钱去拯救它们，但穷人却遭到忽视，享受的社会服务也日益削减。

从字面上看，民主指的是人民的统治，但在当前的资本主义民主制度中，富人阶层控制着政权，大多数的立法也维护他们的利益，穷人的呼声得不到重视，所以，资本主义民主倾向于成为富人阶层的统治工具，“政府的行为在很大程度上是由有产阶级的欲望来决定的”[②]。福山颂扬资本主义的民主制度为最好的制度，理由就是它有利于保护资本家的私有财产不受侵犯。按照一些左翼学者的观点，在古典自由主义的民主架构中，民主统治的政府与人们达成了互不侵犯财产的契约，财富的追逐成为私人的自由领域，政府不加干涉，结果是给穷人和这个星球造成了不公正。而且，资本主义民主一直为穷人和动物所遭受的道德上不可接受的对待进行辩解，试图撇清富人的责任。凡此种种充分表明，“让资本主义民主自行发展，人类将

① Allan Engler, *Economic Democracy: The Working-Class Alternative to Capitalism*. Halifax & Winnipeg: Fernwood Publishing, 2010, p. 16.

② [美] B . 柯布：《论有机马克思主义》，《马克思主义理论与现实》2015年第1期。

以自私甚至是反社会的方式行动”[①]。

虽然资本主义的民主制度相比于封建社会的君主专制有了巨大的进步，但资本主义的民主制度并非完美无缺，它从根本上是为私有制服务的，工人阶级享有的民主权利仅仅在形式上与资产阶级平等，一旦这种权利撼动资产阶级的奶酪就会被虚置。

（三）在资本主义框架内无力消除社会不公问题

相比于封建社会制度，资本主义制度的确推动了生产力的发展、社会的进步和人权的改善，但它的进步仍然是有限的，表面仁义的背后是少数人对多数人的压迫。

一方面，资本主义制度仍然存在阶级剥削。在大卫·米勒（David Miller）看来，在资本主义社会，资本所有者凭借市场上的特权形成了对工人的制度性剥削，而剥削是“一种特别令人厌恶的不公正形式”[②]，因为它不仅意味着剥削者和被剥削者之间的最终资源分配是不公正的，也意味着剥削者运用某些权力影响了这种不平衡。与米勒观点类似，约翰·罗默（John Roemer）认为，资本主义制度是一种剥削人的非正义制度，虽然相比于封建制度，工人没有被强迫出卖其劳动力，但源于资本家与工人之间“最初的不平等的生产资料所有权”[③]，后者只是获得了表面的自由，仍然处于被剥削的境地。剥削背后的罪魁祸首是私有制，它关乎资产阶级的根本利益，所以，在资产阶级营造的氛围下，私有化浪潮席卷资本主义世界。“在非洲、拉美和亚洲，人们持续丧失对他们用以生存的土地的所有权……在更加繁荣的国家中，公有铁路、电力设施和自来水厂，以及学校、医疗、管理

① [美]菲利普·克莱顿、[美]贾斯廷·海因泽克：《有机马克思主义：生态灾难与资本主义的替代选择》，孟献丽、于桂凤、张丽霞译，人民出版社2015年版，第134页。

② David Miller, *Market, State and Community: Theoretical Foundations of Market Socialism*, Oxford University Press, 1989, p. 175.

③ [美]约翰·E·罗默：《在自由中丧失——马克思主义经济哲学导论》，段忠桥、刘磊译，经济科学出版社2003年版，第40页。

机构和监狱等都被私有化。”[①]私有化常被标榜为有利于降低成本，但恩格勒认为：“凡是私有企业的确降低成本的地方，无不都是以削减大众和工人在服务、维护、雇佣和工资方面的费用为代价。”[②]

另一方面，为了维持从工人身上无偿榨取更多剩余价值的剥削统治，资本主义制度让失业成为震慑工具。失业对个人而言不仅意味着收入状况的恶化，而且意味着劳动权利被剥夺，属于典型的社会不公。但是，失业内生于资本主义体制之中，罗默就指出：“资本主义是一个存在大量闲置资源的制度，其中最明显的情况就是不时出现的大规模失业。”[③]然而，失业对资本主义来说是减压阀，它关系资本主义统治体制的稳定和健康，因为“如果失业太少，工人们就会提出工资方面的要求，那么无论是导致利润的降低并损害到将来的投资，还是转嫁到消费者身上，都会产生通货膨胀，带来不稳定”[④]。所以，失业对资本主义来说是不可克服的痼疾。

资本主义社会的财富分配的方式以按资本分配为主，当然，这并不是说按劳分配不存在，而是意味着资本瓜分到的财富要远大于劳动，因此，资本持有者攫取了社会所创造的大多数财富。结果就是：“在资本主义统治下，占有资产最多的人，事实上收入最大，但他们却不是工作最多的人；而占有资产最少的人，不管他工作怎样努力，事实上收入最少；这在现在已成为确定不移的定论。”[⑤]

在资产阶级革命中，“私有财产神圣不可侵犯”这一宣言鼓舞着无数进

① Allan Engler, *Economic Democracy: The Working-Class Alternative to Capitalism*, Halifax & Winnipeg: Fernwood Publishing, 2010, pp. 13-14.

② Allan Engler, *Economic Democracy: The Working-Class Alternative to Capitalism*, Halifax & Winnipeg: Fernwood Publishing, 2010, p.14.

③ [美] 约翰·E·罗默：《在自由中丧失——马克思主义经济哲学导论》，段忠桥、刘磊译，经济科学出版社2003年版，第165页。

④ [美] 大卫·施韦卡特：《超越资本主义》，宋萌荣译，社会科学文献出版社2006年版，第145页。

⑤ [英] 锡德尼·维伯、[英] 比阿特里斯·维伯：《资本主义文明的衰亡》，秋水译，上海人民出版社2005年版，第16页。

步人士投身于埋葬封建社会的斗争中，似乎只要推翻了封建地主所有制，人人都能占有财产，并且确保自己的财产不受任何外在因素或力量侵犯。但是，随着资本主义制度的确立和稳固，不可侵犯的私有财产已成为少数人的专利，名义上保护所有人的私有财产，实际上一无所有的无产阶级有何财产需要保护？因此，“私有财产神圣不可侵犯”意味着从法律上保护了经济和物质上的不平等。资产阶级对此仍不满足，它继续通过法律将这种不平等通过遗产法案传递下去，不平等在代际间延续。即使有富人投身于慈善事业，也无法从根本上纠正代际间的不平等。正如有学者所指出的：“土地和资本的私人所有制，加上关于遗产的法定制度，无论是慈善事业怎样把它人道主义化，无论保障全国生活最低标准政策的系统实施怎样限制着其中最恶劣的过分情况，结果必然地会把社会划分为两个永久的、大致上是世袭的阶级——即一个富人国和一个穷人国。”①

按照斯密的“经济人”假设，共同体中的每个人都追求自身利益的最大化，结果应该带来的是共同财富的增加，每个人都会从中受益。但是，与资本主义的空前繁荣形成鲜明对比的是：普遍贫困的存在。“普遍的贫困，这是由于广大人民群众被剥夺了生产工具所有权以及这种所有权到处集中在相当小的有产阶级手中的结果”②。从人类历史上看，贫困并不是资本主义社会所特有的，为什么要将贫困作为批判资本主义的靶点？这主要是因为在前资本主义社会出现的贫困或多或少可以归咎于人类改造自然的能力不足或科技不发达等，但资本主义社会在不到一百年的时间内创造的生产力比过去一切世代创造的全部生产力还要多，在人类财富总量空前增加的情况下，仍然普遍存在贫困，这就是制度本身的原因。

就资本主义积累财富的能力来说，解决贫困问题并非难事。但是，资产

① [英]锡德尼·维伯、[英]比阿特里斯·维伯：《资本主义文明的衰亡》，秋水译，上海人民出版社2005年版，第16页。

② [英]锡德尼·维伯、[英]比阿特里斯·维伯：《资本主义文明的衰亡》，秋水译，上海人民出版社2005年版，第6页。

阶级为什么不根除这一非人道的问题？因为：一方面，他们认为，贫困产生的问题根源在于个人而不是社会制度，个人的挥霍无度、松垮懒惰、种族本质和子女众多等与贫困有因果联系。换言之，从优胜劣汰的角度来讲，贫困问题不需要政府救济和帮扶。另一方面，他们认为，贫困是资本主义社会最必要的和不可缺少的成分，没有它，国家和社会就不能够在文明的状态下存在。[①]当一部分人的贫困成为另一部分人获取财富的源泉，成为后者免于辛苦的体力劳动和获得个人能力发展的广阔机会时，贫困也就被默认为是广大人民注定的命运。

有的学者寄希望于全球化能够解决不平等问题，让全世界成为平等的。这里的“全球化”，如果指的是资本主义制度主导下的全球化，那么，平等基本上就是幻想。就全球化对人类福利水平的影响而言，它是一把“双刃剑”：一方面，世界上大部分国家和地区民众的收入和生活水平都有很大的提高，尤其是以中国、印度等为代表的后发国家，它们积极融入全球化，经济总量迅速增长，成为全球化的赢家。另一方面，国家间和国家内部的贫富差距进一步扩大。换言之，从绝对值上看，人们的生活水平总体都在改善，但从相对值上看，在全球化的背景下，由于富人积累财富的机会和速度要远大于穷人，社会的不平等加剧。[②]资本主义的全球化将生产过剩问题由国内扩展至国际，因为伴随着资本在全球市场中攻城略地的是，“全球范围内的收入两极分化、流动性不断下降、购买力不断减弱，致使世界上的大多数人没有能力消费全球经济所生产出来的商品”[③]。全球性经济危机是资本主义全球化的必然结果，但远不止如此，全球资本主义还为人类带来

① [英] 锡德尼·维伯、[英] 比阿特里斯·维伯：《资本主义文明的衰亡》，秋水译，上海人民出版社2005年版，第11页。

② [美] 米格尔·森特诺、[美] 约瑟夫·科恩：《全球资本主义》，郑方、徐菲译，中国青年出版社2013年版，第166页。

③ [美] 威廉·I.罗宾逊：《全球资本主义论：跨国世界中的生产、阶级与国家》，高明秀译，社会科学文献出版社2009年版，第193页。

了无休止的战争、大规模的贫穷乃至生态灭绝[①]，这显然不是符合人类利益的全球化。基于资本主义全球化的弊端，有学者提出社会主义全球化的概念。“社会主义全球化是一种经济、政治、文化—意识形态等领域中的跨国实践体系。在按社会主义全球化原则组织的社会中，经济上的跨国实践的特有制度形式是各种类型的生产者——消费者合作社（P-CCs），而不是寻求组成卡特尔的跨国性大集团企业。”[②]

只要存在市场经济，人与人之间的贫富差距就是不可避免的，而当私有制和市场经济相结合时，贫富悬殊和分配不公就成为资本主义的必然结果。在资本主义制度下，虽然工人的罢工施压可能会缓解紧张的劳资关系，但不可能从根本上消除它，因为资产阶级的富足是以无产阶级的贫穷为前提的。

（四）生态危机是资本主义发展的必然逻辑

对人类社会而言，公正、民主、经济增长等属于发展性问题，而生态则属于关乎人类可持续发展的生存性问题，是解决人类发展性问题的载体和基础。随着人们生态意识的提高，能否解决生态问题成为一种社会制度合法性的重要来源。但是，资本主义既对人类社会的发展性问题束手无策，也无力解决关乎人类存亡的生态问题。相比而言，后者对资本主义的威胁更大，正如韦斯科夫所指出的：“不断增长的不平等现象——伴随着由此产生的各种社会病态——会对资本主义体制的健康制造诸多困难，但这不足以威胁到其经济基础。但是，不断加剧的生态破坏最终将破坏资本主义繁荣的物质基础。”[③]

① [美] 威廉·I.罗宾逊：《全球资本主义论：跨国世界中的生产、阶级与国家》，高明秀译，社会科学文献出版社2009年版，第232页。

② [美] 莱斯利·斯克莱尔：《资本主义全球化及其替代方案》，梁光严等译，社会科学文献出版社2012年版，第358页。

③ Thomas E. Weisskopf, “Reflections on 50 Years of Radical Political Economy”, *Review of Radical Political Economics*, Vol. 46, No. 4 (Dec, 2014), pp. 437–447.

马克思主义经典作家对资本主义批判的视角是资本对无产阶级的压迫和剥削，即人类社会内在的阶级关系问题，他们虽对自然有关切，也论述了资本主义和环境破坏之间的内在联系，但那不是他们着墨的重点。在19世纪直至20世纪上半叶，战争与革命是时代的主题，殖民与反殖民是全球的主要矛盾，而生态问题并不是影响人类社会的最迫切问题，资本主义生产方式与生态环境之间的矛盾也并不尖锐。但是，马克思、恩格斯对资本逻辑的分析已经预示了生态问题的爆发只是时间问题，这也成为诸多左翼学者批判资本主义生态危机运用的关键工具。

第一，生产资料私有制决定了在资本主义框架内资本家的利益高于一切，生态环境治理的关键取决于能否满足资本家的利益。对于当前的生态危机，一些国外左翼学者没有将其诉诸人口增长过速、工业化等表面因素，而是直指资本主义制度的根基，即所有制关系。恩格勒就认为，生态问题之所以出现，是因为“资本主义将财富持有者的利益置于比人类和环境的健康更高的地位”①。在这种优先顺序下，自然环境随时可能成为资本逻辑的牺牲品。沃尔夫将生态问题归结为私有制，他指出，资本主义企业经常使用对工人健康和周围社区有害的技术，也不考虑企业或社区内空气、水、温度、湿度、噪声等的质量，根本原因在于一小部分人控制着私人资本主义企业，竞争性的生存、利润、增长和市场份额等目标构成了它们关注的底线，环境问题则是一件它们无法承受的奢侈品。②

环境污染和生态破坏实际上就是外部负效应，对于公司和生产者来说，它们不需要将其核算进运行成本之中，但是对于民众的健康和生态环境来说，排污构成了成本，因为民众必须为此承受身体上的损害，政府必须用税款治理。“由于允许外部效应存在，资本主义刺激了公司制造破坏民众

① Allan Engler, *Economic Democracy: The Working-Class Alternative to Capitalism*, Halifax & Winnipeg: Fernwood Publishing, 2010, p. 36.

② Richard Wolff, *Democracy at Work: A Cure for Capitalism*, Chicago: Haymarket Books, 2012, p. 134.

生活和环境的昂贵产品的欲望。”[①]环境污染的影响看上去是无差别的，任何生活在一定环境中的人都会被波及。但国外有学者认为，环境污染对贫困人口、工人阶级和有色人种的影响尤为巨大。因为弱势群体缺乏政治和经济权力，他们几乎没有办法与大型公司以及支持他们的政府官僚和政治领导人作斗争，也就无法让污染环境的公司承担应有的责任。[②]

第二，生产不断增长是资本主义制度的内在要求。资本追求的是一种为积累而积累、为生产而生产的逻辑，对资本来说，扩张的目的是自身数量的不断增长，至于人类社会的真正需求和生态平衡并不是资产阶级考虑的核心问题。在资本增殖的过程中，客观上推动了社会的进步，改善了人们的生活，但这些都是其本身的衍生物，而不是根本目的。当人类的真正需要与资本逻辑相冲突时，后者会暴露出其非人道的本质。

在目前的经济增长模式中，每一份的增长都伴随着或多或少的消耗和污染，所以，国外一些学者将矛头指向增长问题。萨拉·萨卡（Saral Sarkar）和布鲁诺·科恩（Bruno Kern）指出：“资本主义的最大缺点是它的增长动力，这也是导致资本主义同可持续性之间的矛盾难以克服的原因。这不仅在于贪婪的资本家总是希望拥有更多，而且残酷的竞争也迫使他们努力赚取、积累和投资来获得更多的利润。‘扩张或者毁灭’是资本主义固有的法则。”[③]在弗雷德·马格多夫（Fred Magdoff）看来，全球的和谐在资本主义的框架内是不可能实现的，因为“资本主义的目的不是满足人类的需求以及保护自然环境，它唯一的目的和驱动力——由此造成资本主义周期性的繁荣和危机及发展的停滞——就是资本的无止境积累”[④]。施韦卡

① [美]查尔斯·德伯：《马克思的预言：危机中的世界》，李力译，人民日报出版社2013年版，第120页。

② Ryan LaMothe，“Just War：A Pastoral Analysis of the Hidden Violence of State-Corporate Capitalism”，*Pastoral Psychology*，Vol. 65，No. 1（2016），pp. 41–60.

③ [德]萨拉·萨卡、[德]布鲁诺·科恩：《生态社会主义还是野蛮堕落？——一种对资本主义的新批判》，《马克思主义与现实》2011年第3期。

④ [美]弗雷德·马格多夫：《和谐与生态文明：超越资本主义异化的本性》，《科学社会主义》2013年第3期。

特认为资本主义的三个特点形成了对生态破坏的制度性力量："资本主义扩张的原动力；来源于资本主义以雇佣劳动为基础的危机趋向；资本主义的核心要素——'资本'——的无限流动性。"①

如果地球上的资源是无限的，容纳环境污染的能力也是无限的，那么，资本主义的增长问题不会遇到极限。但事实是，稀有动物的灭绝、资源枯竭的加速、雾霾的频发都在提醒人们，地球承受不起无度的开发和利用。地球资源的有限性与资本逻辑的无限性之间是一对难以克服的矛盾。资本主义要么不断增长，要么走向灭亡，不可能有中间选项。

第三，生产的不断增长必然要求消费的不断增长。伴随着资本主义生产无限增长的是，消费社会的到来。资本逻辑操控的范围由生产领域扩展至消费领域，他们不仅在工作场所压榨工人，从而获得更多的剩余价值，而且在工作场所外觊觎工人辛苦挣来的所得，通过铺天盖地的广告影响工人的消费选择。对于生产者和资本家来说，实现商品的交换价值是至关重要的，否则，产品积压于自己手中，就会出现生产过剩问题。为此，生产者不惜牺牲商品的使用价值，将更多的成本用于产品营销和包装上。查尔斯·德伯（Charles Derber）指出："资本家巧妙地引诱消费者，周密计划或迫使他们渴求不需要的商品。他们之所以这样做，是因为如果没有无休止的消费主义，资本主义将夭折。"②消费主义要求消费者具有强劲的消费需求和消费能力，为解决生产无限扩大的趋势与劳动人民购买力相对缩小的矛盾，各种消费和信用贷款被引入资本主义社会，刺激工人的消费热情。这样，工人就不得不通过延长自己的劳动时间（包括兼职）和提高自己的劳动强度来满足自己的消费和偿还信用贷款，其中的许多消费并不是自己的真实需求，或是远超自己支付能力的需求。看上去这些都是工人的自主选择，但实际

① [美]大卫·施韦卡特：《超越资本主义》，宋萌荣译，社会科学文献出版社2006年版，第187页。

② [美]查尔斯·德伯：《马克思的预言：危机中的世界》，李力译，人民日报出版社2013年版，第123页。

上是资本家的圈套。

总之，资本主义制度割裂了人与自然的和谐关系，将自然单纯视为攫取利润的手段和工具，伴随着资本主义生产力飞速发展的是对自然的空前破坏力和被诱导出的巨大需求量，因此，资本主义制度本质上是一种生态掠夺制度。

（五）战争内在于资本主义的运行逻辑之中

资产阶级的辩护士为美化资本主义，试图撇清资本主义与战争之间的关系，甚至得出资本主义有利于和平的论断。对此，国外有识之士认为，民主不是和平的保证，自由贸易在全球的扩散也不是和平的保证。“资本主义本身就是帝国主义：它全副武装以对付来自国内和国外的对手。”[①]

第一，战争可以为资产阶级带来经济与政治的双重利益。德伯指出：“战争文化根植于资本主义的基因中，对其生存至关重要。当民众高举大旗支持军队时，对敌人的仇恨就深深渗透至国家情感中。由于工人们已被金钱化了，对华尔街和其他公司内首席执行官们的愤怒，就成了资本主义的危险因素。但在战争系统中，他们的愤怒和绝望，却被那些坐在房间里的千万富翁引向了外国敌人。在一场普通战争中，工人与首席执行官们联合起来，共同支持自己的军队和国家。”[②]德伯对资本主义战争的解释符合马克思主义经典作家的思想。列宁认为，资本主义战争给资产阶级带来了经济和政治上的双重好处。他指出：“战争不仅给资本家阶级带来了巨额利润，带来了进行新的掠夺（掠夺土耳其、中国等等）、接受价值数十亿的新订货、放出新的利息更高的债款等的灿烂前景。不仅如此，它还给资本家阶级带来很大的政治利益，

① [英]阿列克斯·卡利尼科斯：《反资本主义宣言》，罗汉、孙宁、黄悦译，上海译文出版社2005年版，第39页。

② [美]查尔斯·德伯：《马克思的预言：危机中的世界》，李力译，人民日报出版社2013年版，第111—112页。

因为它分裂和腐蚀了无产阶级。”[①]尤其是一战的爆发将资产阶级的这些伎俩充分暴露出来：一方面，为了应对战争，俄国每天耗费5000万卢布，其中至少有500万，也许有1000万甚至更多的数目成为资本家和官吏们的“正当收入”。[②]另一方面，各国的工人被本国政府蛊惑，在战场上相互厮杀，资产阶级达到了利用战争转移视线和分裂工人的邪恶目的。资产阶级为什么要分裂工人？因为全世界无产者能否联合起来是推翻资产阶级统治的关键，而民族战争将会造成工人阶级的相互敌对和仇视，阻碍他们走向联合。正如马克思所指出的：“工人阶级的解放既然要求工人们兄弟般的合作，那么在那种为追求罪恶目的而利用民族偏见并在掠夺战争中洒流人民鲜血和浪费人民财富的对外政策下，他们又怎么能完成这个伟大任务呢？”[③]

第二，民主与和平之间的关系并不紧密。范妮·库仑（Fanny Coulomb）和雅克·丰塔内尔（Jacques Fontanel）认为，“民主治下的和平”思想——和平内生于民主制度之中，不会在民主国家之间产生战争——仍然有待历史经验的证实。他们认为，第二次世界大战后之所以没有发生世界大战是因为：一方面，冷战导致了西方民主国家之间的战略互存，这阻止了它们之间的任何冲突。另一方面，包括世贸组织、国际货币基金组织、世界银行和一些区域协定在内的许多国际组织也限制了与经济问题有关的国际紧张局势。在他们看来，第一次世界大战的爆发表明自由贸易并不能有效制止战争，因为尽管自19世纪下半叶以来使所有国家之间贸易和金融依存关系成倍增加的经济全球化进程如火如荼地进行着，但战争还是发生了。在民主与和平的关系问题上，前者并不总是有效的：一是民众的舆论有被误导的可能。库仑和丰塔内尔认为，尽管战争有损于公众利益，但如果考虑到对战争感兴趣的团体（包括领导人可能在维持国防高预算方面有利益考量）

① 《列宁选集》第2卷，人民出版社2012年版，第480页。
② 《列宁选集》第3卷，人民出版社2012年版，第249页。
③ 《马克思恩格斯选集》第3卷，人民出版社2012年版，第10页。

可以操纵公众舆论使其支持侵略性外交政策，和平的承诺随时会被打破。这并不是没可能，因为即使是在民主政权中，一些领导人也可能对战争感兴趣。二是民众对军事决策没有民主控制。军事决策要求很强的专业背景，非一般民众所能参与。如果外部威胁被夸大并被用来增强军事机构的力量，那么，民众对此无法有效约束。现实中，通过竞选资助和促进当地就业，国会议员与军备公司之间的联系是紧密的。因此，军国主义和战争源于美国民主制度的失败。①

第三，企业间激烈的国际竞争会加剧战争的风险。克里斯·哈曼（Chris Harman）认为，资本主义社会通过战争而生，然而资本主义并不完全建立在战争的基础之上，它的大多数财富是通过在工厂和矿山里剥削工人而获取的。任何发生在本国之内的战争都会使它遭到破坏。在哈曼看来，每个民族资产阶级都希望在国内保持和平，而对国外发动战争。所以，它一方面鼓励人们相信“军事美德”，但另一方面又强烈地抨击“暴力”。资本主义的意识形态以完全矛盾的方式将对军国主义的颂扬与和平主义的言论结合在了一起。19世纪的资本主义生产建立在大量小企业的相互竞争上。但是到了20世纪，大公司吞噬了大多数小公司，因此消除了每个国家内部的许多竞争。不同国家的大公司之间的竞争越来越具有国际性，没有一个资本主义政府可以约束这种跨国竞争。相反，每个民族国家都尽其所能地帮助其资本家获得优于外国竞争对手的优势，这使得不同资本家的生死斗争可以变成不同国家之间、以大量毁灭性武器进行的生死斗争。基于此，有人将希望寄予联合国。但在哈曼看来，即使联合国也无法预防战争。联合国只不过是一个带着战争推动力的不同国家角逐的舞台。他们在那里相互比较自己的优势，就像拳击手在比赛前彼此估量一样。如果一个国家或联盟远比另一个国家强大，那么双方都将看到那是一场胜负已分、毫无意义的战争。

① Kostas Gouliamos and Christos Kassimeris, *The marketing of war in the age of neo-militarism*, London: Routledge, 2012, pp. 173–188.

但如果对结果有任何疑问，他们只知道解决问题的唯一方式是开战。[①]帝国主义国家虽然竭力要为战争寻找借口，但从本质上看，“武力干涉意在为跨国公司打开新的市场，为跨国公司的扩张提供保护以及保障全球经济活动的稳定性。战争的动机也是因为急于为剩余资本寻求新的机会”[②]。

第四，资本主义的运行必然产生暴力。瑞安·拉莫特（Ryan LaMothe）批判新自由主义资本主义产生了五种隐匿的暴力：一是阶级暴力。在市场社会中，下层阶级首当其冲地受到经济不确定性的影响，从而导致身心压力。阶级暴力主要是指所受的经济剥削。二是环境暴力。尽管环境损害在广度和深度上已是触目惊心，但新自由主义的资本主义仍残酷无情和目光短浅地追逐利润，污染地下水和空气，严重威胁人和生态的健康。三是肢体暴力。这里并不是指对工人的殴打，而是通过较高的婴儿死亡率，不安全的粮食和贫困人口中的粮食饥荒等折磨处于贫困线的人，由于缺乏足够的保险或无法获得保险，这些问题愈发严重。四是心理精神暴力。新自由主义资本主义加剧了人们的焦虑、沮丧和疏离感。在新自由主义市场社会中，更不平等的社会与抑郁症和异化率的上升相伴。五是社区暴力。新自由主义资本主义的精神在成为组织社会的方式后，悄悄地侵犯和破坏了社区关系，牟取利润正在成为公共惯例和纽带，即用物的关系代替了人的关系。[③]

总之，资本主义给人类社会带来的不是和平而是战争，尤其是大规模杀伤性武器的研发和应用，将整个地球置于被毁灭的危险境地。

---

① Chris Harman, *How Marxism Works*,（2010-01-26）[2020-04-01], https://www.marxists.org/archive/harman/1979/marxism/ch13.html.

② [美]威廉·罗宾逊：《全球资本主义论：跨国世界中的生产、阶级与国家》，高明秀译，社会科学文献出版社2009年版，第207页。

③ Ryan LaMothe, “Just War: A Pastoral Analysis of the Hidden Violence of State-Corporate Capitalism”, *Pastoral Psychology*, Vol.65, No. 1(2016), pp. 41–60.

二、20世纪超越资本主义的尝试

在1929年资本主义经济大危机的时代背景下问世的苏联模式，曾被很多人寄予厚望。作为一种新生的社会制度，它承载着超越资本主义的梦想。从现实表现来看，这种以国家主导为根本特征的模式适合于战时状态和经济发展的初期，它在苏联和中国等社会主义国家都展现出了推动生产力发展的巨大能量。但是，苏联模式存在着难以克服的弊端，这也注定了它失败的结局。

（一）经济领域的过度集中

对于经济文化落后的国家来说，集中有限的资源可以有效应对内外的挑战。但是，苏联模式在生产关系方面的过度集中与生产力发展的要求是严重背离的。

第一，在所有制结构方面，苏联模式具有生产资料所有制单一化的特点。按照马克思主义经典作家的构想，无产阶级掌握国家政权后，就要将生产资料收归国家所有，以便彻底消灭剥削的基础，为向共产主义过渡创造基本条件。基于对经典作家思想的继承，也基于应对战争的迫切需要，十月革命胜利后的新生苏维埃政权实施“战时共产主义”政策，将粮食、贸易、工业等资源收归国有。虽有新经济政策的短暂纠正，但由斯大林主导建立的苏联模式仍有着战时政策的浓厚痕迹。客观而言，当时的苏联在工业、农业、科技等方面相对落后，单个人、单个企业和组织都不具备独立开展经济恢复与建设的能力，因此建立生产资料公有制并且使生产以协作的方式进行是必要的。结果，经过第二个五年计划，苏联社会主义经济比重在国民经济中占据绝对优势。社会主义经济在国民收入中的比重从1924年的35%提升到1937年的99.1%；社会主义经济在工业总产值中的比重从

1924年的76.3%提升到1937年的99.8%，在农业总产值中的比重更从1.5%提升到98.5%。[①]苏联庞大的公有制经济对于国内的经济恢复与发展起到促进作用，也鼓舞了苏联人民的建设热情和对社会主义的建设信心。但是，在生产力水平尚低的阶段，追求过高的公有制经济比重，制约了经济发展的活力，使生产力与生产关系的矛盾日趋尖锐。

第二，在分配制度方面，苏联模式实行单一的计划分配制度，过于追求平均主义。尽管斯大林一再强调在工资分配上要反对平均主义[②]，但苏联模式只是名义上实行按劳分配，因为评价主体是计划机关，随意性比较强，所以，无法真正做到等量劳动领取等量报酬。在国民工资方面，苏联实行的是等级工资制，通过工资等级表的修改来调节国民收入。在农村，实行按劳动日进行分配的劳动报酬制度，即由政府将农活按照质量和数量规定分值，农民按分值获得现金和实物报酬。总体上看，苏联模式下的分配制度使得国民收入分配差距较小，但整个社会沉浸在公平与平等的带有平均主义色彩的分配制度之中。劳动者是构成生产力的关键要素，劳动者的积极性对于提高整个经济的生产力和效率水平而言至关重要，而分配政策正是劳动者积极性的调节器。平均化的工资分配使得一部分有能力的工人工作积极性降低，他们"怨恨相对狭小的收入不平等，因为这使得他们相比于西方的同行——'新中产阶级'——显得很贫困"[③]。

第三，在经济调节机制方面，苏联模式否定市场的作用，实行指令性计划经济。苏联模式排斥自由市场而选择计划经济，至少有三个因素对此起着推动作用：一是马克思主义经典作家按计划组织社会生产的思想。对于未来社会，马克思和恩格斯希望引入计划而结束资本主义的无政府状态，

① 苏联部长会议中央统计局编：《苏联国民经济六十年》，生活·读书·新知三联书店1979年版，第5页。

② 国家劳动总局办公室外事组编：《苏联工资制度概况》，生活·读书·新知三联书店1978年版，第10—11页。

③ Alex Callinicos, *The Revenge of History: Marxism and the East European Revolutions*, Cambridge: Polity Press, 1991, p.47.

如恩格斯所指出的："社会的生产无政府状态就让位于按照社会总体和每个成员的需要对生产进行的社会的有计划的调节。"[①]二是苏联现实的需要。市场经济将会在一定程度上分散国家手中的资源和力量，而计划经济能够将有限的人力、物力、财力用到最急需的军事和建设上来，达到尽快赢得战争和恢复生产的战略目的。三是经济大萧条的影响。开始于1929年的大萧条将资本主义市场经济的弊端暴露无遗，这为苏联计划经济模式的出场提供了生动的教材。计划经济为社会主义国家经济的恢复和发展做出了不可磨灭的贡献，但它的弊端也令人印象深刻：一是计划经济是与苏联粗放型的经济模式相适应的，它本意是追求资源的有序配置，却导致了资源的巨大浪费。苏联较为丰富的资源给了这个计划经济下的巨大机器肆意吞咽和浪费资源的机会，使得这种模式有可能通过大量地投入生产要素中的人力物力资源来增加产量，而较少考虑这些资源要素配置是否合理和有效。这种浪费十分严重，甚至直到1980年苏联能源的有效利用率还仅为43%，并且由于质量低劣和保管不善，每年要浪费3500万—4000万吨谷物，每年报废的拖拉机与新提供的拖拉机数量相当。[②]二是计划经济产生短缺。在传统的计划经济体制下，群众的需求比较单一，计划机构还能有效分配产品。但随着人们生活水平的提高，对高质量的商品、舒适的生活条件、丰富多彩的文化和精神生活的需求也迅速增加[③]，而通过计划机关传导出的供需信号比较缓慢，体制对人民群众的多样化需求反应迟钝，使得供应无法及时跟上需求变化的步伐。这样，计划经济本来是旨在解决短缺问题，反而成为短缺的诱发因素。三是计划经济对企业创新的激励有限。企业是微观经济活动中最重要的主体，但企业在计划经济条件下的自主性受到极大限制，从生产到分配都由计划机关决定，工人生产和经营的积极性

① 《马克思恩格斯文集》第9卷，人民出版社2009年版，第296页。

② 孙代尧：《战后苏联模式由盛至衰的经济分析》，《中共中央党校学报》1998年第2期。

③ [俄] ф.克罗茨沃克：《苏联社会经济制度的性质及其崩溃的原因》，《国外理论动态》2006年第6期。

不高，企业技术水平和管理水平较低，经济效益自然也很难提高。

（二）政治方面的过度集权

经济基础决定上层建筑，苏联模式下统得过严、管得过死的经济制度决定了其政治方面过度集权的总特征。

第一，苏联模式下的过度集权扼杀了党内民主，最终弱化了党的领导能力。在革命和战争的非常时期，布尔什维克党内权力的高度集中有利于快速有效地应对国内外敌对分子的进攻，从而尽快解除威胁，转入和平建设的新时期。但是，斯大林时期过于强调集权，这虽意在加强党的集中统一领导，实则由于虚化党内民主而从根本上侵蚀了党的执政根基。从当时的背景来看，苏联模式下的权力集中是可以理解的：外部敌对国家的武力入侵威胁虽然暂时解除了，但苏联仍承受着巨大的安全压力，各种颠覆、破坏和渗透活动从未停止过。但问题在于，斯大林以残酷的阶级斗争和"大清洗"的手段来达到全党和全国的高度一致，这严重破坏了党内的政治生态。例如，1934年联共（布）十七大代表1966人中，有1108名因反革命罪被捕；十七大选出的139名中央委员和候补中央委员中，有98人被捕和被处决[①]，这严重违背了列宁所说的"让代表大会选出的中央委员会有权开除中央委员，这是任何时候任何民主制和集中制都不容许的"[②]观点。残酷的清洗使得苏共人人自危，党内民主遭到极大破坏，苏联政治生态处于一种极不稳定的状态。在这种个人集权制下，苏共逐渐失掉了自我净化、自我完善、自我革新和自我提高的能力。

第二，苏联模式下干群关系紧张，苏共将为人民服务的宗旨抛掷脑后，大搞特权。布尔什维克依靠广大人民群众赢得了十月革命的胜利，克服了新政权成立初期的内外交困局面，击碎了纳粹德国的侵略。但是，随着斯

① 黄苇町：《苏共亡党十年祭（最新版）》，江西高校出版社2013年版，第31页。

② 《列宁全集》第32卷，人民出版社1958年版，第244页。

大林模式的形成和稳固，苏共采取的一些举措无形间疏远了自身与人民群众的联系。包括：一是对领导干部实行自上而下的任命制度。如此一来，干部的晋升和撤降与群众基础无关，人民群众已经无法对党员干部的工作形成有效的监督和约束。党员干部将迎合上级作为工作的重心，对人民群众的疾苦不管不问，从组织上就脱离了人民群众。即使党员内部也由于权力过度集中和党内民主缺失而组织涣散，党的领导干部与普通党员貌合神离，畸形的党内关系解释了为什么数千万党员在亡国亡党的生死关头无法团结起来。“当真正需要人出来保卫党、保卫党的政权时，这个党表面上的力量——仍然在册的1500多万名党员中大多数人的态度和非党员群众是一样冷漠的。”①二是形成了特权阶层。苏联对领导干部实行高薪制，违背了1871年巴黎公社最高工资比工人最低工资不超过5倍的社会主义精神，1934年最高工资与最低工资的比例约为30∶1，到1953年达到了50∶1甚至更高，还不包括兼职取薪和通过“大信封”秘密发放的工资。②而且，领导干部有自己的特供商店、电影院、别墅、子女学校等，在生活上与广大人民群众相隔离，沉迷于自我享受，无法体察民情。

（三）行政过度干预文化建设

经济基础决定观念上层建筑，苏联模式在经济上统得过严过死的弊端在文化上表现出过度行政干预和个人崇拜的典型特征。

第一，苏联模式下的学术自由受到压制，行政干预学术现象严重。在苏联模式下，学术上的必要探讨与争鸣很容易被贴上意识形态问题的标签。在哲学、史学、文艺等领域都会有资本主义与社会主义之分，一些学术著作被贴上“唯心论”“反革命”的标签。这种学术问题意识形态化的问题甚至扩大到了自然科学领域，典型的表现是在生物学问题上的争论。自20世

---

① 黄苇町：《苏共亡党十年祭（最新版）》，江西高校出版社2013年版，第100页。

② 黄苇町：《苏共亡党十年祭（最新版）》，江西高校出版社2013年版，第39页。

纪20年代开始，苏联就存在着生物遗传学的两个学派，即摩尔根学派和米丘林学派。前者主张生物的遗传性取决于细胞染色体上一种叫基因的特殊物质，外部环境不能直接决定生物的遗传特性。后者则强调生物与环境的作用，认为在外界条件作用下生物能够获得新的特性，而且这些新特性可以遗传。客观地讲，两派的主张各有千秋，只是从不同的视角揭示了生物进化的规律，两者也都能在实证科学中找到依据。然而，1935年，米丘林去世后，随着李森科成为这一学派的代表人物，两派和平共处的局面被打破。李森科将米丘林学派装饰为社会主义的科学，而将“不可知论”“唯心主义”等标签抛给摩尔根学派，用完全否定的态度看待基因遗传理论。这些观点如果仅代表李森科个人的观点还不足以对摩尔根学派构成毁灭性的打击，问题的关键是当时苏联最高领导人斯大林对此持赞同态度，从而最终导致苏联全面取缔摩尔根学派的实验室、研究所、课程和教科书以及相关研究学者被开除或行政撤职的结果。在苏联，遭此劫难的不只是生物遗传学，生理学和控制论等也都不同程度地受到了官方的过度干预。相比于西方世界，没有市场经济的刺激，苏联自然科学的发展本就动力不足，行政层面的肆意干涉无疑又进一步禁锢了科学的创新和活力。

第二，苏联模式在价值观教育上，强调共产主义、爱国主义和集体主义教育，忽视了个人的利益。苏联模式提倡牺牲个人利益，追求国家和集体利益的价值观，这在战争时期和国家经济困难时期是可以理解的，但当国家政权巩固下来后，就需要适当平衡国家利益和个人利益之间的关系。但是，苏联模式始终像无情的机器一样运行。在具体的经济战略中，它表现出优先发展重工业而忽视轻工业，注重积累而轻视消费的明显倾向。结果，与苏联的综合国力不断提升甚至成为超级大国形成截然对比的是，作为政权执政之基的工人和农民的生活水平改善并不明显，甚至承受饥荒之苦。苏联模式在理论和实践上对民众个人利益的忽视削弱了自身的群众基础，也为苏联后来人道主义思潮的泛滥埋下了伏笔。人道主义问题的张扬实际上是被长期压制的个人利益的一种逆反。1955年5月,《哲学问题》第三期发表了彼得罗相的《马克思主义与人道主义》一文,开启了苏联探讨人道主义问题的序幕,之后社会便对于苏共历史上的“大清洗”等运动便展开了批评[①]。思想的阀门一经打开,就为西方“民主”“平等”“人权”等思想的涌入行了方便。新一代的青年开始厌恶官方倡导的价值观,反而对西方的价值观推崇备至。到了戈尔巴乔夫时期,以马克思主义为指导的价值观丧失了主导地位,苏联的价值形态领域陷入混乱,接着便是党亡政息的惨剧。

第三,苏联模式在思想文化领域个人崇拜盛行,各种教科书、报刊和文艺作品等都对领袖顶礼膜拜,领导人的权威也成为判断和裁决一切的最高标准。对领袖的个人崇拜是苏联模式的典型特征,这种崇拜严重地影响了思想文化的正常生态,体现出文化专制主义的倾向。在这种体制下,领袖的事迹成为歌功颂德的对象,领袖的意见成为判断是非的标准。因此,文化工作者失去了独立思考的能力。这一问题,在马克思主义和语言学的关系问题上表现突出。在苏联模式的意识形态环境中,像李森科这样善于钻营的学者不乏其众,语言学家马尔就将马克思主义的一些概念和理论杂糅进语言学领域,力图在马克思主义的基础上构建语言学,提出诸如“语言是上层建筑,具有阶级性”等论断。在那个泛意识形态化的时代,马尔的语言学很快成为语言学领域的马克思主义,代表着无产阶级的语言学,从而成为语言学领域的唯一正确学说。很多马尔的反对者被捕和死亡,直到斯大林《马克思主义和语言学问题》一书的问世才结束了马尔主义的统治。马尔及其门徒不是真正的马克思主义者,他们只是把马克思主义简单化、庸俗化,打着马克思主义的名义谋求一己之私利,但是,马尔的语言学说迎合了苏联社会泛意识形态化的社会主流。可悲的是,在后来人看来谬误百出的理论竟然统治苏联社会数十年,说明学术界本身已经失去了自我净化和批

---

① 郭丽双:《多元化思潮对苏联社会主义核心价值观的解构及教训》,《当代世界与社会主义》2014年第6期。

判的能力，必须经过最高领导人的指示后才能纠错，这也反映出了苏联社会当时的病态。

（四）被置于从属地位的生态文明建设

苏联模式将生态文明置于从属的地位，生态问题因此成为苏联模式的软肋。

第一，从对生态文明的定位来看，苏联模式从来没有将生态建设置于战略高度。苏联模式是一种畸形的社会制度，在此模式下，生态文明处于边缘化的地位。这有三个方面的原因：一是苏联的自然资源丰富，生态问题并不迫切。苏联是经济文化落后国家率先进入社会主义的典型，但就自然条件而言堪称地大物博，它拥有世界上最大的国土面积，拥有居世界前列的石油、天然气、煤炭等矿产资源，耕地、森林和淡水资源也十分丰富。所以，萨卡指出："世界上没有别的国家能够在开始建设一个'社会主义'社会时拥有比苏联更好的资源条件了。"[①]面对如此丰厚的资源基础，节约资源和环境保护的理念难以达成共识和贯彻执行。二是苏联模式是为备战而生的制度，军事工业和重工业一直是其发展的重点。重工业关乎眼前的生存和利益，而生态问题关乎未来的可持续发展，当二者发生冲突时，生态建设必然会成为牺牲品。三是人们对苏联模式过于自信和乐观，错误地认为随着社会主义生产力的发展，生态问题将迎刃而解。正如有学者所指出的："在摆脱了资本主义的枷锁后，对科技的飞速发展、无限制的进步、人类无限能力等的迷信成为占主导地位的时代精神。"[②]

第二，苏联模式本身是一种粗放型的经济增长方式，它对环境施加了沉重的压力。在社会主义制度和资本主义制度激烈竞争的时代，苏联模式

① [印]萨拉·萨卡：《生态社会主义还是生态资本主义》，张淑兰译，山东大学出版社2012年版，第28页。
② [印]萨拉·萨卡：《生态社会主义还是生态资本主义》，张淑兰译，山东大学出版社2012年版，第39页。

追求的是在尽可能短的时间内实现工业化和赶超发达国家的生产力，不惜一切代价发展经济，追求高增长是其突出的特点。詹姆斯·奥康纳（James O'connor）指出："环境退化是内在于苏联的工业进步之中的，因为它的领导人坚信他们的国家必须同美国进行竞争，以牙还牙，因此可以花费在环境保护上的资金也少得多了——因为苏联经济要比美国经济弱小得多。"[①]从苏联"一五"到"九五"40多年的时间内，苏联工业的平均增长率在10%以上[②]，但这种高增长率是粗放式的。具体而言：一是冷战形成的紧张对立环境限制了苏联参与国际分工的程度和范围，也就无法在国际分工中发挥自身比较优势，利用他国成熟技术和产品，提升自身生产力水平。因此，"对社会主义国家环境问题的任何真正的理解都必须被置放在自20世纪早期以来主要的西方国家对社会主义所发动的政治—经济—军事—意识形态斗争的语境之中，同时，还必须被置放在第二次世界大战结束以来的冷战语境之中"[③]。换言之，对于苏联模式所走的粗放式的发展道路，西方国家难辞其咎。二是苏联模式重积累轻消费，这种运行逻辑与资本主义制度下的资本逻辑类似，它们都追求"越多越好"。苏联模式生产更多的产品是为了积累，资本主义生产更多的产品是为了消费，它们在后果上都导致生态环境沦为被索取的对象。

第三，从践行结果上看，生态问题成为苏联模式失败的重要因素。苏联模式以超越资本主义制度为己任，但在生态问题上却陷入了同资本主义一样的危机之中，正如奥康纳所指出的："社会主义国家跟资本主义社会同样迅速地（或者更快地）耗尽了它们的不可再生资源，它们对空气、水源和

① [美]詹姆斯·奥康纳：《自然的理由：生态学马克思主义研究》，唐正东、臧佩洪译，南京大学出版社2003年版，第418页。

② 苏联中央统计局：《苏联国民经济六十年》，生活·读书·新知三联书店1978年版，第28页。

③ [美]詹姆斯·奥康纳：《自然的理由：生态学马克思主义研究》，唐正东、臧佩洪译，南京大学出版社2003年版，第419页。

土地等所造成的污染即便不比其对手资本主义多，至少也同后者一样。”[①]甚至，苏联模式的表现更为糟糕，因为它的经济增长以高投入、高消耗和低收益为代价。例如，1980年苏联每生产1卢布的国民收入消耗的电比美国多20%，钢多90%，石油多100%，水泥多80%。[②]这种增长方式显然是不可持续的，很快就会遇到瓶颈，所以，有生态社会主义者认为：“‘社会主义’在前苏联和东欧国家失败，主要是因为它遭遇了增长的极限”[③]。20世纪80年代末，切尔诺贝利核电站爆炸引发的生态灾难更加速了苏联的解体。显然，在生态问题上，苏联模式没有交出令人满意的答卷。

（五）对外关系方面的霸权主义行径

第二次世界大战后，强大起来的苏联在对外关系中走上了一条对外扩张和争霸的道路，苏联模式被蒙上了输出革命和好战的外衣。

第一，苏联在斯大林模式的影响下走上了霸权主义道路。十月革命胜利后，苏维埃俄国在列宁的领导下主要精力放在巩固国内政权，列宁反对暴力输出革命，主张尊重各个国家民族的自决权，反对一切国家都用布尔什维克的革命日历。正如列宁曾指出的那样，“俄罗斯社会主义联邦苏维埃共和国希望同各国人民和平相处，把自己的全部力量用来进行国内建设”[④]。在这种思想指导下，一直到1931年，苏维埃共和国只允许自己拥有总数为56万人的军队，这种规模的武装力量表明苏联不打算威胁任何国家。但是，随着斯大林模式的巩固和苏联国力的提升，列宁与资本主义国家“和平共处”政策被与美争霸的战略所取代。第二次世界大战后，苏联开始与美国进行势力范围的划分与争夺。斯大林建立了以苏联为首的社会主义阵营，与以美

① [美]詹姆斯·奥康纳：《自然的理由：生态学马克思主义研究》，唐正东、臧佩洪译，南京大学出版社2003年版，第407页。

② 江流、徐葵等主编：《苏联剧变研究》，社会科学文献出版社1994年版，第66页。

③ [印]萨拉·萨卡：《生态社会主义还是生态资本主义》，张淑兰译，山东大学出版社2012年版，第5页。

④ 《列宁全集》第37卷，人民出版社2017年版，第359页。

国为首的资本主义阵营形成对立和冷战。冷战的双方为了增加自己获胜的筹码，不断地寻找各种机会扩大自己的势力范围，甚至不惜对他国实行军事占领，将世界置于战争的边缘和危险的境地。因此，沙文主义和专制主义渗入苏联外交之中，在扩大社会主义范围的同时也削弱了社会主义的吸引力。

第二，出于争霸的需要，苏联卷入与美国的军备竞赛，严重影响了本国社会经济的健康发展。从经济发展的规模和质量来看，苏联与其竞争对手美国存在较大的差距，但为了避免在竞争中败下阵来，苏联长期维持着巨大的军费开支。在整个20世纪70年代里，苏联一直把国民生产总值的12%—14%用于军事计划。[①]20世纪80年代中期苏联经济占美国国民生产总值的50%—60%，在世界上居第二位，其中，12%—13%的国民生产总值直接用于国防，而美国仅为6.5%。[②]苏联将过多的财富消耗在军事部门，导致两个严重后果：一是国民经济结构畸形，重工业独大，轻工业和农业部门发展不足，这种战时的经济结构埋下了不可持续的祸根；二是人民生活水平落后于西方发达国家，消费品和农产品紧缺，物资供应紧张，影响了人民对社会主义制度的信心。第二次世界大战结束后，苏联的安全威胁基本解除，但它陷入了过度发展军事工业，谋求武器数量优势来维护国家安全的误区。殊不知，没有雄厚的经济基础作支撑，单纯依靠军工换安全无异于饮鸩止渴。

第三，苏联模式下实行输出本国模式的家长制外交。苏联模式在战争时期以及战后恢复时期的表现不俗，被苏联领导人视为社会主义的唯一可行模式。斯大林认为，完全可以将这种模式移植到其他国家去，"社会主义在一个国家内的胜利不是目的本身，而是世界各国无产阶级革命取得胜利的助力、手段和工具"[③]。第二次世界大战后，苏联无视其他国家的民族特点和具体实际，极力推销本国模式，在东德、捷克斯洛伐克、波兰、匈牙利、南斯拉夫等国建立以苏联为模板的政权。苏联以社会主义的老大哥自

① 美国国防部编：《苏联军事力量》，新华出版社1982年版，第15页。
② 左凤荣：《苏联走上军备竞赛之路的原因与后果》，《黑龙江社会科学》2001年第5期。
③ 《斯大林全集》第8卷，人民出版社1954年版，第293页。

居，妄图将“民主集中制”原则由国内拓展至社会主义阵营中，让其他国家听命于苏联的指示，这破坏了社会主义国家间的平等关系。苏联的霸权主义行径和家长制作风，严重威胁着其他国家的主权，引发了社会主义阵营的内讧，导致苏联先后与南斯拉夫、中国和阿尔巴尼亚等国家交恶。苏联本想通过民主集中制实现社会主义国家间的统一和团结，却在事实上造成了社会主义阵营的分裂。

苏联模式深刻地影响了20世纪的社会主义运动，一度被认为是社会主义的发展方向和希望。但是，到了20世纪末，苏联模式带着毁誉参半的是非评价退出了历史舞台。21世纪，暂时陷入沉寂的社会主义因中国模式的问世而重燃希望。

三、21世纪社会主义的希望

国外不少人士污蔑中国改革开放后放弃了新中国成立之初所走的社会主义道路，只在名义上保留了社会主义，而在实际上实行的却是资本主义。对此，德伯批判说，这纯粹是意识形态中的无稽之谈，是西方资本家试图宣称对一种新制度的胜利，因为这种新制度正在超越资本主义。[①]原因很简单，西方资本家希望将中国经济的奇迹归功于资本主义，这样，中国道路就不会对资本主义的合法性构成挑战。在美中人民友好协会主席大卫·尤因看来，中国是一个社会主义国家，任何源于马克思列宁主义的正统理论的分析都会得出这一结论。[②]

针对有人提出“中国的城市化就是资本主义化的过程”，国外有学者反驳指出，中国的城市化过程是一种“混合城市化”的形式，它是社会主

① [美]查尔斯·德伯：《马克思的预言：危机中的世界》，李力译，人民日报出版社2013年版，第179—183页。

② [美]大卫·尤因：《美国学者关于中国社会主义的争论》，《国外理论动态》2004年第12期。

义和市场经济的结合，并不会必然滑向"资本主义"。[1]法国经济学家让-克洛德·德洛奈（Jean-Claude Delaunay）认为，中国社会的变革是一种传统社会的变革，在这样的传统社会中，资本主义关系非常薄弱，虽然如今的变化为资本主义关系提供了发展空间，但并不能就此认为这种经济是一种资本主义经济，因为还存在着其他关系以及国家干预。[2]加拿大卡尔加里大学哲学系教授罗伯特·韦尔（Robert Ware）指出，尽管有一股全球性的力量在致力于推崇西方的新自由主义经济政策，但中国共产党和政府仍在谋求发展中国特色社会主义，新自由主义的观点确实受到境内外势力的推崇，但是自由主义在中国既没有确立起它的意识形态地位，也没有作为一种理论被普遍接受。[3]中国国际事务讲座教授巴里·诺顿（Barry Naughton）则认为，以习近平为首的中国领导层发起了一场广泛的反腐运动，意识到了社会所存在的一些问题。即使那些认为今天的中国制度还不是社会主义的人也可能认为，社会主义理想仍然是有影响力的，而且这个国家的体制可能会继续向更强烈的"社会主义"和再分配的制度方向演化。[4]这些学者对中国道路性质的认识看上去有些模糊，实际上与中国发展呈现的变动性有关。中国处于不断改革和发展中，这无疑增加了国外学者静态观察中国的难度。

根据唯物史观，评价一个国家社会制度性质的关键指标是所有制关系。私有制并没有在中国占支配地位，所以，中国仍然是社会主义国家。阿明认为，中国的土地在形式上仍然是国有财产，不允许自由买卖，这是中国

① Terry G. McGee, "Interrogating the production of urban space in China and Vietnam under market socialism", *Asia Pacific Viewpoint*, vol. 50, No. 2(2009), pp. 228–246.

② [法] 让-克洛德·德洛奈：《论中国特色社会主义研究的问题构架》，《马克思主义与现实》2009年第4期。

③ Robert Ware, "Reflections on Chinese Marxism" ,*Socialism and Democracy*, Vol. 27, No. 1(2013), pp.136–160.

④ Barry Naughton, "Is China Socialist?" , *Journal of Economic Perspectives*,Vol.31, No. 1(2017), pp. 3–24.

还不是资本主义国家的重要原因。他还认为，中国如果走资本主义道路，不可能达到像欧美日那样的发达程度，因为处于中心的发达国家不允许边缘国家挑战它的地位。所以，中国的出路在于社会主义。①阿明的这一观点实际上是对国内亲近资本主义的右翼分子的当头棒喝，如果中国不另辟蹊径实现现代化，按照西方国家的道路发展只能是永远处于边缘和外围，不可能进入世界的中心。

托尼·安德烈阿尼（Tony Andréani）认为，中国式的社会主义市场经济是建立在一个强大的公共部门的基础之上的，它在经济中占有战略性地位。中国的公有制企业的优势体现在：具有规模效益，不片面追求利润的最大化，并且部分允许企业职工参与企业的管理，对国家的宏观调控反应更加迅速。②市场社会主义者施韦卡特分析指出，资本主义从经济方面来看，是指一种私人拥有大量生产资料并且雇佣劳动居主导地位的市场经济。如果以此标准衡量中国社会，那显然不是资本主义，因为中国仍有将近一半的人口住在农村，而农业土地尚未私有化。更重要的是，虽然私有经济在过去的数十年间迅速增长，但国有企业仍然控制着包括银行、保险、石油、电信、工程和建筑、钢铁制造、电力、铁路、海运等在内的核心行业。③

从科学社会主义的角度来看，如果说苏联是20世纪社会主义运动的旗手，那么21世纪社会主义的希望无疑在中国。具体而言：

第一，中国道路的成功有力地驳斥了“历史终结论”。对马克思主义时代性的拷问主要体现在两点上：一是理论上能否超越时空的限制而不断推陈出新，进而回答不同时代提出的课题；二是实践上以马克思主义为指导的运动、革命和建设能否生机盎然，为人类的解放和美好生活做出特有的

① 丁晔：《只有社会主义的道路才能摆脱依附与危机——访埃及著名经济学家萨米尔·阿明》，《马克思主义研究》2016年第3期。

② [法] 托尼·安德烈阿尼、[法] 雷米·艾莱拉：《中国式金融体系与社会主义市场经济》，《马克思主义与现实》2013年第2期。

③ [美] 大卫·施韦卡特：《超越资本主义》，黄瑾译，社会科学文献出版社2015年版，第二版中文版序言，第5页。

贡献。但是，20世纪的苏联模式将马克思主义理论教条化，革命和建设取得的成就与产生的问题并存，没有为马克思主义的时代性做出令人信服的回答。随着苏联的解体，马克思主义过时论和终结论盛极一时。对此，一些西方左翼学者进行了激烈的辩驳。英国学者戴维·沃克尔（David Walker）指出："即使共产主义的失败和马克思主义理论构建上的瑕疵，也不能掩盖这样的事实——马克思主义思想依然在为当代政治和学术做出贡献，并且很可能在进入21世纪后仍将是一个重要的政治和思想的参照点。"①埃里克·霍布斯鲍姆（Eric Hobsbawm）在2008年金融危机之后指出："经济自由主义和政治自由主义，无论是单独还是结合起来，都不可能为21世纪的种种问题提供解决的方案。现在又是认真地对待马克思的时候了。"②国外左翼学者的辩护是对"历史终结论"的当头棒喝，但理论的批判终究无法替代实践的批判。相比之下，中国的社会主义道路坚持理论与实践相统一，它不仅在理论上丰富和发展了马克思主义的市场经济理论、党的建设理论、国际关系理论（尤其是社会主义国家与资本主义国家的关系）、生态文明理论等，而且在实践中取得了举世瞩目的巨大成就：短短数十年的时间，中国已成为世界第二大经济体，构建起了涵盖全体国民的医疗和养老保障体系，建立起最有利于中国人民根本利益的民主政治等。中国道路的成功不仅证明马克思主义没有过时，马克思主义仍然是人类社会走向和谐、幸福和美丽的指导思想，而且也表明：马克思主义没有错，我们不应该将东欧剧变失败的脏水泼向马克思主义本身。显然，一个开放、充满活力且负责任的社会主义中国，正在改变世界人民对马克思主义的刻板印象。

第二，中国模式为其他社会主义国家提供了可资借鉴的发展道路。社会主义国家建设的经验主要来自三个渠道：一是马克思主义经典作家对未

① [南非]达里尔·格雷泽、[英]戴维·沃克尔：《20世纪的马克思主义：全球导论》，王立胜译，江苏人民出版社2010年版，第18页。

② [英]埃里克·霍布斯鲍姆：《如何改变世界：马克思和马克思主义的传奇》，吕增奎译，中央编译出版社2014年版，第385页。

来社会的勾画；二是资本主义国家的一些有益做法；三是现实社会主义国家的经验和教训。其中，马克思和恩格斯对未来社会没有提供详细的蓝图，即使提出的一些建议和举措也是建立在生产力高度发达的基础之上，为落后国家从事社会主义建设提供的理论资源较为有限；资本主义国家的做法也不宜效仿太多，否则会丧失社会主义自身的属性。因此，现实社会主义国家的成功经验尤为重要。在20世纪，苏联模式引领了世界社会主义运动的潮流，成为其他国家竞相效仿的对象，但它却昙花一现。原因在于：在思想上，搞个人崇拜，思维僵化，不思改革，名义上在坚持马克思主义，实际上扼杀了马克思主义的生命力；在对外关系上，苏联与美国争霸，向世界输出革命，不仅败坏了社会主义的声誉，也消耗了本国的国力；在经济上，由于采用计划经济，苏联国内企业缺乏创新的动力，劳动生产率较低，经济增长主要依赖粗放式，最终在与发达国家的竞争中败下阵来；在党的建设上，苏联忽视了对党员的理想和信念教育，党员队伍中的关键少数理想信念丧失，贪污腐化，导致苏联共产党失去先进性，丧失了人民群众的信任。最终，苏联共产党葬送了列宁开创的十月革命胜利成果，苏联的解体也在“很大程度上泯灭了对可能存在非资本主义世界的信仰”①。相比苏联模式，中国模式无疑代表着社会主义发展的正确方向，表现在：在指导思想上，坚持马克思主义基本原理与本国实际相结合，用不断发展的理论指导现实实践，避免思想禁锢，始终坚持解放思想和与时俱进；在经济上，坚持市场在资源配置中的决定性地位，避免政府过度干预市场带来的低效率、权力寻租和短缺等问题，调动市场主体的积极性，充分释放市场活力，保持经济健康稳定增长；在党的建设上，通过反腐败和思想教育，保持党的先进性，确保党同人民群众的血肉联系；在外交上，坚持“结伴而不结盟”，既不输出革命，也不称霸，尊重他国主权和领土完整，这样既树立了良好的国际形

① [美]查尔斯·德伯：《马克思的预言：危机中的世界》，李力译，人民日报出版社2013年版，第45页。

象，又为自身发展营造了良好的国际环境。

第三，马克思主义与本国国情的成功结合为中国指明了未来的发展方向。“方向决定道路，道路决定命运。”①占世界人口近1/5的中国能否找到一条适合本国国情发展的道路，不仅关系中国的前途命运，也关系世界的和平与稳定。新自由主义在苏联解体之后名声大噪，在世界范围内大行其道，包括社会主义中国也深受其影响。但现实是，前社会主义国家在拥抱新自由主义道路后并没有获得期望中的繁荣，反而一直坚持走社会主义道路的中国，各项事业蒸蒸日上。习近平总书记指出：“历史和现实都告诉我们，只有社会主义才能救中国，只有中国特色社会主义才能发展中国，这是历史的结论、人民的选择。”②从鸦片战争至今180多年的奋斗史充分表明，中国革命和建设成功的关键在于共产党的领导，而共产党能够带领人民取得一个又一个胜利的法宝就是坚持马克思主义的指导。可以说，没有马克思主义，就没有站起来和富起来的中国；同样，正在走向强国之路的中国，更不能没有马克思主义。中国近代以来的奋斗史也表明，照搬照抄他国经验根本行不通，中国有自己特殊的文化背景、人口和地理结构、经济发展基础等，必须坚持走中国特色的革命和建设道路，必须将马克思主义的基本原理与各个时代的中国国情相结合。正如国外学者所指出的那样：“中国的马克思主义研究，对中国和世界都很重要。对于中国面临的很多问题，马克思的理论是最好的分析工具。”③当前，国内外有些人诬蔑中国正在走资本主义道路，认为中国将渐进式地放弃社会主义道路，最终将废除马克思主义的指导地位，但党的十九大报告向世人宣告：21世纪中国将毫不动摇地坚持马克思主义的指导地位。

① 《中共中央关于党的百年奋斗重大成就和历史经验的决议》，人民出版社2021年版，第68页。

② 《习近平谈治国理政》第1卷，外文出版社2018年版，第22页。

③ [美]克雷格·卡尔霍恩、许文星：《马克思主义与当代中国——访克雷格·卡尔霍恩教授》，《社会主义研究》2017年第1期。

第四，中国道路承载着世界社会主义思潮和运动的希望。马克思和恩格斯在19世纪穷其一生寻求将所创建的理论转化为人类解放的果实，但没有达成夙愿。以苏联为代表的经济文化落后国家在20世纪纷纷选择了马克思主义来作为革命和建设的指导思想，并在前期取得了令资本主义国家震惊的成就，可惜世纪末的改旗易帜几乎葬送了马克思主义的希望。如今，作为实践中的社会主义国家，中国承载着许多社会主义者的梦想和期望。韦尔就指出："中国现在对全世界的社会主义者、马克思主义者以及研究马克思学的学者而言尤为重要。与其说社会主义在中国占有支配地位，倒不如说它肩负着重要使命。"①中国道路对于世界社会主义运动的意义主要在于两个方面：一方面，中国通过自身生动的实践向人们展示社会主义的优越性。早在20世纪80年代，邓小平就提出，用20世纪末期的20年，再加上21世纪的前50年，共70年的时间，努力向世界证明社会主义优于资本主义。"我们要用发展生产力和科学技术的实践，用精神文明、物质文明建设的实践，证明社会主义制度优于资本主义制度，让发达的资本主义国家的人民认识到，社会主义确实比资本主义好。"②另一方面，中国的社会主义道路为诸多社会主义思潮和流派提供了实践素材。施韦卡特就指出："虽然并非所有的果实都是甜的，但不可否认的事实是，中国开始于1978年的市场社会主义试验显著提升了12亿人口中大多数的生活水平，而且在20年的时间里维持了一个世界任何国家都难以望其项背的高增长率。"③

① [加]罗伯特·韦尔：《关于中国马克思主义的思考》，《国外理论动态》2014年第4期。
② 中共中央文献研究室编：《邓小平年谱》第5卷，中央文献出版社2020年版，第553页。
③ [美]大卫·施韦卡特：《超越资本主义》，黄瑾译，社会科学文献出版社2015年版，第二版中文版序言，第1—2页。

第五章

21世纪马克思主义的建构路径

当前，我们所处的时代早已超越了马克思主义经典作家所处的时代，因而，尽管马克思主义的一般原理仍是基本正确的，但有些理论还要随着人类社会的发展和时代的变迁得到进一步挖掘，一些新问题的产生也急需新理念予以指导。为此，马克思主义需要寻求理论上的突破和扩展。苏联解体之后，我们国家在中国共产党的领导下大胆探索，开启并实施了改革开放，由此独立走出了一条具有中国特色的社会主义建设道路，并且取得了令世界瞩目的成就。40多年的发展表明，中国的社会主义事业是国际共产主义运动的希望所在，是丰富和发展马克思主义的希望所在。但应该认识到，随着中国特色社会主义建设的深入开展，我们遇到的新情况、新问题也不断增多，经典马克思主义现有的、具体的理论内容却不足以解决这些现实的问题，中国共产党人唯有不断进行实践探索、打破旧的思维方式、开辟马克思主义新境界，才能更好地指导社会主义事业。因而，创新马克思主义理论、建构21世纪马克思主义，成为新时代中国共产党人进行理论探索的一项主要任务。2021年11月，党的十九届六中全会通过的《中共中央关于党的百年奋斗重大成就和历史经验的决议》明确将“坚持理论创新”视为我们党在过去百年奋斗历程中所积累的宝贵历史经验，继而指出：“习近平新时代中国特色社会主义思想是当代中国马克思主义、二十一世纪马克思主义，是中华文化和中国精神的时代精华，实现了马克思主义中国化新的飞跃。”①在此背景下，准确定位21世纪马克思主义建构的时空坐标、深刻把握21世纪马克思主义理论建构的基本原则、科学阐释21世纪马克思主义建构的目标旨趣、积极探索21马克思主义理论建构的方法途径，则是我们建构21世纪马克思主义的首要前提和基本要求。

① 《中共中央关于党的百年奋斗重大成就和历史经验的决议》，人民出版社2021年版，第26页。

一、21世纪马克思主义建构的时空坐标

时代是思想之母，实践是理论之源。任何理论的产生、发展都是时代的产物，没有逃离时代限制的理论想象。这就表明，建构21世纪马克思主义必须首先对其所处的时代有一个清楚的认知和理性的考察。从时间维度来看，21世纪马克思主义承继了19世纪和20世纪马克思主义；从空间维度来看，21世纪马克思主义着眼于当代中国的社会主义现实建设和整个世界的大发展、大变革、大调整，并且同时借鉴了中国优秀传统文化和西方先进文明成果。而这些直接锁定了21世纪马克思主义所处的时空坐标。

（一）21世纪马克思主义生成发展的历时性

“问题是时代的格言，是表现时代自己内心状态的最实际的呼声。”①这就是说，每一时代都有属于自己的时代课题，而由这一时代所生发的任何思想理论则以解决时代课题为己任。马克思主义正是在解决时代课题、寻求人类解放的道路上诞生和丰富发展的。以“世纪”为时间节点，以“国家”为研究样本，以“时代课题”为研究核心，到目前为止马克思主义已经或正在经历着三个发展阶段：

第一，以“英国”为代表的欧洲大陆是19世纪马克思主义诞生的起始点。在这一个世纪，随着第一次工业革命的完成和第二次工业革命的开展，资本主义生产方式在欧洲普遍确立，资产阶级也逐渐实现了对整个欧洲大陆的政治统治和意识形态控制。但与此同时，资本主义经济的飞速发展使得资本主义社会固有的矛盾逐渐暴露出来，经济危机的周期性爆发和工人运动的发展证实了“资产阶级不仅锻造了置自身于死地的武器；它还产生了将要运用这种武器的人——现代的工人，即无产者”②。然而，由于工

① 《马克思恩格斯全集》第1卷，人民出版社1995年版，第203页。

② 《马克思恩格斯选集》第1卷，人民出版社2012年版，第406页。

人阶级自身的阶级局限性，加之当时流行的各种社会主义思潮具有的欺骗性、虚伪性和空想性，这些理论无法真正引导工人运动、实现工人阶级的解放。故而，工人阶级迫切需要“科学的”“彻底的”“能够说服人”的理论指导。在此背景下，起初投身于黑格尔思辨哲学怀抱的马克思、恩格斯在现实物质利益的直接冲击下，实现了从唯心主义到唯物主义、从革命民主主义到共产主义的转变。他们吸收了黑格尔哲学“辩证法”思想的合理内核和费尔巴哈哲学“人本主义”的合理内核，将“实践”引入唯物主义哲学之中，创立了唯物史观，发现了人民群众的历史作用，确立了解放全人类的价值目标，形成了科学的马克思主义哲学思想。但是，马克思、恩格斯碰触到的现实物质利益问题并不是仅仅依靠哲学反思就能得到合理、彻底的解决，真正答案需要到“市民社会”中去寻找，用“冷静的眼光来看他们的生活地位、他们的相互关系”①。于是，接连遭遇迫害的马克思于1849年抵达英国伦敦，在当时世界上资本主义经济最发达的城市直观地观察资本的秘密，真实地体验工人阶级的悲惨生活，最终发现资本运行的奥秘和工人阶级受剥削的根源，从而找到了工人阶级革命的根本依据。然而，问题不在于“解释世界”，而在于“改变世界”。②马克思、恩格斯在进行理论研究的同时，亲自参与了领导工人运动的现实工作，他们清算工人阶级中的各种错误思潮，传播科学社会主义理论，为工人阶级运动起草革命性纲领，反思、总结工人阶级斗争失败的经验教训，根据历史条件的变化及时提出切合时宜的工人阶级斗争道路、方针、政策等。直至生命的最后一刻，马克思、恩格斯二人仍牵挂工人阶级运动和全人类的解放事业。整体而言，19世纪的马克思主义在工人运动中萌芽、发展，它以资本主义发展最为充分的“英国”为研究样本，并落脚于各国现实的工人运动，回答了无产阶级为何开展阶级斗争的时代课题，积极寻求全人类解放之路，为之后的国际共产主义运

① 《马克思恩格斯选集》第1卷，人民出版社2012年版，第404页。
② 参见《马克思恩格斯选集》第1卷，人民出版社2012年版，第136页。

动奠定了思想根基。

第二，苏联社会主义建设实践是20世纪马克思主义理论研究的核心问题。进入20世纪，马克思主义的继承者列宁率先洞悉了时代的变化，利用帝国主义国家忙于战争而无暇关注无产阶级运动和社会主义革命的契机，在资本主义国家链条上最薄弱的环节——俄国，建立了世界上第一个社会主义国家，实现了社会主义从理论变为现实的巨大飞跃。此后，马克思主义将要解决的时代课题变为如何在一个经济文化落后的国家实现由社会主义向共产主义过渡的社会主义建设问题。解决这一时代课题，一方面，需要已有的马克思主义世界观、方法论和解放全人类的价值目标来指导；另一方面，则需要马克思主义继承者们凭借他们的睿智在充分了解苏联民情、国情的基础上采取合适的政策方针，带领人民群众进行社会主义建设，进一步完善马克思主义。十月革命后，在列宁的带领下，苏联抵御住了国内外反动势力的联合绞杀，充分证明了“工农政府的生命力”[①]，并实施了新经济政策，利用国家资本主义迅速巩固了苏维埃政权，从而提出了一系列富有创造性的关于社会主义建设的新思想。列宁逝世后，斯大林领导苏联人民集中力量进行社会主义工业化建设，在短短十几年之内使苏联由一个落后的农业国变为能与资本主义强国相抗衡的世界强国，基本确立了社会主义制度，为之后的苏联社会主义建设奠定了坚实的物质基础。然而，斯大林在此后的改革中忽视了社会历史发展的客观规律，教条式地解读马克思主义，刻板地将马克思、恩格斯的某些论述应用于社会主义建设实践中，逐渐形成了僵化的斯大林模式。后续的苏联领导人虽然意识到了斯大林模式的弊端，也进行了一系列改革，但他们并未跳出对社会主义狭隘的、片面的、教条化的认识，导致苏联改革未击中问题的本质与核心，改革措施也仅仅浮于表面，最终在西方资本主义国家和平演变的阴谋中，斯大林模式彻底崩溃，苏联彻底解体。需要注意的一点是，20世纪世界上虽还存在除苏

① 《列宁全集》第32卷，人民出版社2017年版，第282页。

联外的社会主义国家，但这些国家的社会主义建设在很大程度上直接套用了苏联高度集中的计划经济模式，基本上沿袭了苏联社会主义建设模式。尽管在20世纪70年代末80年代初中国开始探索一条崭新的具有中国特色的社会主义道路，并且取得巨大成就，但20世纪的马克思主义仍然是以“苏联”为样本，首次现实地、集中地研究社会主义建设的时代课题。这也是20世纪马克思主义最鲜明的特征。

第三，中国特色社会主义道路是21世纪马克思主义最新进展。1991年12月25日，苏联解体，从此世界上仅剩下五个社会主义国家，社会主义国家力量大为削减，国际共产主义运动也随之陷入低潮。在很长一段时期内，历史将终结于资本主义国家的言论甚嚣尘上，马克思主义似乎将要被尘封于世。但事情并不像历史终结论者标榜的那样。我们可以将视线转向中国，中国共产党正集中全党、全社会的智慧与力量在探索社会主义建设新道路中致力于再次实现马克思主义的本土化。秉持着“走自己的道路，建设有中国特色的社会主义”的理念，中国共产党开辟了一条既不是“封闭僵化”的老路，也不是“改旗易帜”的邪路，而是中国特色社会主义道路。进入21世纪，中国特色社会主义道路经过20多年的积淀，焕发出强大的生机与活力。中国取得了举世瞩目的成就，综合国力大大提高，在国际事务中承担更多的责任，拥有了更多的国际话语权，中国成为世界经济政治多极化格局中不容忽视的重要一极。特别是党的十八大以来，中国特色社会主义进入新时代，中华民族更是迎来了“从站起来、富起来到强起来的伟大飞跃”[①]。“中国特色社会主义新时代是我国发展新的定位”。[②]而正是由于中国的发展进步，中国作为世界上最大的社会主义国家，为国际共产主义运动发展注入了新的活力，提供了社会主义发展建设的新范式。21世纪以来，中国

① 习近平：《决胜全面建成小康社会 夺取新时代中国特色社会主义伟大胜利——在中国共产党第十九次全国代表大会上的报告》，人民出版社2017年版，第10页。

② 《中共中央关于党的百年奋斗重大成就和历史经验的决议》，人民出版社2021年版，第23页。

共产党推进马克思主义理论创新的过程，其实也是开辟和发展21世纪马克思主义；中国要解决的改革问题、发展问题、国际问题等，其实也是21世纪马克思主义要解决的时代课题；中国共产党提出的新概念、新范畴、新表述和新思想，其实也是21世纪马克思主义理论的最新内容。

（二）21世纪马克思主义生成发展的空间性

2017年9月29日，习近平总书记在主持中共十八届中央政治局第43次集体学习时指出："发展21世纪马克思主义、当代中国马克思主义，必须立足中国、放眼世界，保持与时俱进的理论品格"①。这一具体要求为我们指明了21世纪马克思主义创新发展所施展的两个空间场域，即中国和世界。

一方面，中国作为当前世界上最大的社会主义国家，是发展21世纪马克思主义的中心阵地。如前文所述，19世纪马克思主义诞生于欧洲，20世纪马克思主义聚焦于苏联社会主义建设。到了今天，21世纪马克思主义的中心则在中国。这主要是因为：首先，中国有潜力实现马克思主义在21世纪的发展。苏联解体后，在社会主义国家中当数中国是世界性大国，它曾通过抗美援朝战争顶住了美国帝国主义侵略扩张的野心，也曾在美苏两国两极争霸中走出了一条适合自身发展的道路，保持住了国家领土、主权的完整，恢复了在联合国的合法席位。反观其他社会主义国家，国家综合实力较低，在以美国为首的西方发达资本主义国家封锁压制中艰难生存，无力抗衡资本主义势力，很难成为引领国际共产主义运动走出低潮的力量。因而，相比较来说，中国是社会主义国家中最具有潜力，且能够进一步发展马克思主义的国家。其次，中国具有能力和实力建构21世纪马克思主义。肇始于1978年5月的"真理标准问题大讨论"，从思想领域率先发出了中国改革之声，同年12月召开的中共十一届三中全会则正式昭示了中国开启了改革开放之路。之后，从中央到地方，从乡村到城市，从沿海地区到内陆地区，中国社

① 《习近平谈治国理政》第2卷，外文出版社2017年版，第65页。

会方方面面都掀起了改革热潮，在经济、政治、文化、外交等领域取得了全面进步，走出了一条具有中国特色的社会主义道路，中国发展呈现出一片繁荣景象。源于20世纪70年代末的中国改革开放，为进一步全面深化改革打下了坚实的物质基础、制度基础和思想基础。党的十八大以来，以习近平同志为核心的党中央更是直击中国改革的核心问题，形成“五位一体”的总布局，提出“四个全面”的战略布局，践行新发展理念，全力以赴打赢脱贫攻坚战，推进国家治理体系和治理能力现代化。此外，面对世界局势的深刻变化，以习近平同志为核心的党中央创造性地提出了构建人类命运共同体理念，发出“一带一路”倡议，创建亚洲基础设施投资银行，推动建立国际政治经济新秩序，为解决世界性难题提供中国智慧、贡献中国力量。由此可见，新时代的中国完全有能力和实力打造21世纪的马克思主义、当代中国化的马克思主义。最后，中国共产党人充分意识到建设21世纪马克思主义是当代中国共产党的神圣责任。中国共产党从建党伊始就坚决把马克思主义作为全党的指导思想，并在实践中将马克思主义基本原理同中国革命、建设和改革的实际情况相结合，使马克思主义实现本土化，从而形成了毛泽东思想、中国特色社会主义理论体系，扩展了马克思主义的内涵。当前，以习近平同志为核心的党中央在继承马克思主义丰硕思想成果的基础上，精准研判国内外局势，创造性提出了一些新概念、新理念、新思想，为解决中国发展问题、世界发展问题提供了新方案、贡献了新智慧。历史地看，推进马克思主义的中国化、本土化是中国共产党坚持、发展和创新马克思主义的实际体现。在21世纪，中国作为推动国际共产主义运动的主力，维护和巩固马克思主义在中国社会主义建设中和在世界共产主义运动中的指导地位，推进马克思主义与时代相融合，以期建构21世纪马克思主义，成为“当代中国共产党人责无旁贷的历史责任”①。习近平新时代中国特色社会主义思想，是21世纪马克思主义的最新理论成果。

① 习近平：《论坚持全面深化改革》，中央文献出版社2018年版，第518页。

另一方面，实现人类的解放是马克思主义永恒的价值追求，也是21世纪马克思主义向世界延展的价值依据。众所周知，马克思主义是在工人阶级与资产阶级的阶级斗争中诞生的，它通过深入研究资本主义经济运行方式，揭示了资本主义私有制是工人阶级贫困生活的根源，发现了资本主义社会生产资料私人占有与社会化大生产之间的固有矛盾是实现“两个必然”的根本动因，从而找到了解放全人类的现实道路。由此可见，摆脱资产阶级统治、实现全人类彻底解放，是马克思主义坚定的政治立场。然而，经过200多年的发展，尽管国际共产主义运动取得了历史性跨越——建立了真正的社会主义国家，但世界上绝大部分国家仍然是资本主义国家。在资本主义国家内部，资产阶级统治者通过各种改革，预防、缓解了由资本主义固有矛盾所带来的经济危机和社会危机，极大地缓和了阶级矛盾，削弱了工人阶级的斗争意识，整个资本主义世界似乎开辟了新的发展空间，表面上呈现出一片平和繁荣的景象。好像马克思主义在资本主义世界被“遗忘”，资本主义世界似乎实现了“全人类的解放”。但是，正如马克思所说，资产阶级应对危机的各种办法“不过是使防止危机的手段越来越少的办法”[①]。从20世纪70年代的滞胀危机开始，资本主义世界频频爆发各种形式的经济危机。这些经济危机激化了掩藏于资本主义世界繁荣背后的阶级矛盾，工人阶级大规模的罢工运动在资本主义世界重新兴起，工人运动的指导思想即马克思主义由此成为风靡全世界的学说。这些事实说明，工人阶级与资产阶级之间的矛盾冲突从未消失，工人阶级受剥削受压迫的生活状况也从未得到根本性改善，“我们依然处在马克思主义所指明的历史时代”，仍然需要“用马克思主义的立场、观点、方法观察时代、把握时代、引领时代”[②]。然而，马克思主义并不是能够解决一切问题的“万灵药”，马克思主义基本原理的实际运用要“随时随地都要以当时的历史条件为转

---

① 《马克思恩格斯选集》第1卷，人民出版社2012年版，第406页。

② 《中共中央关于党的百年奋斗重大成就和历史经验的决议》，人民出版社2021年版，第72页。

移”①。这就表明，我们要用马克思主义基本原理去研究当前资本主义世界所呈现出的不同于以往的新变化、新特点，打碎资本主义“历史终结论”的幻想，冲破资本主义霸权统治的牢笼，寻找当前实现全人类解放的现实途径。从这一方面来看，世界资本主义的变化发展仍是发展21世纪马克思主义的现实动力。当然，中国的发展离不开世界的发展，中国共产党作为21世纪马克思主义的主要架构者、建设者，更是一直秉承马克思主义“实现全人类解放”的价值目标，准确剖析资本主义新变化、新特点，积极为解决关系全人类解放事业的世界性问题献计献策。21世纪马克思主义立足于世界最典型的社会主义国家——中国，洞悉世界资本主义的最新发展变化，在中国的不断发展中、在世界资本主义的新变化中坚定“两个必然”的信心，从而不断实现自身的发展。

（三）21世纪马克思主义生成发展的共时性

21世纪马克思主义的建构有其一脉相承的思想基础，也有其内容丰富的现实资源。然而，正如19世纪马克思、恩格斯在创立马克思主义时大量吸收了人类当时已有的文明成果一样，建构21世纪马克思主义同样也需要吸收借鉴中国和世界已有的文明成果（中华优秀传统文化和外国进步文化），以分析、解决当前面临的新问题、新挑战。

首先，中华优秀传统文化是建构21世纪马克思主义的必要资源。一方面，由于21世纪马克思主义是以中国为中心阵地、以中国共产党人为主要建设者，这就决定了21世纪马克思主义从某种程度上来说就是马克思主义在21世纪的中国化。中华民族五千余年的文明所孕育的优秀传统文化，“已经成为中华民族的基因，植根在中国人内心，潜移默化影响着中国人的思想方式和行为方式”②，“中华优秀传统文化是中华民族的突出优势，是我们在世

① 《马克思恩格斯选集》第1卷，人民出版社2012年版，第376页。

② 习近平：《青年要自觉践行社会主义核心价值观——在北京大学师生座谈会上的讲话》，人民出版社2014年版，第7页。

界文化激荡中站稳脚跟的根基”[①]。因而，中国共产党人在建构21世纪马克思主义时会不自觉地使21世纪马克思主义带有中华优秀传统文化的印记。另一方面，中华优秀传统文化中蕴含着大量的与当前社会主义建设相适宜的思想财富。中华优秀传统文化经过几千年的积累，蕴藏着丰富的哲学思想、道德理念、人文精神、治理智慧等，不仅对当前的思想道德建设提供有益的启发，而且对中国共产党治国理政提供有益的启示。比如它的“天行健，君子以自强不息”“克勤于邦，克俭于家”“苟利国家生死以，岂因祸福避趋之”等思想资源，不仅滋养了中国人民的民族精神，而且为中国共产党人应对社会主义建设的新挑战、新难关提供了不竭的精神力量；它的“民为邦本”“德主刑辅”“治国先治吏”等思想资源，给予今天我们党全面从严治党重要启示；它的“天人合一”“道法自然”的生态思想，为当前解决我们国家乃至全世界的生态问题开拓了一种新思路；它的“天下大同”“协和万邦”的政治理想，更是与构建“人类命运共同体”的理念相契合。因而，当前面临的人民信仰缺失问题、社会治理问题、国际冲突问题等，都可以从中华优秀传统文化中去寻找解决的新思路、新途径，挖掘其思想的当代价值，“使中华民族最基本的文化基因与当代文化相适应、与现代社会相协调”[②]，从而实现古今文明对话、中华优秀传统文化与21世纪马克思主义耦合。

其次，国外进步文化是建构21世纪马克思主义的有益补充。21世纪马克思主义既是中国的，同样也是世界的。从14世纪文艺复兴开始，西方文明逐步兴起，创造了人类历史上新的思想高峰。这些西方文明成果一度在19世纪超越了东方文明，直接打造了西方世界的繁荣与发达，经典马克思主义也正是以这些文明成果为养分逐渐发展成熟起来的，其本身就含有西方进步文化的基因。在21世纪，西方进步文化仍在世界上闪烁着耀人的光芒，

① 《中共中央关于党的百年奋斗重大成就和历史经验的决议》，人民出版社2021年版，第46页。

② 《习近平谈治国理政》第2卷，外文出版社2017年版，第340页。

其中，马克思主义的一个重要分支——西方马克思主义仍在西方思想界占有独特的地位，马克思主义仍在西方社会发挥着重要影响。在21世纪来临之际，马克思被西方思想界评为“千年第一思想家”，这便是最好的证明。西方进步文化为人类的生存、发展与繁荣做出了独特的贡献，在当代世界文化中占有十分重要的位置，是21世纪马克思主义理应借鉴的重要思想资源。我们知道，当今的世界是一个更为开放的世界，各个国家之间的交往随着信息技术的发展变得更为便捷。与此同时，国家之间的碰撞与摩擦也随之增加，关乎人类生存与发展的问题也逐渐进入人们的视野，加强国家之间的对话、协商、理解与合作，便成为一个重要的时代任务。而发端于东西方世界的21世纪马克思主义便承担着如此重任。因而，建构21世纪马克思主义，更应该从西方进步文化中汲取智慧，汇聚东西方文明成果，打造赢得普遍共识的21世纪马克思主义。此外，当今世界仍然是以美国为首的西方资本主义国家主导的世界，发达资本主义国家控制着世界经济命脉，利用其文化软实力和军事科技实力在世界范围内推行霸权统治。诚然，建构21世纪马克思主义、推进全人类解放事业，不可避免与国外特别是与西方发达资本主义国家打交道，而通过吸收其进步思想，了解其思维方式来剖判其行为方式，从而找寻最适合人类发展的道路则成为最佳选择。总而言之，批判性借鉴国外文化资源，充分吸收、利用其中合理的、进步的文化因素，加强国际交流与交往，促进国际合作共同解决危及人类生存与发展的问题，推进国际政治经济新秩序的建立，是构建21世纪马克思主义的应有之义。为此，“中国应该大量吸收外国的进步文化，作为自己文化食粮的原料”[①]，是我们在建构21世纪马克思主义时必须坚持的一贯主张。

最后，消除各种错误观念的影响是建构21世纪马克思主义的应有态度。实现人类思想的古今交融、中西汇通，是建构21世纪马克思主义的基本共识。然而，社会上对这一认识还存在另一种声音：针对中华传统文化，

① 《毛泽东选集》第2卷，人民出版社1991年版，第706页。

他们要么愤世嫉俗，逃避现实，以当前出现的一些问题、难题为“所谓的例子”，借机鄙薄社会主流思想、政府实施的政策方针，认为回到过去、回到古代、按照古人的思想治国理政，才能真正解决问题，实现人的安居乐业；要么自我感觉良好，认为人类当前的发展方式是最合理的方式，过去传统一切东西早已失去了存在的意义，不符合时代发展的需要，更不值得投入大量的人力、物力和财力去追溯、去维护，更有甚者把一切传统的东西都贴上“糟粕”的标签，以实现其“一网打尽”的目的；要么照本宣科，不了解中华优秀传统文化的精华所在，生搬硬套，食而不化，只知要传承、要宣扬中华优秀传统文化而不知灵活运用，置创造性继承、创新性发展的任务于不顾。针对西方文化，血淋淋的历史教训告诫我们闭关锁国只能落后挨打，打开国门、学习西方、走向世界是崛起的必由之路。然而，有些人却借机不辨真伪、不分好坏，打着“开放”“改革”“学习”的旗帜，主张全盘引进西方文明，既包括技术层面的、管理层面的、文化层面的，更包括制度层面的，与西方反华势力勾结起来，沆瀣一气，企图颠覆我国的社会主义制度。这些别有用心的杂音噪声，其明显的错误倾向造成了极其恶劣的社会影响，应当引起我们的高度注意和警惕。对此，我们党明确表示：对待传统文化“既不能片面地讲厚古薄今，也不能片面地讲厚今薄古，更不能采取全盘接受或者全盘抛弃的绝对主义态度”①；对待世界的优秀文明成果要学习借鉴，但“学习借鉴不等于是简单的拿来主义，必须坚持以我为主、为我所用，认真鉴别、合理吸收，不能搞‘全盘西化’，不能搞‘全面移植’，不能照搬照抄”②。由此，在建构21世纪马克思主义过程中，我们要正确对待古今中外文化。即，21世纪马克思主义立足中国以及整个世界发展的现实，摒弃错误的思想观念，兼收并蓄中国优秀传统文化和国外进步文化的智慧，实

① 中共中央宣传部编：《习近平总书记系列重要讲话读本》，学习出版社、人民出版社2016年版，第202页。

② 《习近平谈治国理政》第2卷，外文出版社2017年版，第118页。

现人类文明跨越时空、超越国度的当代汇聚，正在创造人类社会新的文明高峰。

二、21世纪马克思主义建构的原则遵循

21世纪马克思主义的建构汇聚了古今中外丰富的思想资源，拥有了强大的精神储备。然而，建构21世纪马克思主义并不是简单的知识收集、整理、堆砌或排序，它需要去除杂质、提取精华，结合现实发展的需要融合思想的精粹。从表面上看，这一建构过程尽管带有强烈的主观性，实则21世纪马克思主义与经典马克思主义、中国化的马克思主义一脉相承，与世界各种文明兼容并蓄，内在自有一系列的原则遵循。这就防止了在建构21世纪马克思主义时背离马克思主义的基本方向，从而确保了21世纪马克思主义能够真正反映并解决时代之问。

（一）整体性继承原则

继承是创新的前提，21世纪马克思主义要实现马克思主义理论上的突破与创新，必然要在整体上继承马克思主义的立场、观点和方法。具体来看，马克思主义理论体系既包括马克思、恩格斯与列宁创作的经典马克思主义，更包括中国共产党人所推动实现的中国化的马克思主义理论。

一是经典马克思主义奠定了21世纪马克思主义的理论基础。马克思、恩格斯作为马克思主义的创始人，在仔细钻研、充分吸收当时人类社会发展积累的优秀文明成果的基础上，在现实物质利益的碰撞中，在工人运动的实践中寻求社会发展的基本规律和人类解放的道路，由此构建了马克思主义哲学、政治经济学和科学社会主义的理论体系，为马克思主义的发展奠定了理论基础。尽管时代变迁，但经典马克思主义中蕴含的基本原理在今天仍然适用。比如它的唯物辩证法、实践观点、唯物史观等哲学理念，仍

是今天指导中国共产党治国理政的世界观和方法论；如它对资本主义经济运行的剖析，对资本主义剩余价值的揭露，对当前揭示资本主义经济发展的奥妙仍具有根本性意义；如它对科学社会主义的展望，为进行社会主义建设事业提供了理论依据。马克思、恩格斯逝世之后，列宁完整地继承了马克思、恩格斯的基本思想和基本精神，实现了对马克思主义的进一步发展。列宁在大量阅读当时哲学和自然科学最新文献的基础上，提出了物质的哲学定义，对唯物辩证法思想进行了具有重大意义的探索，捍卫了马克思主义哲学思想的完整性，扩充了马克思主义哲学思想的理论内容。他以马克思的《资本论》和整个政治经济学说为依据，以马克思主义科学的世界观和方法论为研究工具，批判性地借鉴了希法亭和考茨基等人的研究成果，对资本主义当时的表现形态——帝国主义进行了充分的研究，分析了帝国主义的本质、基本特征和基本矛盾，预示了帝国主义必然消亡的历史趋势。这是对马克思主义政治经济学的一种理论创新，完善了马克思主义政治经济的理论体系。他在投身工人运动的现实实践中，根据世界局势和俄国革命形势的变化，提出并践行了“一国胜利论”主张，建立了世界上第一个社会主义国家，发展了马克思主义国家学说和无产阶级专政理论，将科学社会主义理论研究的重点由工人革命转向了社会主义建设。历史性地看，马克思主义经典作家们的理论贡献无疑是巨大的，他们对哲学、政治经济学和科学社会主义展开了系统的研究，他们的研究范围涉及自然界、人类社会和人类思维各个领域，囊括了政治、经济、文化、社会、生态、军事、科技等方方面面，形成了马克思主义基本的理论体系和知识体系，是马克思主义思想开端。至今，21世纪马克思主义也正是在这些基本理论框架内逐步实现突破性发展的。

二是中国化马克思主义理论是21世纪马克思主义直接的思想来源。十月革命一声炮响，给中国带来了马克思列宁主义，从而“帮助了中国的先进分子，用无产阶级的宇宙观作为观察国家命运的工具，重新考虑自己的问题”[①]，由此开启了中国革命的崭新道路，“马克思主义中国化时代化不断取得成功”[②]。1921年7月，中国共产党诞生，马克思列宁主义在中国落地生根、开枝散叶。之后，经历了各种“左”倾右倾错误的严重教训，我们党逐渐意识到实现马克思主义中国化的必要性和紧迫性。1938年10月14日，毛泽东在党的六届六中全会上正式提出了“马克思主义中国化”的命题。他指出：“使马克思主义在中国具体化，使之在其每一表现中带着必须有的中国的特性，即是说，按照中国的特点去应用它，成为全党亟待了解并亟须解决的问题。”[③]通过将马克思主义基本原理与中国革命具体实际相结合，以毛泽东同志为核心的党中央带领全党全国人民走出一条符合中国革命实际情况的新民主主义革命道路，推翻了帝国主义、封建主义和官僚资本主义“三座大山”，建立了新中国，并发展了中国社会主义制度体系等，实现了马克思主义中国化的第一次历史性飞跃，创立了代表中国共产党人集体智慧结晶的毛泽东思想。党的十一届三中全会之后，以邓小平同志为核心的党中央通过解放思想、实事求是，冲破党内教条主义和个人崇拜的束缚，将全党的工作重心转移到社会主义现代化建设上来，作出了实行改革开放的重大决策，开辟了中国特色社会主义道路，创造性地回答了“什么是社会主义、怎样建设社会主义”这个关乎中国社会主义建设的根本性问题，形成了邓小平理论，开创了中国特色社会主义理论体系，实现了马克思主义的进一步中国化。随着中国改革开放和社会主义现代化事业的开展，以江泽民同志为核心的党的第三代中央领导集体、以胡锦涛同志为总书记的党中央，分别结合时代发展的新形势和广大人民群众的新诉求，先后提出了“三个代表”重要思想和科学发展观，分别创造性地回答了“在新的历史条件下建设什么样的党、怎样建设党”和“什么是

① 《毛泽东选集》第4卷，人民出版社1991年版，第1471页。

② 《中共中央关于党的百年奋斗重大成就和历史经验的决议》，人民出版社2021年版，第63页。

③ 《毛泽东选集》第2卷，人民出版社1991年版，第534页。

发展、为什么发展和怎样发展”的问题，丰富了中国特色社会主义理论体系，并把它推向了21世纪。党的十八大以来，以习近平同志为核心的党中央在“四个自信”的基础上推进理论创新，形成了习近平新时代中国特色社会主义思想这一马克思主义中国化的最新成果。由此可见，中国化的马克思主义理论与21世纪马克思主义一脉相承，构成了21世纪马克思主义最直接的思想理论来源。

综上所述，经典马克思主义和中国化的马克思主义同属马克思主义理论体系，是经过社会实践证明了的科学理论，是建构21世纪马克思主义最直接的理论依据。故而，建构21世纪马克思主义，就要从中国化马克思主义理论成果中获取有益资源。

（二）批判性借鉴原则

纵观马克思主义的整个发展史，马克思主义经典作家们从未停止过学习借鉴人类历史上已有的一切文明成果。比如，马克思和恩格斯早期曾阅读了大量关于黑格尔哲学和费尔巴哈哲学的著作，并且在结合现实物质世界发展状况的基础上，批判了黑格尔哲学的唯心主义立场和费尔巴哈哲学在历史观上的唯心性，创造性地吸收了二者的哲学的“辩证法”合理内核和“唯物主义”思想，从而为创造马克思主义哲学奠定了思想基础。此外，马克思在英国伦敦的时候经常光顾大英博物馆的图书阅览大厅，在这里他寻找资本主义经济运行的踪迹，做了大量丰富的笔记，完成了对英国古典政治经济学的批判和借鉴，写下了巨著《资本论》。与此同时，英国和法国空想社会主义者的著作，俄文文章和新闻报告，当时资本主义世界思想理论最新成果等，都是马克思的阅读对象和思想材料。再比如列宁，他不仅学习了马克思、恩格斯的著作，而且对康德哲学、黑格尔哲学、费尔巴哈哲学以及各种关于帝国主义研究著作等，都进行了深入研究。他根据当时社会历史条件批判性借鉴了其中合理的因素，有力地回击了修正主义对马克思主义的歪曲，丰富扩展了马克思主义理论内容。马克思主义经典作家们正是通过充分地学习、广泛地阅读，批判性吸收其中合理因素，并结合现实的发展，从而形成并发展了马克思主义理论。

中国共产党人作为坚定的马克思主义者，延续马克思主义经典作家这一良好的学习习惯，不仅反复学习马克思主义经典著作，还充分研究了中国优秀传统文化，并根据中国革命、建设和改革的现实状况从中借鉴最合适中国发展道路的成分，实现了理论与实践的最优结合，形成了中国化的马克思主义理论。“当代中国的伟大社会变革，不是简单延续我国历史文化的母版，不是简单套用马克思主义经典作家设想的模板，不是其他国家社会主义实践的再版，也不是国外现代化发展的翻版。”[①]可见，批判性借鉴一直是马克思主义内在的理论特质，建构21世纪马克思主义也要彰显这一理论特质。

建构21世纪马克思主义要充分吸收东西方文明成果的优秀思想。不管是东方还是西方，其文明并不是绝对优秀和普遍适用的，因为“文化在其形成和发展过程中，不可避免会受到当时人们的认识水平、时代条件、社会制度的局限性的制约和影响”[②]，其中必定会产生一些文化糟粕和精神垃圾。观之中国传统文化，它包含的“民本”思想、“法治”思想、“仁爱”思想、“廉政”思想等，在今天依然值得我们学习。即便如此，也仍掩盖不了其封建君主统治工具的本质，及其浓重的封建主义色彩，这都在一定程度上会影响人们的价值选择和价值判断。传统文化中一些封建迷信思想更容易造成精神污染，严重毒害人们的身心健康。对于前者，我们要批判性吸收借鉴，要“去其糟粕，取其精华，从中获得启发，为我所用”[③]；对于后者，则要坚定反对，坚决剔除、摒弃。再观西方文化，不可否认其中蕴含着先进的

① 《中共中央关于党的百年奋斗重大成就和历史经验的决议》，人民出版社2021年版，第67页。

② 《习近平谈治国理政》第2卷，外文出版社2017年版，第313页。

③ 《习近平谈治国理政》第1卷，外文出版社2018年版，第406页。

经济研究成果、科学技术思想、管理经验等，但同时也存在一些暴力、黄色等腐朽文化。在引进的过程中，还人为地渗透着诸如新自由主义、民主社会主义以及所谓普世价值、西方宪政民主等错误思想言论。对于这些西方文化，早在抗日战争时期我们党就摆明了态度：一方面，要大量吸收其中的进步因素作为自己的精神食粮；另一方面，对于“一切外国的东西，如同我们对于食物一样，必须经过自己的口腔咀嚼和胃肠运动，送进唾液胃液肠液，把它分解为精华和糟粕两部分，然后排泄其糟粕，吸收其精华，才能对我们的身体有益，决不能生吞活剥地毫无批判地吸收”[①]。

总而言之，建构21世纪马克思主义在充分吸收人类一切文明成果时，要秉承“批判性借鉴”的原则，做到“无论是传统的还是外来的，都要取其精华、去其糟粕”[②]。要特别注意的是，建构21世纪马克思主义坚持批判性借鉴原则最终目的是实现更好的发展，批判性借鉴不是凡是好的、精华的东西就一股脑儿地全部吸收，最重要的是要立足本国发展实际的现实借鉴，吸收其中最适合本国发展的部分，真正做到坚持“古为今用、洋为中用”。

（三）创新性发展原则

马克思主义是时代的产物，并随着时代的变化而发展。对此，习近平总书记指出：“马克思主义必定随着时代、实践和科学的发展而不断发展，不可能一成不变，社会主义从来都是在开拓中前进的。”[③]从马克思、恩格斯创立马克思主义开始，到中国共产党人形成中国化马克思主义理论，每一位马克思主义者都以马克思主义作为科学的世界观和方法论来诊断时代发展所带来的新情况和新问题，通过实践、认识、再实践、再认识的反复过程取得规律性认识，从而实现马克思主义的永续发展。

① 《毛泽东选集》第2卷，人民出版社1991年版，第707页。

② 中共中央文献研究室编：《习近平关于协调推进“四个全面”战略布局论述摘编》，中央文献出版社2015年版，第115页。

③ 《习近平谈治国理政》第1卷，外文出版社2018年版，第23页。

在这一过程中，承接了马克思主义的列宁率先抓住了帝国主义发展状况的命脉，利用时代赋予的历史契机，实现了马克思主义由理论变为现实的巨大飞跃。之后，列宁又以马克思主义作为指导思想，在实践中摸索社会主义建设道路，积淀了丰富的社会主义建设经验，使马克思主义发展到一个新阶段，即列宁主义阶段。与此同时，受苏联影响的中国在中国共产党人的领导下，在马克思主义的指导下，在实践中把马克思主义基本原理与中国革命的具体实际相结合，开启了马克思主义中国化的进程。然而，20世纪末，苏联解体、东欧剧变，国际共产主义运动受到了极大的挫折和打击，马克思主义的科学性和真理性受到了前所未有的质疑和挑战，国际共产主义运动陷入低潮。在这种险恶的形势下，社会主义国家背负巨大压力坚守住了社会主义基本制度，它们总结苏联解体、东欧剧变的历史教训，在实践和理论上开始了新的探索，其中当数中国的特色社会主义取得的实践与理论成果最为突出，马克思主义由此也在新的历史时期获得了新生。正如邓小平所说："一些国家出现严重曲折，社会主义好像被削弱了，但人民经受锻炼，从中吸收教训，将促使社会主义向着更加健康的方向发展。"①

所以，从马克思主义发展的整个历程来看，马克思主义发展的过程就是马克思主义者们不断实现理论创新的过程，它告诉了人们"马克思主义经典作家并没有穷尽真理，而是不断为寻求真理和发展真理开辟道路"②；它显示了马克思主义的发展特性，昭示了创新性是马克思主义发展的应有之义。在此意义上，21世纪马克思主义则是马克思主义者在实践中所推动的马克思主义的理论创新。

站在21世纪的中国马克思主义者们既面临中国全面深化改革、实现高质量发展的转型问题，还面临摆在全人类面前的"和平赤字""发展赤

① 《邓小平文选》第3卷，人民出版社1993年版，第383页。
② 《习近平谈治国理政》第1卷，外文出版社2018年版，第26页。

字”“治理赤字”等严峻挑战。无论是问题还是挑战，都需要科学理论的指导。这就要求我们认识到，中国特色社会主义“不是简单延续我国历史文化的母版，不是简单套用马克思主义经典作家设想的模板，不是其他国家社会主义实践的再版，也不是国外现代化发展的翻版，不可能找到现成的教科书”①，如果“不顾历史条件和现实情况变化，拘泥于马克思主义经典作家在特定历史条件下、针对具体情况作出的某些个别论断和具体行动纲领，我们就会因为思想脱离实际而不能顺利前进，甚至发生失误”②。可见，马克思主义迫切需要寻求理论上突破以回应时代课题，而建构21世纪马克思主义迫在眉睫。

作为21世纪马克思主义主要建构者的中国共产党人，历经新民主主义革命时期、社会主义革命和建设时期、改革开放和社会主义现代化建设新时期，以及中国特色社会主义新时代的切身实践，在总结正反两方面的经验教训中，早已深刻意识到了理论创新的重要性。毛泽东思想、中国特色社会主义理论体系，都是中国共产党人实现的马克思主义的理论创新成果。站在新的历史起点上，中国共产党人更是顺应时代发展的要求，强化问题意识，不断冲破原有的思想界限，把握我国和世界发展问题的本质，并将其纳入马克思主义理论的高度进行思考、研究，用新概念、新范畴、新表述、新理念去回答时代之问，从而建构当代中国马克思主义、21世纪马克思主义。人类社会发展的实践证明，创新性原则是马克思主义永葆生机和活力的重要原因，坚持创新性原则更是建构21世纪马克思主义的内在驱动力。

（四）人民性贯通原则

人民立场是马克思主义的根本立场，人民的彻底解放也是马克思主义不懈的追求，马克思主义理论从根本上来说是关于人民的学说。正是在此

① 《习近平谈治国理政》第2卷，外文出版社2017年版，第344页。

② 习近平：《论党的宣传思想工作》，中央文献出版社2020年版，第224页。

意义上，建构21世纪马克思主义要自觉坚持人民性原则。

一是正确认识人民群众的历史地位。“民心是最大的政治，正义是最强的力量。”[①]考察整个西方哲学史，英雄史观在马克思主义诞生之前居于绝对的统治地位。在马克思、恩格斯生活的年代，黑格尔哲学则是英雄史观的“代言人”。在黑格尔哲学中，自然界、人类社会不过是绝对精神外化的结果，社会历史是依靠“绝对精神”尘世间的代理人——伟大人物创造的，至于人民群众则是伟大人物的毫无意识的附庸品，他们集合在伟大人物的旗帜下，按照“绝对精神”的意志行事。在这种观点大行其道的背景下，马克思、恩格斯在实际工作中逐渐发现了被英雄的光环所淡化的人民群众的身影。而青年黑格尔派对“自我意识”思辨活动的过度宣传，对人民群众的极力贬低和对抗，直接引发了马克思、恩格斯对人民群众历史作用的哲学思考。为了戳破青年黑格尔派的理论幻想，马克思、恩格斯合著的第一部理论著作《神圣家族》，较为系统地肯认了人民群众创造历史的地位，群众史观由此登上历史舞台。在书中，马克思、恩格斯批判了青年黑格尔派的“自我意识”的唯心史观，有力地证明了“历史活动是群众的活动，随着历史活动的深入，必将是群众队伍的扩大”[②]。那么，单个的、各怀目的的人民群众是如何创造历史呢？恩格斯以“历史合力”的理论做出了回答。他认为：“历史是这样创造的：最终的结果总从许多单个的意志的相互冲突中产生出来的，而其中每一个意志，又是由于许多特殊的生活条件，才成为它所成为的那样。这样就有无数互相交错的力量，有无数个力的平行四边形，由此就产生出一个合力，即历史结果”[③]。从历史发展的角度来看，马克思、恩格斯的群众史观打破了英雄史观的神话，人民群众的力量进入了大众的视野，人民群众的历史地位得到了正视，人民性真正成为马克思主义

① 《中共中央关于党的百年奋斗重大成就和历史经验的决议》，人民出版社2021年版，第66页。

② 《马克思恩格斯文集》第1卷，人民出版社2009年版，第287页。

③ 《马克思恩格斯选集》第4卷，人民出版社2012年版，第605页。

"全部世界观的基本原则"[①]。

二是充分肯定人民群众是社会主义建设的依靠力量。在马克思、恩格斯发现人民群众的历史作用之后，工人阶级革命也就变成了人民群众的运动。要知道，"无产阶级的运动是绝大多数人的，为绝大多数人谋利益的独立的运动"[②]，建立共产主义社会、实现每个人自由全面发展，成为工人阶级运动的目标指向。在以列宁为代表的俄国共产党人的带领下，稳定的无产阶级政权在俄国建立。然而，当时俄国薄弱的物质基础、落后的文化条件并不符合马克思、恩格斯对共产主义社会的基本设想，开展社会主义建设、大力发展生产力成为苏联当时最迫切的任务。至于如何建设，与责难人民群众的孟尔什维克不同，当时的苏联领导人列宁确信"生气勃勃的创造性的社会主义是由人民群众自己创立的"[③]，主张依靠人民群众的智慧和力量推动苏俄社会主义建设。其具体体现如下：列宁特别重视发挥人民群众的智慧与才能，他主张让人民群众参与整个国家的现实的管理工作，以在最大程度上激发他们的主动性和创造力，他认为"千百万创造者的智慧却会创造出一种比最伟大的天才预见还要高明得多的东西"[④]。他还将国家利益与人民群众的个人利益紧密结合，在列宁那里，整个苏联的社会主义建设不是建立在牺牲人民群众的个人利益的基础上的，而是要依靠群众的"个人利益"，要靠"同个人利益的结合"[⑤]。这样一来，国家的整体利益与人民群众的个人利益达到了充分的协调。他极力反对官僚主义，强调人民群众的监督作用。十月革命后，布尔什维克党的社会角色发生了改变，成为执政党，拥有了很大的权力，掌握了全部的社会资源。在这种背景下，列宁敏锐地注意到了党内开始滋生腐败现象，出现了严重脱离人民群众的现

① 《列宁全集》第55卷，人民出版社2017年版，第21页。
② 《马克思恩格斯选集》第1卷，人民出版社2012年版，第411页。
③ 《列宁全集》第33卷，人民出版社2017年版，第57页。
④ 《列宁全集》第33卷，人民出版社2017年版，第285页。
⑤ 《列宁全集》第42卷，人民出版社2017年版，第187页。

实问题。为防止这一问题的扩大化并使腐败现象得到有效的控制和解决，列宁将人民群众纳入整个国家的监督体系，“由党外群众来检查党员的工作”[①]成了列宁政党建设思想的重要内容。可见，人民群众的力量在列宁那里得到了充分的发挥，社会主义建设有了坚定的依靠力量。

三是明确实现人民自由解放是社会主义建设的最终归宿。为推进社会主义建设的顺利进行，无论是苏联共产党，还是中国共产党，都制定了具体的阶段性的实施计划及目标。这些计划及目标能否实现，关系到整个社会主义建设的进程。然而，不管这些具体的实施计划及目标涉及多大的经济、政治利益，都要受价值目标的统领，即实现人的自由发展这一价值目标的引领。关于这一点，马克思、恩格斯早有论述。马克思、恩格斯所处的时代是阶级斗争的时代，大部分的人民群众要么处于封建残余势力的阶级奴役中，要么处于资产者的阶级压迫中。于是，在马克思、恩格斯看来，无产阶级革命最为紧要的任务是实现人民群众的阶级解放，建立真正属于人民群众的无产阶级政权。至于建立政权以后的事情，马克思、恩格斯也提出了科学的设想，其全部观点也落脚于实现人的彻底解放和自由发展。之后，马克思主义的继承者们在多个国家内实现了人民群众的阶级解放，人的彻底解放问题也就成为摆在共产党领导的社会主义国家面前的主要问题。对此，中国共产党人在社会主义建设中展现了自己的答卷，它始终“坚持一切为了人民、一切依靠人民，坚持为人民执政、靠人民执政，坚持发展为了人民、发展依靠人民、发展成果由人民共享”[②]，不断推进实现人民群众彻底解放的价值目标。

由此可见，马克思主义历来是在探求人民群众解放的现实道路中创立、发展和完善的，人民性是马克思主义的立身之本，是无产阶级政党一切

① 《列宁全集》第42卷，人民出版社2017年版，第96页。

② 《中共中央关于党的百年奋斗重大成就和历史经验的决议》，人民出版社2021年版，第66页。

行动的出发点和落脚点。作为马克思主义时代表达的21世纪马克思主义，也理应在具体的建构过程中遵循人民性的基本准则。只有有了人民性的统领，21世纪马克思主义才不会迷失方向。

（五）方向性引领原则

当今时代，各种社会思潮风起云涌，争相以各种方式解读世界的发展问题，比如说新自由主义、民主社会主义等。然而，由于其带有明显的阶级局限性，故难以给出真正的答案。21世纪马克思主义则不同于这些社会思潮，它从经典马克思主义和中国化马克思主义发展而来，保持了经典马克思主义的本真精神，也具有马克思主义中国化理论的特色，能够始终坚持以马克思主义基本原理观察时代、解读时代；以马克思主义追求客观真理的科学态度剖析时代问题，从而解时代之问、引时代之潮。在这一过程中，21世纪马克思主义要在马克思主义基本原理的引领下不断进行理论上的重大创新与突破，逐渐建构其基本理论内容。与此同时，也正是这一过程凸显了21世纪马克思主义建构的另一基本原则，即坚持而不能偏离以马克思主义基本原理引领21世纪马克思主义的建构方向。这要求在建构21世纪马克思主义时要做到以下几方面。

首先，始终坚定马克思主义的基本立场。基本立场的问题规定了马克思主义的基本属性。从马克思主义创立伊始，马克思主义经典作家们从其理论思考中、现实阶级斗争中，以及社会主义建设中就以各种形式展现了其基本的阶级立场，即始终坚持人民大众的立场。这是马克思主义基本原理的出发点和落脚点，人民大众也是马克思主义经典作家们终身服务与奉献的对象。21世纪马克思主义的建构，从一开始就要坚决申明其鲜明的阶级立场。一方面，21世纪马克思主义在理论上论证了党性与人民性的关系，将党性与人民性统一起来。近些年，一些人曲解了党性与人民性之间的关系，认为党性与人民性是两个不同的利益群体的基本属性；还有一些人面对个别党员出现的思想动机不纯、贪污腐败以及脱离群众等问题，片面地将这些问题扩大到所有党员身上，人为地将党与人民割裂起来、对立起来。这些错误认识无视党的历史，歪曲了党的理论，污化了党的正面形象。这种现象引起了党中央的重视。习近平总书记对此作出了专门的阐释，他明确指出“党性和人民性从来都是一致的、统一的”①，从而廓清了关于党性与人民性关系的认识迷雾，扫清了建构21世纪马克思主义的思想障碍，夯实了21世纪马克思主义建构的阶级立场。另一方面，21世纪马克思主义还主张在实践中以服务人民彰显其人民立场的现实性。21世纪马克思主义的建构从未单纯地停留在理论上的思考与证明上，它要不断以实践宣告其人民立场的真实性。它强调党要把“实现好、维护好、发展好最广大人民根本利益”作为我们党一切工作的出发点和落脚点，要及时了解并解决人民群众所难、所需、所求，要准确把握好、领导好人民群众的发展方向，要面向中国的同时面向世界，分阶段、分目标地一步步实现人类全面而自由发展的总目标。在这一过程中，21世纪马克思主义不断经过实践的淬炼，凝练出思想的精华，建构、丰富、完善着自身的理论内容。这也恰恰证明了21世纪马克思主义坚定的人民立场，它始终致力于服务于人民大众。

其次，始终坚持马克思主义最根本的世界观和方法论。马克思主义在其形成、发展和具体运用中，形成了经过实践反复验证的关于自然、社会和人类思维的普遍性认识，以及获得这些认识的思维方式。这些认识和思维方式是马克思主义科学的世界观和方法论，是马克思主义和世界、改造世界的根本方法。在21世纪，马克思主义的有些具体观点随着时代的变迁显得有些不合时宜，但它经过实践反复检验的世界观与方法论仍是新世纪、新时代人类观察世界变化、解决时代问题的直接思想依据。21世纪马克思主义内在地继承了马克思主义科学的世界观和方法论，它还坚持和运用了“马克思主义关于世界的物质性及其发展规律”“关于认识的本质及其发

① 《习近平谈治国理政》第1卷，外文出版社2018年版，第154页。

展规律”等原理，它还坚持和运用了“马克思主义的实践观、群众观、阶级观、发展观、矛盾观”等观点，[①]以辩证唯物主义和历史唯物主义作为认识社会现象、把握人类发展规律、追求普遍真理、实现改造世界的思想武器。因而，尽管21世纪马克思主义正在着力建构的具体内容不同于马克思主义经典作家们的理论创造，但它仍是以马克思主义根本的世界观和方法论作为理论支撑的。

最后，始终秉持马克思主义的理论品质。马克思主义不是书本上固化的知识学说，它来源于实践又不断指导着实践，是一种发展的理论。在理论发展过程中，马克思主义逐渐塑造了其最重要的理论品质，即“一切从实际出发，理论联系实际、实事求是”，而这正是马克思主义能够在今天仍保持蓬勃生命力的关键所在。21世纪马克思主义作为当代的马克思主义，在社会主义建设中、在解决世界发展问题中，它坚持实事求是的态度，不回避问题，不逃避矛盾，选择迎难而上，以马克思主义基本原理的理论视角分析问题、解决问题，并从推动理论创新的高度去探索人类社会发展的基本规律。这是马克思主义内在理论品质的当代呈现，也是建设21世纪马克思主义的基本方法。正如习近平总书记所说：“不论过去、现在和将来，我们都要坚持一切从实际出发，理论联系实际，在实践中检验真理和发展真理。”[②]要知道，只有坚守马克思主义这种理论品质，21世纪马克思主义才能立得住，也才能经得起实践的检验。

三、21世纪马克思主义建构的目标旨趣

任何一种科学理论的建构，不仅需要借助基本原则以规范建构者的言行举止，而且还需要确立明确目标以引导建构者的努力方向。建构21世纪马

① 习近平：《在纪念马克思诞辰200周年大会上的讲话》，人民出版社2018年版，第25页。

② 《习近平谈治国理政》第1卷，外文出版社2018年版，第25页。

克思主义亦是如此。21世纪马克思主义的建构并不是随心所欲、漫无目的的理论想象，而是具有明确的目标指引。整体而言，它承接历史，传承经典马克思主义的精神谱系；它正视现实，阐释中国社会主义成功之道；它展望未来，昭示社会主义运动的新希望；它面向世界，致力于解决全球治理难题；它服务人类，指明人类文明进步的新征程。

（一）赓续经典马克思主义精神谱系

马克思主义的发展史既是一部马克思主义理论家的成长史，也是一部无产阶级政党领导工人运动斗争的奋斗史。在每一段历史中，马克思主义理论家们无私为人民大众服务的人格魅力散发得淋漓尽致，无产阶级政党不断推进自我革命以保持先进性与纯洁性的勇气也令人钦佩，这是马克思主义留给我们宝贵的精神财富。故而，21世纪马克思主义的建构离不开思想进步、眼光深邃的马克思主义理论家们的努力，也离不开作为建构主体的中国共产党的正确领导。鉴于21世纪马克思主义的建构关系着中国乃至世界国际共产主义运动未来发展的方向，我们要不断进行思想上的教育与革命，传承、发扬马克思主义理论家的精神，使21世纪马克思主义更具有说服力、感染力。

21世纪马克思主义要高举人民的旗帜。纵观马克思、恩格斯等经典马克思主义作家的一生，为人民服务是他们打小树立起的道德理想，也是支撑他们为无产阶级事业奋斗终身的精神动力。马克思在中学毕业论文中就发出了感叹：“如果我们选择了最能为人类而工作的职业，那么，重担就不能把我们压倒，因为这是为大家作出的牺牲；那时我们所享受的就不是可怜的、有限的、自私的乐趣，我们的幸福将属于千百万人，我们的事业将悄然无声地存在下去，但是它会永远发挥作用，而面对我们的骨灰，高尚的人们将洒下热泪。”①由此可见，中学时代的马克思就已经树立起了为全人类

① 《马克思恩格斯全集》第1卷，人民出版社1995年版，第459—460页。

服务的崇高理想。正是在这一理想的指引下，马克思放弃了原本优渥的生活与体面的工作，奔波于无产阶级乃至全人类的解放事业，探索人类社会发展的客观规律，并为之创作出享誉世界的著作。其中，许多著作都是马克思躺卧于病榻时以生命为代价所创作的。他曾在给友人的信中写道："我一直在坟墓的边缘徘徊。因此，我不得不利用我还能工作的每时每刻来完成我的著作，为了它，我已经牺牲了我的健康、幸福和家庭。"[①]可以说，马克思一生饱受颠沛流离、贫困潦倒、丧子之痛、疾病缠身的折磨，但他仍初心不改、矢志不渝，致力于为全人类的解放事业而服务。他的继任者列宁也是如此。列宁在青年时期就一腔热血积极参与无产阶级革命，认真研读马克思、恩格斯的经典著作。他曾因参加工人解放斗争几次被捕入狱，也曾被流放西伯利亚。然而，监狱艰苦的生活、西伯利亚的寒风与大雪，并没有磨灭其为人类解放事业而奋斗的初心，他最终带领俄国人民建立了无产阶级政权。在苏联社会主义建设时期，列宁始终站在最广大人民的立场上，及时调整不合时宜的政策，最大程度上满足苏联人民的政治、经济、文化需求。晚年当他卧床不起时，仍挂心人民的利益，留下了内容丰富的政治遗嘱。此外，中国的马克思主义者们，如毛泽东、周恩来、邓小平等人，也大都如马克思、列宁那样毅然放弃了良好的家境和优渥的生活，为中华崛起而读书，投身于充满荆棘的革命之路，终其一生践行全心全意为人民服务的理想信念。如今，我们处于和平年代，以往那种在革命斗争中谋求人民利益的生存之道，早已转变为满足人民群众对美好生活的需求。当代的马克思主义者面对的更多的是种种思想诱惑与侵蚀。在这场不见硝烟的思想斗争中，我们要旗帜鲜明地抵御各种错误思潮的渗透，坚定人民立场，坚持"以人民为中心的研究导向"，树立"为人民做学问的理想，尊重人民主体地位，聚焦人民实践创造，自觉把个人学术追求同国家和民族发展紧紧联系在一

① 《马克思恩格斯文集》第10卷，人民出版社2009年版，第253页。

起，努力多出经得起实践、人民、历史检验的研究成果”[①]。这就是说，当代马克思主义者要高举人民的旗帜进行理论创作，让马克思主义经典作家为人民服务的理想信念之火在当代燃烧。这是因为，真正属于人民的理论家才能建构起属于人民的21世纪马克思主义。

与此同时，21世纪马克思主义还要发扬自我革命的精神。“先进的马克思主义政党不是天生的，而是在不断自我革命中淬炼而成的。”[②]作为21世纪共产党人的精神指引，21世纪马克思主义还应承继无产阶级政党自我革命的精神。我们知道，共产党是工人阶级的政党，它随着工人阶级运动的发展几经重构，但这并不是简单的循环反复，它的每一次重构都“一次比一次更强大、更坚固、更有力”[③]。尽管有些重构是外力作用下迫不得已的行动与妥协，但直接促进了共产党的不断完善。20世纪中期以来，中国共产党成为执政党，并且独立领导了一个国家的社会主义建设，但它仍面临来自党内外的双重挑战。在党内，部分党员被个人私利所驱使，理想信念发生了动摇滑坡，做出了一些侵害人民利益的事情，败坏了党的形象；在党外，西方敌对势力和平演变中国的既定图谋从未停止，文化的输入、价值观的诱导、各种错误思潮的渗透等，都是他们在意识形态领域对抗社会主义中国的手段。对此，我们党提出要全面加强党的建设，推进党的自我革命，增强党的自我净化、自我完善、自我革新、自我提高能力，坚固党抵御风险的各种防线，以保持无产阶级政党的先进性和纯洁性。进入新时代，“中国共产党要担负起领导人民进行伟大社会革命的历史责任，必须勇于进行自我革命，坚持立党为公、执政为民，深入推进全面从严治党，坚决扫除一切消极腐败现象，始终与人民心心相印、与人民同甘共苦、与人民团结奋斗，永远保持马克思主义执政党本色，永远走在时代前列，永远做中国人民和

① 习近平：《论党的宣传思想工作》，中央文献出版社2020年版，第223—224页。
② 《中共中央关于党的百年奋斗重大成就和历史经验的决议》，人民出版社2021年版，第70页。
③ 《马克思恩格斯选集》第1卷，人民出版社2012年版，第410页。

中华民族的主心骨”①。通过自我革命，我们党才能始终保持马克思主义政党的本色，走在时代前列，也才能建构起最能反映时代发展的21世纪马克思主义。

（二）解读中国社会发展的成功之道

作为社会主义国家，中国用其颇具特色的发展道路，既超越了苏联社会主义的僵化模式，也规避了欧美资本主义国家自由化的改革弊端，从而逐步有规划地实现着马克思主义对未来社会的科学设想。新中国成立尤其改革开放以来，中国社会发展在诸多方面取得了世界瞩目的发展成就。

经济方面，我国经济总量不断迈上新台阶，成为世界第二大经济体，占世界经济总量比重逐年提高，是名副其实的经济大国。我国国内生产总值由1978年的3627亿元增长到2022年的121.02万亿元，人均国内生产总值也由1978年的381元增长到2022年的85698元。在世界经济复苏乏力的国际背景下，我国经济增长对世界经济增长的贡献率年均在30%以上，成为世界经济增长的重要引擎。科技方面，我国科技事业实现了“历史性、整体性、格局性”重大发展，重大科技成果争相呈现，“铁基超导材料保持国际最高转变温度，量子反常霍尔效应、多光子纠缠世界领先，中微子振荡、干细胞、利用体细胞克隆猕猴取得重要原创性突破……超级计算机连续10次蝉联世界之冠，采用国产芯片的‘神威·太湖之光’获得高性能计算应用最高奖‘戈登·贝尔’奖”等，我国正大步迈向科技强国。民生方面，教育公平、医疗保障、养老问题、扶贫事业等问题正逐个得到妥善解决，“让每个孩子都能享有公平而有质量的教育”“实现到2020年人人享有基本医疗卫生服务”“不断满足老年人日益增长的养老服务需求”“到2020年现行标准下的农村贫困人口实现脱贫”等目标逐步实现，预示着我国民生短板正在补齐，

① 习近平：《在第十三届全国人民代表大会第一次会议上的讲话》，人民出版社2018年版，第13页。

民生底色正在增亮。

仅仅从以上三个方面来看，中国在经济、科技和民生方面取得的成就，完全可以证实中国改革道路无疑是成功的，由此昭示了中国正在崛起。在西方发达资本主义国家看来，中国的崛起必将给现有的国际政治经济秩序带来严重的挑战，影响资本主义国家既得利益的获取，动摇其霸权统治。这就引起了西方敌对势力强烈的不适感与疯狂的造谣、攻击。一些不良西方政客和媒体或抓住似是而非的东西，以偏概全地指责中国共产党的领导；或秉持市场经济只能是资本主义市场经济的固有观念，认为中国的社会主义市场经济其本质不过是对西方自由主义市场经济的复制；或到处散布中国威胁论谣言，把中国的崛起趋势渲染成一种将会威胁世界和平与发展的恐怖势力的突起。不难看出，这些言论、行为带有明显的西方式的傲慢与偏见，很容易欺骗那些对中国发展、对中国共产党的领导一知半解的人，不利于中国与世界的交流、交往。在这些偏见背后更是包藏着颠覆我国政权、扼杀中国崛起的险恶用心。不过，这也显示了我们的国际话语权有待提高，对外话语体系有待建立。对此，需要建构理论充分、言之有理有据的21世纪马克思主义，以对外阐释我们的成功之道，以消解西方民众对我国的误解，进而树立中国良好的国际形象。

此外，党的十八大以来，以习近平同志为核心的党中央开启了中国对外交往的新征程，提出了许多新概念、新范畴、新表述，如新发展理念、“一带一路”倡议、人类命运共同体等。这些新概念、新范畴、新表述并不是对马克思主义的重复赘述，而是契合了中国和世界当前的发展态势，是对我国和世界当前发展中存在的问题的一种积极回应。也正是在这些新概念、新范畴、新表述的指引下，我们致力于破解社会发展难题，我国走向更高质量的发展道路，一些社会痼疾得到了有效的治理，社会各方面取得了显著的进步。然而，问题在于，当前这些新概念、新范畴、新表述是分散的、阶段性的，还处于初步阐释的环节，它们需要被系统地、有条理地梳理整合起来，从而才能真正解读我国当前以及未来的成功。在这个意义，建构21世纪马克思主义也是打造中国对内和对外传播话语权的一个重要体现。

（三）呈现国际共产主义运动的曙光

早期资产阶级革命时期，生产力的发展造就了封建地主阶级的灭亡与资产阶级的产生，而资本的逻辑天然地孕育着工人阶级的诞生与社会主义运动的发展。然而，资本主义社会“在产生财富的那些关系中也产生贫困；在发展生产力的那些关系中也发展一种产生压迫的力量”[①]。航海大发现，交通工具的更新进步，资本主义生产方式的全球扩张，打破了社会主义运动的空间界限，社会主义运动具有了国际性。就国际共产主义运动发展而言，社会主义运动发展的整体趋势是前进的。对资本主义，从资本主义原始积累开始的那一天就伴随着先进的思想家们对其的揭露与反思。1516年，英国人莫尔发表的《乌托邦》可谓空想社会主义的开山之作。这本书全面描述了资本主义原始积累过程中发生的各种悲惨景象，并刻画出一个自由、民主、博爱而且无比富有的理想国，以表达莫尔对现实的不满以及对未来美好生活的追求。此后直至19世纪上半叶，陆续涌现出了走在时代前沿的许多空想社会主义者，比如德国的农民战争领袖闵采尔、意大利的康帕内拉、英国掘地派运动领袖温斯坦莱、法国的摩莱里和马布利，以及19世纪初最著名的三大空想社会主义思想家——法国的圣西门、傅里叶和英国的欧文等。但是，在这一阶段工人阶级的反抗意识尚未觉醒，早期的社会主义者只能借助各种社会现象从表面揭示资本主义制度的弊端，并在一种英雄主义价值观的导向下将拯救贫苦工人阶级的希望寄托在剥削阶级即资产阶级身上。直到19世纪中叶，工人阶级运动在欧洲大陆兴起，这一运动直接催生了马克思、恩格斯对资本主义制度进行彻底批判研究，最终资本主义制度的剥削秘密得以揭露，唯物史观和剩余价值学说得以确

① 《马克思恩格斯选集》第1卷，人民出版社2012年版，第234页。

立，从此社会主义由空想步入了科学的阶段，国际共产主义运动有了科学理论的指导。之后，在马克思主义的指导下，在列宁的直接领导下，十月革命取得胜利，科学社会主义变为现实，并且经过几十年的社会主义建设，社会主义逐渐具备了能够与资本主义相抗衡的能力。

不过，就经验事实而言，国际共产主义运动的发展并不是一帆风顺的，在发展进程中往往伴随着既得利益者——资产阶级的疯狂镇压。许多工人阶级运动领袖都曾有过被捕入狱、被驱逐流放的经历，一些人甚至直接被处死，还有工人阶级政党被迫解体重构，巴黎公社的失败以及无数在反抗资产阶级斗争中牺牲的人，这些都验证了国际共产主义运动的曲折性。而20世纪90年代初东欧社会主义国家的弃道改制、苏联的解体，更是导致国际共产主义运动陷入了低潮。我们知道，苏联的解体源于对社会主义教条式解读和西方资本主义势力的渗透推动，之后许多社会主义国家纷纷向资本主义世界靠拢，转向了资本主义道路，以求拯救崩溃的社会秩序与陷入低谷的经济，国际共产主义运动进程大受打击。东欧剧变后，西方马克思主义理论者成了蜗居于校园、脱离工人运动的纯粹思想家、社会观察者，整个世界仅存下五个社会主义国家“硕果”，资本主义世界发出了胜利的凯歌。尽管如此，这并不意味着国际共产主义运动就已彻底失败，在世界的东方，中国承担起了国际共产主义运动“领头羊”的角色。从20世纪70年代末开始，中国开启的改革开放就面临各种争议，而苏联的解体无疑是雪上加霜，进一步扰乱了民心，唱衰社会主义的声音在西方敌对势力的操控下可谓不绝于耳。面对这些消极负面的影响，中国共产党顶住了压力，坚持马克思主义指导思想，郑重发出了“我坚信，世界上赞成马克思主义的人会多起来的，因为马克思主义是科学。它运用历史唯物主义揭示了人类社会发展的规律。封建社会代替奴隶社会，资本主义代替封建主义，社会主义经历一个长过程发展后必然代替资本主义。这是社会历史发展不可逆转的总趋势，但道路是曲折的”①

① 《邓小平文选》第3卷，人民出版社1993年版，第382—383页。

的声音，从而稳定了党心、民心，也给国外仍信仰马克思主义的人新的希望。在改革开放的进程中，中国反思、吸取苏联社会主义建设的经验教训，吸收资本主义社会的先进文明成果，结合世情国情社情党情，在马克思主义的指导下无惧质疑，探索出了一条具有中国特色的社会主义道路。如今，经过40多年的发展，中国用发展的事实和实力在世界上占有一席之地，是世界性大国中唯一的社会主义国家，成为国际共产主义运动发展进程中一颗冉冉升起的启明星。而21世纪马克思主义是当代马克思主义政党行动的思想指南，是中国特色社会主义建设取得巨大成就的经验汇编，它必将指引国际共产主义运动走向复兴之路。

与此同时，当今西方世界，资本主义生产社会化与私人占有的固有矛盾进一步凸显，资产阶级以福利政策缓和社会阶级矛盾的作用逐渐失效，大规模的工人罢工运动频繁爆发，资本主义社会制度面对新的治理挑战。这意味着国际共产主义运动将迎来新的发展契机。至于国际共产主义走向何方，中国作为世界上最大的社会主义国家，其存在本身就是对国际共产主义运动最大的现实支持，其发展范式、发展经验为国际共产主义运动提供了直接的参考借鉴，而凝结中国社会主义发展经验与发展理念的21世纪马克思主义，则能够在最大程度上满足当代国际共产主义运动发展的理论需要。从某种程度上来说，21世纪马克思主义既是中国社会主义建设、发展的智慧结晶，更昭示着国际共产主义运动发展的希望与前进的方向。我们坚信，在21世纪马克思主义的指引下，国际共产主义运动必将迎来新的发展高潮。

（四）破解全球治理困境的行动指南

自15世纪欧洲的航海大发现开始，民族历史走向了世界历史，世界市场也在资本主义经济的扩张中形成。后来，在经济全球化的影响下，各个民族与国家之间的联系更加密切，由此催生了全球治理问题，比如说经济利益协调问题、恐怖主义问题、生态环境问题、核武器问题以及目前的新冠肺炎疫情问题等。不难发现，这一系列问题都是无法仅仅依靠一个国家就可以彻底解决的问题。于是，国际上需要建立相对应的有效的治理体系以处理国际争端以及解决关系全人类生存发展的全球性问题。

治理体系的有效性取决于治理理念的科学性，全球治理问题能否得到有效彻底解决，关键在于能否确立正确的治理理念。然而，当前的全球治理理念和治理体系并不是建立在平等协商、多方对话的基础上，而是大国特别是发达资本主义国家之间政治博弈的产物，其最终结果是形成了以新自由主义为主导的全球治理理念。新自由主义的治理理念最初产生于20世纪20—30年代关于市场社会主义经济的大论战，其主要观点在于反对计划经济和国家干预，后由于1929年的经济大萧条遭受冷落。但进入20世纪70年代，在凯恩斯主义失灵之际，新自由主义重新进入了西方主流经济学的视野，成为西方发达资本主义国家新的执政理念。借着这股东风，新自由主义迅速风靡全球，最终形成了以“华盛顿共识”为标志的新自由主义全球治理理念。这种治理理念具体体现为：经济上趋向市场原教旨主义。与凯恩斯主义相反，完全自由竞争的市场是新自由主义治理理念的核心。新自由主义极力反对政府对市场的过度干预作用，认为这将扼杀“经济体”的活力与积极性，政府应仅仅承担“守夜人”的角色。它强调自由市场的重要性，大力宣传“自由化”“私有化”“市场化”。这些经济理念转化为具体的国际政策时，则表现为开放国际市场、支持全球性的自由贸易与国际分工，反对各种形式的贸易保护主义。政治上奉行宪政民主。在新自由主义者看来，任何专制统治将会对个人的财产权造成极大威胁，唯有以“一人一票”为特征的宪政民主，才是真正政治制度的选择。在此观念的影响下，那些发达资本主义国家打着“民主”的旗帜对实行不同于宪政民主制度的国家抱有强烈的偏见与敌视，并以此为借口干预这些国家的内政，造成了部分国家社会的动荡。意识形态上宣传普世价值观。在开放的国际市场上，参与主体之间由于文明的冲突往往会带来经济上的壁垒与损失。针对这一点，新自由主义者向各个国家鼓吹、兜售普世价值观，以期带来人类价值观、文明的趋同，推动国际市场的自由开放与竞争，打破由文明的差异带来的贸易壁垒。为了有力回应新自由主义倡导的普世价值观，以习近平同志为主要代表的新时代中国共产党人创造性地提出全人类共同价值，主张消弭文明隔阂、摒弃意识形态偏见，进而在坚守和平、发展、公平、正义、民主、自由等全人类共同价值的基础上积极推动构建新型国际关系和构建人类命运共同体。

诚然，起初新自由主义的全球治理理念将世界经济带出了滞胀危机，但又将人类纳入资本主义国家的霸权统治之下。西方发达资本主义国家的新自由主义全球治理理念推行的国际贸易自由，其实质是一种虚假的自由和新殖民主义。发达资本主义国家牢牢把控、限制高端科学技术的进出口，而发展中国家则成为其低端原料产地、加工厂和商品的倾销地，这是一种不等价的交换。在这种不等价交换中，发达资本主义国家在其军事恐吓和科技、金融垄断的辅助下，对发展中国家实行经济控制和剥削。至于所谓的宪政民主制度，它不过是对西方政治制度的过度美化，这种宪政民主却对金钱操控选举、多党竞争带来的政策实行的短期性和妥协性，以及多方扯皮推诿造成的行政效率下降等负面影响视而不见，却一味渲染宪政民主制度实现了人类一直以来对民主和自由的设想，并借此攻击其他社会制度，尤其是社会主义制度。而普世价值观掩盖了资本主义意识形态的入侵，因为普世价值观所宣传的不过是西方发达资本主义国家的那一套执政理念。2008年金融危机的爆发，彻底粉碎了新自由主义的谎言，南北差距的不断扩大、资源短缺、全球变暖、恐怖袭击等问题的凸显，证明了新自由主义全球治理理念除了维护发达资本主义国家的利益，并无力解决关系人类生存与发展的全球性问题。

随着时代的发展进步，发展中国家兴起，且成为国际交往中不容忽视的力量。基于自身利益的考量和维护，新兴的发展中国家迫切希望能够建立更加公平合理的全球政治经济新秩序。正如习近平总书记所说："随着国际力量对比消长变化和全球性挑战日益增多，加强全球治理、推动全球治理体系变革是大势所趋。"[①]在此背景下，中国以负责任大国的形象提出了符合全人类普遍利益的人类命运共同体理念，指出"这个世界，各国相互联系、相互依存的程度空前加深，人类生活在同一个地球村里，生活在历史和现实交汇的同一个时空里，越来越成为你中有我、我中有你的命运共同体"[②]。这一理念充分体现了当前世界局势，旨在"在维护自身合理利益时兼顾别国利益，在寻求自身发展时兼顾别国发展"，引导各方形成共识，旨在建设以"共商共建共享"为基本原则的全球治理体系，推动国际秩序朝着更加公正合理的方向发展。此外，中国组织设立亚洲基础设施投资银行、提出建设"新丝绸之路经济带"和"21世纪海上丝绸之路"合作倡议，让广大发展中国家搭乘中国发展的快车便车，开辟了世界经济发展的新空间，打造了政治互信、经济融合、文化包容的利益共同体、命运共同体和责任共同体。当前，在全球性问题的治理中，中国更是走在前列。比如，在生态环境治理中，中国积极落实对联合国节能减排的承诺，创造性提出了"既要金山银山，又要绿水青山"的绿色循环发展道路；在影响世界和平的局部地区军事冲突中，中国积极派遣维和部队维护秩序、调控争端，防止冲突的扩大化。可见，不管是在提出新的全球治理理念中，还是在推动形成更加公正合理的全球治理体系中，中国都贡献出了独特的治理智慧和力量，中国已经是引导各国平等公正参与的国际治理体系的一支重要力量。21世纪马克思主义涵盖了中国所倡导的全球治理理念，以及中国在参与解决

① 《习近平谈治国理政》第2卷，外文出版社2017年版，第448页。

② 《习近平谈治国理政》第1卷，外文出版社2018年版，第272页。

全球性问题上的经验总结，它将为全球治理问题提供新思路、新途径，是当前和今后解决全球性问题的行动指南。

（五）昭示人类文明进步的历史进程

回溯历史，正视现实，人类社会的发展面临着诸多挑战，最为人所熟知的便是由西方学者提出的各种陷阱论，如"修昔底德陷阱""塔西佗陷阱""中等收入陷阱""金德尔伯格陷阱"等。面对当今人类社会发展所遭遇的种种陷阱，一些国家深陷其中没有找到前进的方向，而有些国家则通过对这些陷阱的审视和思考实现了对其的超越并积累了宝贵的经验。社会主义中国在马克思主义的指引下，通过不断理论创新和实践创新，规避了滑向陷阱的风险，并开辟了一条走向未来美好社会制度的人间正道。当前，建构21世纪马克思主义，就要充分体现中国共产党和中国人民在引领人类社会走出发展陷阱上所作出的努力。从国内和国际两个存在场域来看，这些陷阱论既涉及国家的执政问题，又涉及关于国际格局的走向问题。针对这些阻碍人类文明进步的障碍，21世纪马克思主义要努力提出经过实践证明的切实有效的方法途径予以根除。

首先，建设公信力高、可信度强且高质量发展的国家。从国家内部运行来看，一个国家的发展主要面临着"塔西佗陷阱"和"中等收入陷阱"的双重挑战。前者是对政府公信力的考验，后者则是对以国内生产总值即GDP作为衡量社会发展基本标准的质疑。对中国这样的发展中国家而言，这两种陷阱是我们在发展过程中曾遭遇过甚至现在仍面对的重大考验。政府公信力的下降主要源于公务人员的不作为和乱作为，尤其是公职人员的贪污腐败行为。部分公职人员的贪污腐败、官僚主义作风，违背了党和政府全心全意为人民服务的宗旨以及对人民负责的基本准则，影响了人民群众对政府的信任，从而造成了人民群众对政府行政能力和政策的质疑，导致政府公信力下降。历史上，一些国家政权的颠覆就是由这一因素造成的。诚如习近平总书记指出的那样："近年来，一些国家因长期积累的矛盾导致民怨载道、社会动荡、政权垮台，其中贪污腐败就是一个很重要的原因。"[①]在党的坚强领导下，我们及时注意到了这股歪风邪气，并提出了彻底的反腐败方案，坚持"老虎""苍蝇"一起打，保持对腐败分子的"高压态势"，加强反腐倡廉的制度建设，营造"干部清正、政府清廉、政治清明"的执政环境。这是我们党应对"塔西佗陷阱"采取的有效方案，目前已取得了明显成效，人民群众对政府的信任度直线上升。以GDP作为衡量社会发展的基本指标，其实质不过是单指对经济增长速度的测量，因此极易忽视社会发展过程中的其他方面（如民生方面、精神文明建设方面等）的建设，以及经济增长过程中经济主体由于不当行为带来的负面影响（如对生态环境的破坏等）。在改革开放后的很长一段时间内，由于种种原因，个别地区和部门唯发展至上、唯GDP是从。到21世纪初，这种以经济增长为衡量指标的做法再无法遮掩其他社会问题，我国社会发展面临经济社会发展转型转轨的压力。当前，"我国经济已由高速增长阶段转向高质量发展阶段，正处在转变发展方式、优化经济结构、转换增长动力的攻关期，建设现代化经济体系是跨越关口的迫切要求和我国发展的战略目标"[②]。为补齐短板、全面建成小康社会，我们党和政府提出了高质量发展战略，坚决贯彻"创新、协调、绿色、开放、共享"的新发展理念，统筹推进"五位一体"总体布局，协调推进"四个全面"战略布局，推动高质量发展，推动新型工业化、信息化、城镇化、农业现代化同步发展，加快建设现代经济体系，努力实现更高质量、更有效率、更加公平、更可持续的发展，以此避免陷入"中等收入陷阱"。

另外，树立与国际地位相当的负责任大国形象。随着国家间交流、交往的日益频繁，西方学界人士根据东欧剧变后的国际形势，对世界发展变化

① 《习近平谈治国理政》第1卷，外文出版社2018年版，第16页。

② 习近平：《决胜全面建成小康社会 夺取新时代中国特色社会主义伟大胜利——在中国共产党第十九次全国代表大会上的报告》，人民出版社2017年版，第30页。

做出了预估。其中，历史终结论和文明冲突论是典型的代表。历史终结论是冷战结束后对资本主义制度和共产主义制度发展趋势所作出的判断，这种论调认为西方的市场经济和民主政治是人类社会历史发展的唯一道路。关于这一点，中国特色社会主义目前繁荣发展的形势则是对它最有力的回击。相比较而言，文明冲突论在一定程度上看到了世界各种文明的争艳，但它把文明的碰撞、摩擦、冲突，特别是伊斯兰文明和儒家文明对西方文明的挑战，看作未来世界国际冲突的根源，并以此为据赋予西方文明普遍适用的特性，则带有强烈的种族优势感。这种论调一经形成、传播，就引发了众多民族国家的警醒，其对世界文明多样性的贬低以及对西方文明的高捧更是引起了正义人士的不满和反感。作为文明古国，中国历来主张“文化是一个国家、一个民族的灵魂”①，立足世界文明多样性的事实，提出“尊重各国各民族文明”的观点，“本国本民族要珍惜和维护自己的思想文化，也要承认和尊重别国别民族的思想文化。不同国家、民族的思想文化各有千秋，只有姹紫嫣红之别，而无高低优劣之分。每个国家、每个民族不分强弱、不分大小，其思想文化都应该得到承认和尊重”②，从而赢得了广泛的支持和认同。

还有一些西方学界人士根据历史发展过程中的高概率现象，指明了国际形势变化中必然会遇到的状况，以此提出所谓的“修昔底德陷阱”。所谓“修昔底德陷阱”，指的是正在崛起的大国与既有的世界霸主之间的竞争不可避免，且在很大程度上以战争告终的国际现象。这一论调往往被西方敌对势力借用来炒作中国威胁论，从而达到抹黑、污化中国国际形象，孤立中国，人为干涉和阻碍中国崛起的目的。针对这一错误论调，习近平总书记多次强调：“中国始终奉行防御性的国防政策，不搞军备竞赛，不对任

① 《习近平谈治国理政》第2卷，外文出版社2017年版，第349页。

② 习近平：《在纪念孔子诞辰2565周年国际学术研讨会暨国际儒学联合会第五届会员大会开幕会上的讲话》，人民出版社2014年版，第9页。

何国家构成军事威胁。中国发展壮大，带给世界的是更多机遇而不是什么威胁。”[①]中国是如此说的，也是如此做的。2008年的金融危机引发了全球性经济危机和衰退，中国则成为引领世界经济发展的重要力量；中国大力实施生态文明建设并取得显著的成就，为世界生态环境治理做出了表率，贡献了中国力量和中国智慧；中国推进朝鲜核问题会谈，是维护世界和平与安全的积极力量。中国对国际事务的参与以及做出的积极行动，是在践行中国维护世界和平、促进共同发展的庄严承诺，用事实和行动戳破了西方敌对势力企图利用“修昔底德陷阱”打压中国的企图。与此同时，中国对落后国家的援建、对陷入灾害国家的援助等，进一步彰显了中国负责任大国的形象。正如习近平总书记所说：“中国是现行国际体系的参与者、建设者、贡献者。我们坚决维护以联合国宪章宗旨和原则为核心的国际秩序和国际体系。”[②]中国以自身发展的事实对以上各种陷阱进行了反驳，为其他国家提供了借鉴，扫清了人类文明进步的障碍，提升了世界发展的新境界。因而，21世纪马克思主义的建构，既要集中思考这些阻碍人类文明进步的陷阱论，又要不断试图引领人类朝着更加“开放”“包容”“普惠”“平衡”“共赢”的方向发展，以此引领人类文明进步的新进程。

四、21世纪马克思主义建构的方法途径

坐标的定位、原则的规范、目标的设定，最终都要服务于建构21世纪马克思主义的实际行动。具体而言，21世纪马克思主义的建构要在树立“六种意识”的基础上，着力促进理论内容的形成、话语体系的表达、宣传媒体的传播、人才队伍的培养、理论辐射力培育、思想竞争力的培育六个方面。

---

① 《习近平谈治国理政》第1卷，外文出版社2018年版，第275页。

② 中共中央文献研究室编：《十八大以来重要文献选编》（中），中央文献出版社2016年版，第688页。

这六个方面既包含一个理论形成的必要要素，又涵盖了新时代社会主义建设面临的新变化、新挑战。回顾党的十八大以来习近平总书记发表的一系列重要讲话，在涉及发展21世纪马克思主义的相关内容中，基本上也包括了以上六方面内容。

（一）强化问题意识，提升21世纪马克思主义的内容供给力

“一个时代所提出的问题，和任何在内容上是正当的因而也是合理的问题，有着共同的命运：主要的困难不是答案，而是问题……问题就是时代的口号，是它表现自己精神状态的最实际的呼声。”[①]回顾改革开放40余年的历史，具有中国特色的社会主义建设道路就是在解决现实问题中开启的，又是在不断解决问题中实现不断发展的。进入新时代，面对前进道路上潜在的风险挑战，“我们所面临问题的复杂程度、解决问题的艰巨程度明显加大，给理论创新提出了全新要求”[②]。正因为这样，中国特色社会主义建设准确抓住并引领了时代发展的潮流。21世纪马克思主义作为新时代中国共产党人致力推进的理论创新成果，是关于时代发展进步的理论，不断解决时代问题是其时代使命，它对时代问题的回答就是其理论内容的展现。因而，建构21世纪马克思主义要有强烈的问题意识。

首先，树立对待问题的正确态度。问题来源于矛盾双方的对立冲突。关于社会主义社会是否存在矛盾这一问题，曾一度引起了很大的争论，后来毛泽东进行了缜密的论证，给出了明确回复。他认为，“没有矛盾的想法是不符合客观实际的天真的想法”[③]，继而指出，即便是在社会主义社会，“基本的矛盾仍然是生产关系和生产力之间的矛盾，上层建筑和经济基础之间的矛盾。不过社会主义社会的这些矛盾，同旧社会的生产关系和生产力的矛

---

① 《马克思恩格斯全集》第40卷，人民出版社1982年版，第289—290页。

② 习近平：《高举中国特色社会主义伟大旗帜 为全面建设社会主义现代化国家而团结奋斗——在中国共产党第二十次全国代表大会上的报告》，人民出版社2022年版，第20页。

③ 《毛泽东文集》第7卷，人民出版社1999年版，第204页

盾、上层建筑和经济基础的矛盾，具有根本不同的性质和情况罢了”[①]，从而承认了社会主义社会存在各种矛盾的现实。在这一正确认识的指导下，我们党和政府围绕社会主义社会初级阶段的主要矛盾，正视社会主义建设过程中存在的各种问题，特别是人民群众最为关心的问题。然而，在这一过程中确实也存在部分党员和领导干部为了所谓的“政绩好看”，无视甚至极力掩藏其在参与社会治理中发现的客观问题，下基层调研也是“走马观花，下去就是为了出出镜、露露脸，坐在车上转，隔着玻璃看，只看‘门面’和‘窗口’，不看‘后院’和‘角落’”，即使明知“报上来的是假情况、假数字、假典型，也听之任之，甚至通过挖空心思造假来粉饰太平”。[②]以上形式主义作风是逃避问题的典型案例，不利于我国社会主义建设的整体推进，也更谈不上为21世纪马克思主义的建构提供丰富的现实素材。因而，在建构21世纪马克思主义的过程中，要极力打击这股歪风邪气，坚持实事求是，教育党员特别是领导干部正确对待社会主义建设中存在的问题，不断发现、彻底解决问题，在解决问题中建构21世纪马克思主义坚实的理论大厦。这就表明，树立正确对待问题的态度，是建构21世纪马克思主义的基本前提。

其次，区分存在问题的主次地位。现实社会中存在的问题是数量庞大、多种多样的，既包括少数个人或群体存在的私人问题、个别问题，也包括绝大多数人存在的普遍性问题，还包括国家与国家之间的问题。这些问题可能仅仅需要个别人的对话协商就能够得以解决，也可能需要政府力量的介入或者直接干涉才能得以彻底解决。21世纪马克思主义是代表绝大多数人民群众的理论，是关于社会主义建设和共产主义发展的理论，它不可能囊括并一一回复人类面临的所有问题。所以，21世纪马克思主义的建构要对社会存在的诸多问题进行一个总体的区分辨识，以找到关系社会主义建设和人民群众整体利益的重大问题、关键问题和突出问题，这就“要引

① 《毛泽东文集》第7卷，人民出版社1999年版，第214页。
② 《习近平谈治国理政》第1卷，外文出版社2018年版，第369页。

导广大党员干部特别是各级领导干部，把工作的着力点真正放到研究解决改革发展稳定中的重大问题上，放到研究解决群众生产生活的紧迫问题上，放到研究解决党的建设的突出问题上”[①]。只有找到这些重大问题、关键问题和突出问题，并将其作为目标，21世纪马克思主义的建构才能在解决各种问题中沿着正确方向前进。

最后，找寻解决问题的有效方式。21世纪马克思主义是在解决问题的过程中逐渐建构其理论内容的。因而，在区分辨识关乎社会发展的、人民群众普遍希望得到解决的重大问题、关键问题和突出问题的基础上，建构21世纪马克思主义要“以当前亟待解决的重大问题为提领，按条条谋篇布局”[②]，有规划地解决这些问题。以习近平同志为核心的党中央密切关注社会发展难题和人民群众反映强烈的突出问题，并在讲话中、会议中对此进行了集中的、专门的探讨，出台了相关的方针、政策，提供了解决问题的总体方向和基本思路，孕育生成着21世纪马克思主义的理论内容。此外，中国特色社会主义步入新时代，改革开放进入了全面深化的新阶段，社会主要矛盾发生了改变，满足人民日益增长的美好生活需要成为我们党和政府工作的目标任务，这时需要解决的问题都是一些“难啃的硬骨头”，同时也是建构21世纪马克思主义所要克服的理论短板。这就要求我们“胆子要大，步子要稳”，把握好前进的正确方向，“行驶一定要稳，尤其是不能犯颠覆性错误”，不惧任何困难，“再难也要向前推进，敢于担当，敢于啃硬骨头，敢于涉险滩”，[③]直至问题得到解决，人民群众的诉求得到妥善的安排。唯此，21世纪马克思主义的理论内容才能在解决现实问题中得到源源不断的扩充。总而言之，正如习近平总书记所说：“我们要以更加宽阔的眼界审视马克思主义在当代发展的现实基础和实践需要，坚持问题导向，坚持以我们

① 习近平：《干在实处 走在前列——推进浙江新发展的思考与实践》，中共中央党校出版社2006年版，第47页。

② 《习近平谈治国理政》第1卷，外文出版社2018年版，第75页。

③ 《习近平谈治国理政》第1卷，外文出版社2018年版，第101页。

正在做的事情为中心，聆听时代声音，更加深入地推动马克思主义同当代中国发展的具体实际相结合，不断开辟21世纪马克思主义发展新境界，让当代中国马克思主义放射出更加灿烂的真理光芒。”①

（二）强化融合意识，提升21世纪马克思主义的话语亲和力

社会主义是全人类共同的事业。而作为21世纪社会主义事业指导思想的21世纪马克思主义，既具有中国特色，又具有世界情怀。从这一方面来讲，21世纪马克思主义不仅要建立能够表现理论彻底性、合理性的理性话语，也要搭建普通大众、国外民众易理解的感性话语。这就要求建构21世纪马克思主义时要做到以下两点：

一方面，创建理论彻底、逻辑严谨的科学理论体系。马克思曾指出：“理论只要说服人，就能掌握群众；而理论只要彻底，就能说服人。”②这说明了理论是否彻底决定了一种理论是否能够得到人民群众的支持，进而决定了其生命力是否强大。那么，如何确定一种理论是否彻底呢？马克思认为：“所谓彻底，就是抓住事物的根本。”③这就意味着21世纪马克思主义唯有抓住社会主义建设、世界发展的本质，才能真正建构能够被人民群众接受的理论。关于这一点，我们党在推进马克思主义中国化的过程中就有了深刻的认识，并积累了丰富的经验。具体而言，在建构21世纪马克思主义的过程中，要深入最广大人民群众的真实生活，体会其切身感受，满足其最为迫切的愿望和要求，从而获得经过实践检验的可靠的、丰富的感性材料。这是因为，一种理论的形成还需要把这些感性的认识上升至理性认识，即，“要完全地反映整个的事物，反映事物的本质，反映事物的内部规律性，就必须经过思考作用，将丰富的感觉材料加以去粗取精、去伪存真、由此及彼、由表及里的改造制作功夫，造成概念和理论的系统，就必须从感性

① 《习近平谈治国理政》第2卷，外文出版社2017年版，第34页。
② 《马克思恩格斯文集》第1卷，人民出版社2009年版，第11页。
③ 《马克思恩格斯文集》第1卷，人民出版社2009年版，第11页。

认识跃进到理性认识。”[①]经过这一认识的升华过程，21世纪马克思主义方能获得充实彻底的理论内容，架构起逻辑严谨的理论体系。然而，这一过程并未就此结束，理论形成的目的在于指导实践，如果“有了正确的理论，只是把它空谈一阵，束之高阁，并不实行，那末，这种理论再好也是没有意义的”[②]。这正是一种理论创建的真正意义所在。但是，21世纪马克思主义的建构并不是一切顺遂的，其中掺杂着由部分党员领导干部的形式主义、官僚主义、享乐主义、奢靡之风带来的虚假信息。因而，在21世纪马克思主义的建构过程中，要特别注意筛选甄别出这些错误信息，从根源上建立长效的筛选机制，以敦促“各级领导干部要带头发扬劳模精神，出实策、鼓实劲、办实事，不图虚名，不务虚功，坚决反对干部群众反映强烈的形式主义、官僚主义、享乐主义和奢靡之风‘四风’，以身作则带领群众把各项工作落到实处”[③]，进而促进21世纪马克思主义不断接近客观真理，实现来源于实践又指导实践的良性循环。

另一方面，构建贴合大众、融通中外的话语表达体系。语言文字是理论的载体。随着时代的变迁和理论的发展变化，语言文字的表达方式也往往会发生革命性的转变。正如恩格斯所说：“一门科学提出的每一种新见解都包含这门科学的术语的革命。”[④]改革开放以来，人民群众的日常生产、生活方式发生了巨大的变化，也演变出了许多新的词汇用语。经典马克思主义著述中的许多专业术语，要么已不适合时代的发展变化，要么不能准确表达和覆盖今天关于自然界、社会和人类思维的发展状况，要么难以被当前思维更加活跃发散的人们所理解接受。因而，21世纪马克思主义要建构准确表达时代特征、贴近人民群众的话语表达体系。建构这样的话语表达体系，要从两方面来考虑：从国内视野来讲，要构建贴合大众的朴实话

① 《毛泽东选集》第1卷，人民出版社1991年版，第291页。
② 《毛泽东选集》第1卷，人民出版社1991年版，第292页。
③ 《习近平谈治国理政》第1卷，外文出版社2018年版，第48页。
④ 《马克思恩格斯文集》第5卷，人民出版社2009年版，第32页。

语体系。历史地看，政界话语、学界话语和民间话语之间，一向存在着严重的交流障碍，其交流互通多是依靠专门的人士所搭建的信息平台。随着电子网络信息的发展，民间对政界、学界的关注明显提升，对相关话题的参与也日益增多。但彼此之间由于表达方式的不同，特别是涉及专业性话语时，沟通壁垒依然存在。为了加强彼此之间的交流理解，促进马克思主义大众化成为亟待解决的重大课题。对此，我们党明确提出要把“马克思主义理论用简单质朴的语言讲清楚、用群众喜闻乐见的方式说明白，使之更好地为广大党员和人民大众所理解、所接受”①，以推动学术话语向民间话语的转变，使21世纪马克思主义话语更接地气、更受欢迎。从国际视野来看，要打造融通中外的对外话语体系。对外交流是21世纪马克思主义不可回避的话题，推动更加公平合理的国际政治经济新秩序的建立，更是21世纪马克思主义的重要任务。然而，由于东西方思维方式、语言表达方式的不同，21世纪马克思主义的传播在一定程度上极易被误解，甚至被持有“阴谋论”的西方政客所利用，我国国际话语权依旧处于“西强我弱”的格局。在这种情况下，通过用外国民众听得到、听得懂、听得进的话语来宣传中国立场、中国主张、中国理念，精心构建对外话语体系，“增强对外话语的创造力、感召力、公信力，讲好中国故事，传播好中国声音，阐释好中国特色”②，自然也成为建构21世纪马克思主义的必然选择。

（三）强化宣传意识，提升21世纪马克思主义的媒体传播力

舆论宣传关乎意识形态安全，是一个政权得以建立、巩固的必要手段。对此，毛泽东曾明确指出：“凡是要推翻一个政权，总要先造成舆论，总要先搞意识形态方面的工作。无论革命也好，反革命也好。”③这一科学论

① 中共中央文献研究室编：《十七大以来重要文献选编》（中），中央文献出版社2011年版，第261页。

② 《习近平谈治国理政》第1卷，外文出版社2018年版，第162页。

③ 中共中央文献研究室编：《毛泽东年谱（1949—1976）》第4卷，中央文献出版社2013年版，第153页。

断充分显示了舆论宣传工作的重要性。在新时代，意识形态的斗争不会停止，而且随着宣传工具的多样化变得更加复杂化。在信息社会，“人人成为自媒体”构成了舆论宣传领域的主要特征，而传统媒体的宣传功能，也随着网络信息技术的普及呈现出弱化趋势。加之在经济利益的直接刺激下，滋生了一些所谓的精致利己主义、拜金主义等错误思想。与此同时，西方敌对势力的意识形态渗透，新自由主义、普世价值观、历史虚无主义等错误思潮也伺机蔓延。可见，21世纪马克思主义作为主流价值观的时代表达，其在意识形态领域面临着多重挑战。在这样的背景下，“新闻宣传一旦出了问题，舆论工具一旦不掌握在真正的马克思主义者手中，不按照党和人民的意志、利益进行舆论导向，就会带来严重的危害和巨大的损失”[①]。所以，必须加快建构全覆盖、多样化的现代媒体宣传格局，发挥主流价值观的舆论监督和舆论引导的作用，以此增强21世纪马克思主义的社会影响力。对此，以习近平同志为核心的党中央多次强调宣传工作的重要性，并创造性地提出了加强舆论宣传工作的诸多新论断。

首先，加强、改善党对新闻舆论工作的领导。早在19世纪，马克思、恩格斯就对新闻舆论宣传的重要性进行了全面而深刻的论述。他们把自由报刊称作“人民精神的洞察一切的慧眼，是人民自我信任的体现”[②]，是社会的“第三个因素”[③]，并把它誉为“堡垒”“政治阵地”；而无产阶级的报刊则是“热情维护自己自由的人民精神的千呼万应的喉舌”[④]，是启迪和组织人民群众的中心阵地，并承担着阐述党的纲领、监督党的领导、捍卫党的原则的基本功能。由此，马克思、恩格斯为无产阶级政党的新闻舆论工作指明了发展方向。20世纪70年代以来，中国的无产阶级由革命斗争时期进入社会主

① 习近平：《干在实处 走在前列——推进浙江新发展的思考与实践》，中共中央党校出版社2006年版，第307页。

② 《马克思恩格斯全集》第1卷，人民出版社1995年版，第179页。

③ 《马克思恩格斯全集》第1卷，人民出版社1995年版，第378页。

④ 《马克思恩格斯全集》第6卷，人民出版社1961年版，第275页。

义和平建设时期，新闻舆论工作也随着改革开放的潮流呈现出一片生机勃勃景象，各类新闻报刊如雨后春笋般涌现。然而，尽管党实现了对新闻舆论工作的全面领导，但还是存在一些媒体尤其是由国外控股的媒体打着“新闻自由主义”的旗帜污化、质疑、责难共产党对新闻行业的领导。针对这些诋毁，习近平总书记从党性与人民性出发，阐释新闻舆论工作的党性原则，即新闻舆论工作要坚持“党性和人民性相统一，把党的理论和路线方针政策变成人民群众的自觉行动，及时把人民群众创造的经验和面临的实际情况反映出来，丰富人民精神世界，增强人民精神力量”①，要求“领导干部要增强同媒体打交道的能力，善于运用媒体宣讲政策主张、了解社情民意、发现矛盾问题、引导社会情绪、动员人民群众、推动实际工作”②，以此不断加强和改善党对新闻舆论工作的领导，进而明确21世纪马克思主义建构的党性和人民性原则。

其次，坚持正面宣传为主的舆论宣传导向。随着社会主义市场经济的发展，人民群众的物质生活得到了基本保障，对精神文化等各方面的需要随之激增，从而形成了对精神文化产品与服务的潜在市场。于是，在经济利益的驱使下，一些非法运营商利用人的猎奇心理制造包含黄色、暴力、拜金等负面消极内容的庸俗、媚俗产品，并利用网络、电视等新媒体通道大肆传播扩散。由此导致的新闻舆论宣传内容的泛娱乐化、庸俗化，严重腐蚀了人的精神境界，造成了恶劣的社会影响。这种现象的存在引起了新闻舆论工作者的警惕，对此，习近平总书记更是提出了新闻舆论工作“团结稳定鼓劲、正面宣传为主”③的基本方针，要求大力整顿新闻舆论宣传领域的乱象。他还指出：“坚持巩固壮大主流思想舆论，弘扬主旋律，传播正能量，激发全社会团结奋进的强大力量”④。这就为建构21世纪马克思主义营造了良好的舆论宣

① 《习近平谈治国理政》第2卷，外文出版社2017年版，第332页。
② 《习近平谈治国理政》第2卷，外文出版社2017年版，第334页。
③ 《习近平谈治国理政》第2卷，外文出版社2017年版，第333页。
④ 《习近平谈治国理政》第1卷，外文出版社2018年版，第155页。

传环境，进而捍卫21世纪马克思主义在舆论宣传领域的主流地位。

最后，推动传统媒体与新兴媒体融合发展。21世纪是信息媒体的世纪，建构21世纪马克思主义必然要借助新兴媒体的力量。我们知道，互联网正在催生一场前所未有的信息革命，这场革命在新闻舆论宣传领域表现为新兴媒体的兴起。相比传统媒体而言，新兴媒体打破了时间和空间的限制，可以随时随地加工发布信息，其提供的可选择性更加多样，个性化设置更加明显，表现形式更加多彩。鉴于此，新兴媒体逐渐成为普通大众获取信息的主要渠道，而传统媒体面临着持续发展的瓶颈。但是，传统媒体依然是主流价值观宣传的主场。这是因为，新兴媒体由于发展时间短、发展速度快尚未建立起系统的、完善的宣传体系。正如习近平总书记所说："今天，宣传思想工作的社会条件已大不一样了，我们有些做法过去有效，现在未必有效；有些过去不合时宜，现在却势在必行；有些过去不可逾越，现在则需要突破。"[①]也就是说，我国现有的宣传体制机制有待进一步发展完善。针对目前我国舆论宣传工作实际，我们党一方面主张填补主流价值观宣传在新兴媒体方面的缺位，做到"读者在哪里，受众在哪里，宣传报道的触角就要伸向哪里，宣传思想工作的着力点和落脚点就要放在哪里。要顺应互联网发展大势，勇于创新、勇于变革，利用互联网特点和优势，推进理念、内容、手段、体制机制等全方位创新"[②]。另一方面，促进传统媒体与新兴媒体实现融合发展，推动二者在"内容、渠道、平台、经营、管理等方面的深度融合"[③]，从而打造21世纪马克思主义的现代宣传体系。

① 中共中央文献研究室编：《习近平关于全面深化改革论述摘编》，中央文献出版社2014年版，第84页。

② 《习近平在视察解放军报社时强调：坚持军报姓党坚持强军为本坚持创新为要，为实现中国梦强军梦提供思想舆论支持》，《人民日报》2015年12月27日。

③ 中共中央文献研究室编：《习近平关于全面建成小康社会论述摘编》，中央文献出版社2016年版，第118页。

（四）强化学习意识，提升21世纪马克思主义的人才支撑力

列宁曾在《青年团的任务》中指出："共产主义是从人类知识的总和中产生出来的，马克思主义就是这方面的典范。"[①]这一重要论断是对共产主义者所具备的内在的学习特质最为形象的描述。实践亦证明，不断学习、研究、思考亦是马克思主义理论能够始终保持先进性的一个重要原因。中国共产党人继承了真正共产主义者的学习秉性，早在1939年5月，毛泽东就曾提出"要把全党变成一个大学校"[②]的重要观点。新中国成立后，建设学习型大国成为我们党建设社会主义的工作目标，全国范围内的扫盲运动、普及九年义务教育、推动高等教育的发展等重要举措的实施，就是实现这一目标的直接产物。其实，就社会实践来看，从中国共产党诞生到新中国成立，从改革开放中国特色社会主义道路的开辟到新时代夺取中国特色社会主义事业的伟大胜利，我们党领导人民群众进行革命、建设和改革的历史就是不断创造性学习的历史。可以说，重视学习、善于学习是我们党在革命、建设和改革中积累的成功经验。

当前，中国特色社会主义进入新时代，中国各项事业的发展对以知识为基础、从事脑力劳动的人才的需求越来越强烈。在此情形下，21世纪马克思主义无论是作为一种理论还是一种实践，其本身就是脑力劳动者深入社会实践的创造。而对它的建构，更涉及社会的各个方面和各个领域，更需要高水平、高质量人才的支撑。因而，强化学习意识，增进学习本领，造就一批具有马克思主义专业素质的人才队伍，成为建构21世纪马克思主义的必要条件。要知道，21世纪马克思主义的人才队伍并不是随便培养的，它是一项系统工程，并且有着明确的要求。

第一，坚定马克思主义的理想信念。21世纪马克思主义的建构，归根结底是在原有马克思主义的基础上，对时代变化的阐释以及对未来人类社会

① 《列宁选集》第4卷，人民出版社2012年版，第284页。
② 《毛泽东文集》第2卷，人民出版社1993年版，第185页。

发展的指导。如果不相信马克思主义，甚至任意诋毁、攻击马克思主义，就谈不上参与建构21世纪马克思主义的理论工作。因而，坚定马克思主义的信仰是培育21世纪马克思主义理论人才的第一要义。2022年10月，习近平总书记在党的二十大报告中再次强调："马克思主义是我们立党立国、兴党兴国的根本指导思想。""推进马克思主义中国化时代化是一个追求真理、揭示真理、笃行真理的过程。"[①]对马克思主义的信仰并不是随便说说、简单立誓而已，它要求被培养者全面了解马克思主义发展历史，仔细研读马克思主义经典著作，彻底掌握马克思主义基本观点，始终坚持马克思主义基本立场，灵活运用马克思主义基本方法，以此分析、观察和解决现实问题，从而"在大是大非面前旗帜鲜明，在风浪考验面前无所畏惧，在各种诱惑面前立场坚定，知行合一、笃志躬行、勇于担当、率先垂范"[②]，成为具有马克思主义理论素养的专业人才。习近平总书记就特别强调全党要加强对马克思主义经典著作的学习研究，他明确指出："党校要加强学员对马克思主义经典著作的学习研究，开出基本书目，引导学员读原著、学原文、悟原理，特别是要理解其中包含的马克思主义立场、观点、方法，不要浅尝辄止。"[③]通过这一系统的学习过程，被培养者在对马克思主义有了一个全面的理解基础上，能够认同并自觉在现实生活中践行马克思主义的价值追求，从而坚定对马克思主义的信仰。这也是对建构21世纪马克思主义人才队伍的根本要求。

第二，聚焦社会发展的前沿问题。马克思主义经典作家认为："哲学家们只是用不同的方式解释世界，而问题在于改变世界。"[④]这是马克思主义与其他理论学说的不同之处，也是马克思主义随着实践不断丰富发展的

① 习近平：《高举中国特色社会主义伟大旗帜 为全面建设社会主义现代化国家而团结奋斗——在中国共产党第二十次全国代表大会上的报告》，人民出版社2022年版，第16页。

② 《习近平谈治国理政》第2卷，外文出版社2017年版，第402页。

③ 习近平：《论党的宣传思想工作》，中央文献出版社2020年版，第156页。

④ 《马克思恩格斯选集》第1卷，人民出版社2012年版，第140页。

内在原因。这一观点反映在马克思主义人才队伍的培养中则表现为：我们要明确培养马克思主义人才队伍的直接目的是服务于21世纪马克思主义的建构工作，需要的是能够对马克思主义进行创造性的发展，而不单纯是对马克思主义的阐释者、宣传者。这就要求在实践生活中马克思主义专业人才能够瞄准最能体现时代发展特点的前沿问题，全面阐释产生这些问题的背景和原因，并找到有效解决这些问题的根本方法。正如习近平总书记所说：我们要"坚定创新自信，坚定敢为天下先的志向，在独创独有上下功夫，勇于挑战最前沿的科学问题，提出更多原创理论，作出更多原创发现"①。通过对社会发展前沿问题的观察、思考和处理，以小见大、见微知著，透过纷繁复杂的社会表象透析社会发展的内在规律，以此建构21世纪马克思主义。

第三，树立世界发展的大局意识。21世纪马克思主义专业人才不能仅仅局限于中国的社会发展，还应将世界格局变化纳入自己的研究视野。这一点，在当前经济全球化、政治多极化背景下，以及全球面临治理困境的现实情形下显得尤为突出。尤其是后者，由世界各国交流、交往而产生的摩擦、冲突和对抗，更为21世纪马克思主义的建构提供了丰富的现实素材。在这一背景下，培养21世纪马克思主义专业人才要有着眼于世界发展的大局意识，具备邓小平所说的"放眼世界，放眼未来，也放眼当前，放眼一切方面"②的世界眼光，把"党和人民事业放到历史长河和全球视野中来谋划"③，致力于解决全球性难题和为全人类谋幸福，从而赋予21世纪马克思主义世界性特征。

（五）强化学科意识，提升21世界马克思主义的理论辐射力

马克思主义学科是我国开展马克思主义教育最为直接的有效的通道。

① 《习近平谈治国理政》第2卷，外文出版社2017年版，第269页。

② 《邓小平文选》第3卷，人民出版社1993年版，第300页。

③ 《习近平谈治国理政》第2卷，外文出版社2017年版，第10页。

实事求是地讲，现代我国学科体系的设置一开始就参照的西方国家。历史上，处于封建社会的中国很长时期都实行闭关锁国，封建地主阶级为了巩固自身的统治，主要以儒家经典作为教化民众的工具。直到鸦片战争打开国门，为了救亡图存，许多先进分子主张向西方学习，仿照西方创办学校、设置各种学科。就目前而言，我国已经形成了系统而完善的学科体系，并且在许多基础领域取得了丰硕成果，如关于“物质结构、宇宙演化、生命起源、意识本质等基础科学领域正在或有望取得重大突破性进展”[①]。然而，由于我国学科体系的设置多是仿照西方国家的设计，许多教材的使用也多是直接来源于西方的著作，甚至哲学社会科学研究的评判标准也采用的是西方标准，以至于“洋八股”之风在我国高校的学科体系中猖獗盛行。这就在一定程度上导致了马克思主义理论学科在很长的一段时间内成了饱受歧视的存在。显然，这种学科体系设置不利于我国社会主义核心价值观的培育和践行，更不利于21世纪马克思主义的建构。党的十八大以来，习近平总书记高度重视社会主义核心价值观的培育、马克思主义话语权的提升，专门召开了哲学社会科学工作座谈会，提出要大力推动以马克思主义为指导的学科体系的改革创新，进而不断提升21世纪马克思主义的理论辐射力。

一是坚持马克思主义在学科建设中的指导地位。毋庸置疑，正是在马克思主义指导下，我们党才能领导人民取得革命、建设和改革的巨大成功。马克思主义是我们党和国家坚定不移的指导思想，这一点同样也适用于我国高校学科体系建设。然而，现实中马克思主义理论在高校学科体系中的指导地位常常被忽略，特别是在以理工科为主的学科中，有些人常常会以马克思主义并未创造出较大的社会经济效益为由，发出马克思主义已经过时的声音。这种言论是用实用主义的态度对马克思主义进行功利主义的衡

① 习近平：《在中国科学院第十七次院士大会、中国工程院第十二次院士大会上的讲话》，人民出版社2014年版，第6页。

量，结果导致“实际工作中，在有的领域中马克思主义被边缘化、空泛化、标签化，在一些学科中‘失语’、教材中‘失踪’、论坛上‘失声’”[①]。实质上，这种现象的存在是人们缺乏对马克思主义全面而深刻的认识所导致的。要知道，马克思主义不单单涉及哲学、经济学、政治学等领域，还涉及生态、科技、军事、艺术、新闻等方面，它不仅服务于无产阶级的革命斗争，更是一直指导着社会主义的建设。更为重要的是，马克思主义给我们留下的最宝贵的财富不是某一具体理论，而是世界观的塑造、价值观的引导和方法论的指引。正如恩格斯所言：“马克思的整个世界观不是教义，而是方法。它提供的不是现成的教条，而是进一步研究的出发点和供这种研究使用的方法。”[②]可以说，在现实的高校学科体系中，无论是注重经济效益的理工学科，还是侧重于理论思考的哲学社会科学，都是以马克思主义的物质观为起点、以实践观为平台、以人的自由发展为目的而展开研究的。不管是否得到普遍承认，每一具体学科的发展事实上都是在马克思主义的指导下开展的。所以，马克思主义无用论、过时论是一种居于表面的、肤浅的、错误的认识。对此，要明确马克思主义的指导地位，正视马克思主义的指引作用，给予马克思主义最起码的尊重，这是我国高校学科体系改革创新必须遵循的基本原则。这样做有利于扩大马克思主义的理论影响，消除对马克思主义的负面评价，从而为21世纪马克思主义的建构创造良好的理论研究环境。

二是注重哲学社会科学的学科体系建设。恩格斯曾经说过：“一个民族要想站在科学的最高峰，就一刻也不能没有理论思维。”[③]哲学社会科学就是直接从事理论思考的学科，它的发展建设直接影响着21世纪马克思主义的建构进程。对此，习近平总书记明确指出：“我国哲学社会科学的一

① 习近平：《论党的宣传思想工作》，中央文献出版社2020年版，第221页。
② 《马克思恩格斯选集》第4卷，人民出版社2012年版，第664页。
③ 《马克思恩格斯选集》第3卷，人民出版社2012年版，第875页。

项重要任务就是继续推进马克思主义中国化、时代化、大众化，继续发展二十一世纪马克思主义、当代中国马克思主义。”①然而，自1978年起，在党和政府的工作重心转移到经济建设上这个大环境下，那些研究成果能够直接或间接转化为生产力，从而创造出更大经济效益的学科，受到了来自政府和社会力量的重视和大众的欢迎。相比较而言，那些从事思考和单纯理论研究的哲学社会科学，却在这样的环境中受到了冷落，成为不受重视的存在。此外，我国哲学社会科学内部自我建设和战略发展也存在不少问题，比如“哲学社会科学发展战略还不十分明确，学科体系、学术体系、话语体系建设水平总体不高，学术原创能力还不强；哲学社会科学训练培养教育体系不健全，学术评价体系不够科学，管理体制和运行机制还不完善；人才队伍总体素质亟待提高，学风方面问题还比较突出”②等。因而，在现有的学科体系改革创新中，加强哲学社会科学的学科体系建设，既是补足高校学科体系发展劣势的客观需要，更是推进21世纪马克思主义建构的必然要求。

三是推动具有中国特色的学科体系建设。不可否认，起初借鉴西方的学科体系确实推动了我国由农业国向工业国的转变进程，促进了我国与西方的对话、与世界的接轨。直到现在，西方的许多发明创造、理论研究，仍引领着世界发展的前沿，这对处于社会主义初级阶段的中国来说仍具有很大的研究、参考和借鉴价值。但是，经过70多年的融合、发展，我国社会主义建设各方面已赶上世界发展潮流，甚至有些行业走到了世界前列。当前，我国独立科研创造的水平大为提升，积累了丰富的发展经验，并且走出了具有中国特色的发展道路。这就能够直接对接我国发展的学科教育体系。不过问题在于，现有的学科体系内部的西化倾向，导致学科教育与我国社会发展实际相脱节，不大符合我国的发展战略，甚至也阻碍了21世纪马克思主义、当代中国马克思主义的建构。因而，立足基本国情，根据我国发展的特

① 习近平：《论党的宣传思想工作》，中央文献出版社2020年版，第220—221页。

② 习近平：《论党的宣传思想工作》，中央文献出版社2020年版，第218页。

点和经验，改革创新现有的学科体系，建设具有中国特色的学科体系是当前亟待解决的问题。要知道，只有“以我国实际为研究起点……构建具有自身特质的学科体系、学术体系、话语体系，我国……才能形成自己的特色和优势”[①]，也才能创造出最能体现我国社会发展的理论成果，从而直接推动21世纪马克思主义的建构。

（六）强化斗争意识，提升21世纪马克思主义的思想竞争力

在“两制”长期并存、“两种价值观”长期较量的时代语境里，社会主义与资本主义在意识形态领域的斗争一直存在且从未停止，大有愈演愈烈之势。对于此番情形，早在社会主义革命和建设初期，毛泽东就已经指出：“社会上还有一部分人梦想恢复资本主义制度，他们要从各个方面向工人阶级进行斗争，包括思想方面的斗争。”[②]这种源于社会制度不同的意识形态斗争，随着冷战的结束和西方发达国家意识形态渗透视线的向东方转移而变得更加明显。西方发达国家凭其雄厚的经济实力、先进的科学技术、成熟的传播媒介，将和平演变的战略重点锁定于中国，企图通过意识形态渗透而达到不战而胜的目的。改革开放之初，以邓小平同志为核心的党中央就已注意到西方意识形态的入侵态势，并深刻揭露了西方意识形态攻势“颠覆我们的国家，颠覆我们的党”[③]的本质，坚决主张开展反对西方资本主义意识形态渗透的斗争，并取得了明显的成效。进入新时代，意识形态领域的斗争可谓更加复杂。借助网络公共空间，各种传统与现代的、先进的与落后的、本土与外来的意识形态交错、交织、交锋。可以说，西方敌对势力企图和平演变中国的野心从未丢掉过，而是采取更加隐蔽的方式，淡化其意识形态渗透的色彩以躲避主流意识形态的“搜索”“镇压”，并寻找、创造与主流意识形态所谓的“合作点”，借此逐步侵蚀我国社会发展的各

① 《习近平谈治国理政》第2卷，外文出版社2017年版，第342页。
② 《毛泽东文集》第7卷，人民出版社1999年版，第233页。
③ 《邓小平文选》第3卷，人民出版社1993年版，第303页。

个方面。基于这种情况，反对西方意识形态渗透成为我们建构21世纪马克思主义所承担的一项重要任务。对此，要以提升主流意识形态的思想竞争力为切入点，在强化斗争意识中积极探索21世纪马克思主义的建构路径。

其一，强化意识形态工作的重要性。强调意识形态工作的极端重要性在本质上也就是明确建构21世纪马克思主义的必要性。长期以来，部分党员干部轻视意识形态工作，无视意识形态安全，从而直接导致了相关思想舆论工作的落实不到位、主流意识形态的作用得不到有效发挥，结果造成我国意识形态领域思想防线的薄弱，从而给予了各种背离主流意识形态的错误思潮可乘之机。为了切实提高广大党员和领导干部对意识形态工作的重视程度，习近平总书记多次强调，“能否做好意识形态工作，事关党的前途命运，事关国家长治久安，事关民族凝聚力和向心力”①，并将意识形态安全纳入总体国家安全观。此外，为了保证涉及意识形态安全相关工作的落实，习近平总书记还提出要建立意识形态工作责任制，认为“安全生产出了事故要问责，意识形态工作出了问题也要问责，这应当成为一种刚性约束”②。通过理论认识和制度约束的双重规定，警醒党员干部要认真做好意识形态工作，避免对意识形态工作方面的阳奉阴违，以端正的态度、务实的行动“守土有责、守土负责、守土尽责”，在维护意识形态安全中着力推动21世纪马克思主义的发展。

其二，正视意识形态斗争的复杂性。意识形态斗争的复杂性是建构21世纪马克思主义面临的一个现实问题。进入新时代，科学技术的发展延伸了人的活动空间，虚拟空间逐渐成为大众娱乐、自由言论的主要场所。随之，各种意识形态也开始进军这片新开辟的网络空间，网络平台成为意识形态斗争的“主阵地”和“主战场”，也成为我们维护意识形态安全的“最

① 中共中央文献研究室编：《习近平关于全面建成小康社会论述摘编》，中央文献出版社2016年版，第103页。

② 中共中央文献研究室编：《十八大以来重要文献选编》（中），中央文献出版社2016年版，第302页。

大变量”。而网络传播的特性也赋予意识形态渗透新的特点，即：波及范围广，涵盖了社会各行各业以及各个年龄阶段的人群；传播形式新，采取了图像、视频以及简扼而新奇的文字等博眼球的形式，诱导人们的价值选择和判断；传播速度快，只要拥有网络和编辑好内容，就可以实现即时即地最快的传播。这些网络传播特点的存在，加之目前我国对网络活动监管的不完善，导致现实工作中我们很难分辨出各种社会思潮性质的对错、观点的优劣，从而加剧了意识形态斗争的复杂性、艰巨性。这亦是我国意识形态领域存在的不容忽视的客观事实，也是我们开展意识形态斗争所必须正视的“新的综合性挑战”[①]。面对这一挑战，我们要科学建构21世纪马克思主义，以此积极引领网络空间社会思潮朝着良性方向发展。

其三，提高意识形态斗争的行动性。在复杂的意识形态斗争中建构21世纪马克思主义，其中一个内在要求就是把意识形态斗争付诸实际行动。要知道，意识形态领域的乱象、错象会危及国家安全、民族团结和社会稳定。针对当前复杂的意识形态斗争形势，我们要强化21世纪马克思主义作为主流意识形态的思想竞争力，并用其作为同各种错误思想进行坚决的、彻底的斗争的思想利器。具体而言，就是要筑牢大众的思想防线，培育和践行社会主义核心价值观，提高思想辨识度，增强抵御各种错误思潮的能力；就是要坚守马克思主义的政治高线，继续推进21世纪马克思主义中国化时代化大众化，争夺意识形态斗争的主动权，驱除各种错误思潮的负面影响，巩固马克思主义在意识形态领域的指导地位；就是要标注法律的底线，依据法律法规对任何违反宪法和法律的思想言论进行惩处，时刻维护马克思主义和中国特色社会主义理论体系的合法地位。

① 《习近平谈治国理政》第1卷，外文出版社2018年版，第84页。

第六章

21世纪马克思主义的中国典范

时代孕育思想，实践催生理论。随着中国特色社会主义进入新时代和中国特色社会主义现代化建设事业的实践铺展，以习近平同志为核心的党中央紧密结合时代特征和时代条件，在承继19世纪和20世纪马克思主义的基础上进行了艰辛的理论探索，不断深化对共产党执政规律、社会主义建设规律和人类社会发展规律的认识，适时提出了“发展21世纪马克思主义”“开辟21世纪马克思主义发展新境界”的科学命题。习近平新时代中国特色社会主义思想作为马克思主义中国化最新成果，从价值、现实、信仰和文明四个维度呈现了21世纪马克思主义应有的精神品格，既标注了21世纪马克思主义理论创新的中国样态，也树立了21世纪马克思主义理论创新的中国典范。

一、价值维度

坚持人民主体地位，依靠人民创造历史伟业，始终是中国共产党人的价值追求。党的十八大以来，以习近平同志为核心的党中央站在党和国家事业发展全局的战略高度，不仅从理论与实践的结合上，而且从国家制度和国家治理的统一上，系统而深刻地回答了“何为人民主体地位、缘何坚持人民主体地位、如何坚持人民主体地位”这一重要时代课题，既赋予了人民主体地位以新的时代内涵，同时也为新时代贯彻落实以人民为中心的基本方略提供了思想指引和行动指南。2019年10月1日，在庆祝中华人民共和国成立70周年这个举国欢庆、举世瞩目的日子里，习近平总书记再次向世人强调：“前进征程上，我们要坚持中国共产党领导，坚持人民主体地位，坚持中国特色社会主义道路，全面贯彻执行党的基本理论、基本路线、基本方略，不断满足人民对美好生活的向往，不断创造新的历史伟业。”[①]2019年10月31日，党的十九届四中全会审议通过的《中共中央关于坚持和完善中国

① 习近平：《在庆祝中华人民共和国成立70周年大会上的讲话》，《人民日报》2019年10月2日。

特色社会主义制度、推进国家治理体系和治理能力现代化若干重大问题的决定》，开创性地提出了我国国家制度和国家治理体系所具备的十三个方面的显著优势，其中就有“坚持人民当家作主，发展人民民主，密切联系群众，紧紧依靠人民推动国家发展的显著优势”和“坚持以人民为中心的发展思想，不断保障和改善民生、增进人民福祉，走共同富裕道路的显著优势”。[①]新冠肺炎疫情暴发以来，习近平总书记更是亲自指挥、亲自部署，多次就疫情防控作出重要指示，并发表系列重要讲话，反复强调各级党委和政府及有关部门要把人民群众生命安全和身体健康放在第一位，紧紧依靠人民群众坚决打赢疫情防控阻击战。当前，在实现“两个一百年”奋斗目标的历史交汇期，坚持人民主体地位，对于更广泛地凝聚全党全国人民的思想共识、主体力量具有极为重要的价值导向意义。为了进一步深入学习贯彻习近平新时代中国特色社会主义思想，增强新时代全党全军全国各族人民创造新的历史伟业的自觉性和坚定性，我们必须深刻认识和领会坚持人民主体地位的必要性和重要性。

（一）坚持人民主体地位是马克思主义的根本要求

在唯物史观的理论视野里，人民群众处于历史发展的主体地位，是人类历史发展的真正动力。基于这种认识，中国共产党始终坚持人民主体地位，时刻把人民视为建党、立政、兴国的基础，紧紧依靠人民创立并建设了新中国、开启并领导了改革开放。今天，站在新中国成立70余年和中国改革开放40多年的时间节点上，汇聚14亿中国人民的磅礴力量，需要我们进一步提高思想认识，从马克思主义群众史观出发，深刻理解在创造新的历史伟业过程中坚持人民主体地位的深厚理论根基，并从中找寻习近平新时代中国特色社会主义思想肯定人民主体地位的理论源泉，进而发掘21世纪马

① 《中共中央关于坚持和完善中国特色社会主义制度 推进国家治理体系和治理能力现代化若干重大问题的决定》，《人民日报》2019年11月6日。

克思主义深厚的人民属性。

马克思主义群众史观是坚持人民主体地位的理论基石。坚持人民主体地位，践行以人民为中心的发展理念，是马克思主义群众史观的内在要求。无论在其丰富的理论著述还是鲜活的实践生活中，马克思、恩格斯、列宁等经典作家都始终站在人民的立场探求人类的自由解放，而由此形成的马克思主义群众史观，则成为中国共产党坚持人民主体地位最根本的理论依据。1844年，马克思、恩格斯在《神圣家族》中认为，“历史的活动和思想就是‘群众’的思想和活动”，“随着历史活动的深入，必将是群众队伍的扩大”[①]。在这里，他们摒弃了以往唯心主义的英雄史观，初步阐释了人民群众是历史创造者的唯物主义原理。后来，伴随着英、法、德诸国工人运动的蓬勃发展，马克思、恩格斯又注重强调人民群众同无产阶级运动和无产阶级政党之间根本利益的一致性。正如他们在《共产党宣言》中所强调的那样，“无产阶级的运动是绝大多数人的，为绝大多数人谋利益的独立的运动”，无产阶级政党“没有任何同整个无产阶级的利益不同的利益”。[②]正是基于这一观点，马克思、恩格斯提出了无产阶级政党必须依靠人民群众推动历史前进的科学论断。尤其需要指出的是，马克思、恩格斯是在唯物史观基础上来论证人民主体地位的，是从物质生活资料的生产和再生产出发肯定人民群众创造历史作用的。在他们二人看来，人民创造历史的活动是这样的历史活动：“这是人们从几千年前直到今天单是为了维持生活就必须每日每时从事的历史活动，是一切历史的基本条件”[③]。马克思、恩格斯逝世后，列宁根据俄国实际情况继承并丰富了马克思主义群众史观，积极引导俄国民众保卫和建设苏维埃政权。1906年，面对当时俄国国内资产阶级激进派贬低人民、把人民称为“群氓”和充当“玩物”的错误做法，列

① 《马克思恩格斯文集》第1卷，人民出版社2009年版，第286、287页。
② 《马克思恩格斯选集》第1卷，人民出版社2012年版，第411、413页。
③ 《马克思恩格斯选集》第1卷，人民出版社2012年版，第158页。

宁予以反驳，并且认为“俄国的整个新纪元正是靠人民的热情赢得并且支持下来的”[①]。1917年，他在商讨如何进行苏维埃俄国的国家建设时明确指出：“群众生气勃勃的创造力正是新的社会生活的基本因素”，“生气勃勃的创造性的社会主义是由人民群众自己创立的”。[②]由上可知，马克思主义群众史观在理论上内涵丰富、体系严谨，构成了无产阶级政党坚持人民主体地位最坚实的理论基石。

另外，中华民族优良重民传统是坚持人民主体地位的文化基因。在推进马克思主义中国化的过程中，中华优秀传统文化扮演着重要角色并发挥了重要作用。习近平总书记指出：“中华优秀传统文化已经成为中华民族的基因，植根在中国人内心，潜移默化影响着中国人的思想方式和行为方式。”[③]即，中华优秀传统文化是中国社会主义现代化建设十分宝贵、不可多得的资源。进入新时代，我们坚持人民主体地位，其内在要求之一就是必须从中华民族的重民传统中汲取有益成分、获取有益资源。要知道，延续五千余年的中华文明，浩如烟海的中华文化典籍，处处闪烁着民养、民教、民安、民富、民乐、民和、民强的人性光辉，比如，“民惟邦本，本固邦宁”（《尚书》）、“举而措之天下之民，谓之事业”（《易经》）、“圣人常无心，以百姓之心为心”（《老子》）、“自古皆有死，民无信不立”（《论语》）、“乐民之乐者，民亦乐其乐；忧民之忧者，民亦忧其忧”（《孟子》）、“汤武革命，顺乎天而应乎人”（《易传》）、“政之所兴在顺民心，政之所废在逆民心”（《管子》）、“凡以教化不立而万民不正也”（《汉书》）、“天下顺治在民富，天下和静在民乐”（《慎言》），等等。诚然，这些民族特色鲜明、历史传承悠久、文化底蕴深厚的重民传统，既彰显了我国古代先贤圣人的仁政主张，也昭示了中国封建社会统治阶级的德政理念，同时又与我们党的性质

① 《列宁全集》第13卷，人民出版社2017年版，第81页。
② 《列宁全集》第33卷，人民出版社2017年版，第56—57页。
③ 《习近平谈治国理政》第1卷，外文出版社2018年版，第170页。

和宗旨相吻合。这就意味着，不论是过去还是现在，我们都要把那些跨越时空、超越国度、富有永恒魅力、具有当代价值的重民传统弘扬起来，使之成为坚持人民主体地位取之不尽、用之不竭的精神滋养。从这个意义上来讲，坚持人民主体地位思想的提出，是中国共产党人对中华民族优良重民传统的创造性转化和创新性发展；而坚持人民主体地位的鲜活实践，则充分体现了中国共产党人在社会主义制度下对中华民族优良重民传统的传承和升华。

（二）坚持人民主体地位是社会主义事业的政治要求

从政治意义上讲，坚持人民主体地位深刻体现了我国人民当家作主的根本政治制度。可以说，坚持人民主体地位是实现“两个一百年”奋斗目标的必然要求，事关党的前途命运和国家长治久安。诚如习近平总书记指出的那样：“我们要始终把人民立场作为根本立场，把为人民谋幸福作为根本使命，坚持全心全意为人民服务的根本宗旨，贯彻群众路线，尊重人民主体地位和首创精神，始终保持同人民群众的血肉联系，凝聚起众志成城的磅礴力量，团结带领人民共同创造历史伟业。”[①]可见，从发展社会主义事业的政治要求来看，夺取新时代中国特色社会主义伟大胜利，迫切需要坚持人民主体地位以凝聚民心、汇聚民智、集聚民力。

首先，只有坚持人民主体地位才能为新时代中国特色社会主义事业凝聚民心。清末政论家王韬有言：“天下何以治？得民心而已！天下何以乱？失民心而已！”中国共产党作为马克思主义政党，深知通过动员把群众力量组织起来的意义，也深谙“得民心者得天下，失民心者丢江山”的道理。因此，在领导中国革命、建设和改革的实践进程中，一代又一代中国共产党人都时刻把“民心是最大的政治”铭记心间，进而团结带领全国各族人民谱写了一个又一个引领中华民族走向复兴的壮丽篇章。在新的历史条件下，能否继

① 习近平：《在纪念马克思诞辰200周年大会上的讲话》，人民出版社2018年版，第17页。

续创造新的历史伟业，其中政治上的关键就在于我们党是否能够一以贯之地紧扣民心这个最大的政治，动员群众参与新时代的社会主义事业。其实，早在抗日战争期间，毛泽东就要求全体党员干部关心群众生活，真心实意地为群众谋利益，以此最大限度地动员广大群众参加革命战争。在他看来："一切群众的实际生活问题，都是我们应当注意的问题。假如我们对这些问题注意了，解决了，满足了群众的需要，我们就真正成了群众生活的组织者，群众就会真正围绕在我们的周围，热烈地拥护我们。"[①]然而，解决群众实际生活问题只是赢得民众支持的第一步，要更好地凝聚民心，还必须以百姓心为心，始终坚持人民主体地位，切实把人民群众放在心中最高位置，多办利民实事、多解民生难事，努力在幼有所育、学有所教、劳有所得、病有所医、老有所养、住有所居、弱有所扶上不断取得实质性的新进展。对此，习近平总书记反复强调："一个政党，一个政权，其前途命运取决于人心向背。人民群众反对什么、痛恨什么，我们就要坚决防范和打击。"[②]当前，腐败既是我们党面临的最大威胁，也是人民群众最痛恨的现象。我们要为创造新的历史伟业凝聚民心，就必须以永远在路上的坚韧和执着深入推进反腐败斗争。这就要求在培育广大党员干部秉公用权、清正廉洁意识的同时，还应发挥人民群众在反腐败斗争中的主体作用，紧紧依靠人民群众把党风廉政建设和反腐败斗争引向深入。

其次，只有坚持人民主体地位能才能为新时代中国特色社会主义事业汇聚民智。人民群众的智慧既是我们党和国家科学制定路线、方针和政策的重要保障，又是实现中国社会变革、推动中国社会进步的力量源泉。可以说，新中国成立70多年伟大成就的取得与人民群众智慧的广泛汲取密不可分。而坚持人民主体地位的题中应有之义，就是要尊重人民群众的首创精

① 《毛泽东选集》第1卷，人民出版社1991年版，第137页。

② 习近平：《在庆祝全国人民代表大会成立60周年大会上的讲话》，人民出版社2014年版，第12页。

神，把蕴藏在人民群众中的智慧充分激发和汇聚起来，善于把人民群众参与社会主义现代化建设的已有实践成果和实践经验，提炼、升华为指导党和国家事业发展的思想理论，并适时根据人民群众的实践创造和发展要求进一步完善各种政策主张。要知道，中国改革开放进程中涌现出的许多新生事物，就是广大人民群众在实践中提出来的，如家庭联产承包责任制、乡镇企业、农民专业合作社、农村基层民主等，都是源自基层民众的实践创造，自然也都是人民群众的智慧结晶。为此，我们党历来强调发挥群众首创精神，始终主张从人民群众参与的鲜活实践和积累的新鲜经验中获取创造新的历史伟业的智力支撑。习近平总书记在回顾中国改革开放历程时指出："改革开放在认识和实践上的每一次突破和深化，改革开放中每一个新生事物的产生和发展，改革开放每一个领域和环节经验的创造和积累，无不来自亿万人民的智慧和实践。没有人民支持和参与，任何改革都不可能取得成功。"①这也意味着，中华民族迎来站起来、富起来、强起来每次伟大飞跃的背后，无不蕴藏着亿万中国人民无穷的智慧和巨大的创造力。中国特色社会主义进入新时代，我们要继续创造新的历史伟业，就必须在坚持人民主体地位的基础上自觉拜人民为师、向能者求教、向智者问策，充分尊重人民群众所创造的经验和成就，在各尽其才、各施其能中不断为创造新的历史伟业注入强大精神力量。

最后，只有坚持人民主体地位才能为新时代中国特色社会主义事业汇聚民力。人民主体地位的确认和人民主体作用的发挥，最终体现为人民力量的集聚。人民只有凝聚起来才能形成创造历史的力量，而人民只有由先进的政党带领才能凝聚起来。将人民组织起来，凝聚人民的力量，进而带领人民创造新的历史伟业，是中国共产党光荣的历史责任和使命。1945年，毛泽东在中共七大上强调："人民，只有人民，才是创造世界历史的动

① 习近平：《在庆祝海南建省办经济特区30周年大会上的讲话》，人民出版社2018年版，第18页。

力。"[①]进入新时代，习近平总书记再次强调人民是创造历史的动力，"任何一项伟大事业要成功，都必须从人民中找到根基，从人民中集聚力量，由人民共同来完成"[②]。这个历史唯物主义最基本的道理已经被中国近代以来实现中华民族伟大复兴的三大历史性事件所证实。无论时代如何变迁，讴歌人民、称颂英雄则是一曲永恒的人类赞歌。对于中国人民的歌咏，习近平总书记曾这样深情地讲述："波澜壮阔的中华民族发展史是中国人民书写的！博大精深的中华文明是中国人民创造的！历久弥新的中华民族精神是中国人民培育的！中华民族迎来了从站起来、富起来到强起来的伟大飞跃是中国人民奋斗出来的！"[③]所以说，没有中国人民的理解、支持和参与，中国革命、建设和改革的成功是难以想象的。在此意义上，最大限度地发挥人民群众的积极性和主动性，进而充分激活蕴藏在人民群众中的创造伟力，是中国共产党成立100年、新中国成立70多年、中国改革开放40余年积累的一条宝贵经验。不过，人民群众积极性、主动性的发挥和创造力的激活，在很大程度上取决于人民群众根本利益的实现。而坚持人民主体地位，内在地体现了中国共产党"人民利益至上"的价值追求，其实质就是将人民利益放在第一位，把实现好、维护好、发展好最广大人民群众的根本利益作为我们党和国家一切工作的出发点和落脚点。故而，唯有坚持人民主体地位，才能认真倾听群众呼声，深入了解群众需求，时刻关心群众疾苦，也才能激发人民群众创造新的历史伟业的热情。

（三）坚持人民主体地位是创造新的伟业的历史要求

坚持人民主体地位是习近平新时代中国特色社会主义思想的鲜明价值取向，既昭示着中国共产党全心全意为人民服务的根本宗旨，也彰显着中华

① 《毛泽东选集》第3卷，人民出版社1991年版，第1031页。

② 习近平：《在纪念孙中山先生诞辰150周年大会上的讲话》，人民出版社2016年版，第6页。

③ 习近平：《在第十三届全国人民代表大会第一次会议上的讲话》，人民出版社2018年版，第2页。

人民共和国人民民主专政的国家性质。历史和现实一再表明，坚持人民主体地位始终是中国共产党立于不败之地、中华人民共和国屹立世界东方的强大根基。当前，如何将坚持人民主体地位的总体要求落到实处，进而为创造新的历史伟业提供坚实的民众基础，是新时代我们党在统筹推进“五位一体”总体布局、协调推进“四个全面”战略布局中亟待研究和解决的一个重大课题。我们认为，坚持人民主体地位创造新的历史伟业，需要把以人民为中心的发展思想贯穿于党和国家各项工作之中，而在当前实践中以下四个方面尤为重要。

第一，满足人民群众对美好生活的需要，以增强人民群众在创造新的历史伟业过程中的幸福感。永远把人民群众对美好生活的向往和追求作为奋斗目标是中国共产党人的初心所在和使命所系。习近平总书记指出：“人民对美好生活的向往，就是我们的奋斗目标”[①]，“带领人民创造美好生活，是我们党始终不渝的奋斗目标”[②]。历史并不是一个抽象的词语，美好生活也不是一个永远有待来日的遥远梦想；历史是在历史发展过程中创造出来的，美好生活的目标也要在美好生活过程中体现出来。这就意味着，每一代人在为下一代人创造美好生活的同时，也应当享受属于他们自己的美好生活。进入新时代，我国社会主要矛盾的转化意味着民众需求结构和需求层次的升级，人民群众的生活已不再局限于衣食住行等单一的硬性需求，而是更加追求民主、法治、公平、正义、安全、环境等多样的软性需要。然而，民众需求的升级并不意味着人民日益增长的美好生活需要能够自发得到满足，就供给方而言，社会生产能力发展的不平衡不充分已经成为满足人民日益增长的美好生活需要的主要制约因素。为此，我们要在坚持人民主体地位的基础上，继续解放和发展生产力，继续调整和完善生产

① 《习近平谈治国理政》第1卷，外文出版社2018年版，第4页。

② 习近平：《决胜全面建成小康社会 夺取新时代中国特色社会主义伟大胜利——在中国共产党第十九次全国代表大会上的报告》，人民出版社2017年版，第45页。

关系，着力解决好发展不平衡不充分与分配不公等问题，大力提升发展的质量和效益，以期更好地满足人民在经济、政治、文化、社会、生态等方面日益增长的需要。这就要求我们党和政府坚持在发展中保障和改善民生，“全面推进幼有所育、学有所教、劳有所得、病有所医、老有所养、住有所居、弱有所扶，不断改善人民生活、增进人民福祉”[①]。全党要紧扣经济建设这个中心，牢记“发展仍是解决我国所有问题的关键”的研判，坚定不移贯彻新发展理念，及时回应人民群众对更好教育、更稳定工作、更满意收入、更可靠社会保障、更高水平医疗卫生服务、更舒适居住条件、更优美环境、更丰富精神文化生活的期盼，从而不断增强人民群众的幸福感。

第二，共享改革发展成果，以增强人民群众在创造新的历史伟业过程中的获得感。社会主义现代化建设所具有的共享属性，决定了我国改革发展的成果不能只为少数人或个别人所享有。众所周知，共同富裕作为中国特色社会主义的本质要求，既是社会主义制度优越性的集中体现，亦是中国共产党人矢志不渝的奋斗目标。从新中国成立之初毛泽东反复强调“使农民群众共同富裕起来”，到改革开放新时期邓小平精准概括共同富裕是“体现社会主义本质的一个东西”，再到全面深化改革新时代习近平总书记庄严承诺“共同富裕路上，一个也不能掉队”，共享发展始终是贯穿于我们党领导人民进行社会主义建设和改革的一条主线。由此，我们党和政府在制定实施国民经济和社会发展规划时要严格按照习近平总书记的要求，“必须坚持发展为了人民、发展依靠人民、发展成果由人民共享，作出更有效的制度安排，使全体人民在共建共享发展中有更多获得感，增强发展动力，增进人民团结，朝着共同富裕方向稳步前进”[②]。当前，面对日益凸显的公平正义问题，唯有坚持全民共享、全面共享、共建共享、渐进共享，真

① 习近平：《在庆祝改革开放40周年大会上的讲话》，人民出版社2018年版，第14页。

② 中共中央文献研究室编：《十八大以来重要文献选编》（中），中央文献出版社2016年版，第793页。

正做到老百姓关心什么、期盼什么，我们的建设和改革就要抓住什么、推进什么，以此确保改革发展成果更多更公平惠及全体人民，人民群众才会踊跃投身于创造新的历史伟业。这就要求我们党和政府在永葆初心、勇担使命的基础上重点做好两方面的工作：一是要深入开展脱贫攻坚，及时补齐民生短板，着力解决教育、就业、医疗、住房、养老等人民群众最关心、最直接的、最现实的利益问题；二是要完善规章制度安排，强化体制机制保障，从制度层面消除滋生分配不公、贫富悬殊现象的社会土壤。在决胜全面建成小康社会的新时代征程上，贯彻共享发展理念所擘画的人人共创社会物质精神财富、人人共享改革发展成果的生活场景，恰是为人民群众创造新的历史伟业所抒写的真实注脚。

第三，坚持总体国家安全观，以增强人民群众在创造新的历史伟业过程中的安全感。新的历史伟业的创造，离不开国家安全。没有了国家安全，自然就失去了创造新的历史伟业所必需的和谐环境和稳定秩序，更不用说人民群众所向往的美好生活了。这就意味着，国家安全是人民幸福安康的基本要求，维护国家安全乃全国各族人民根本利益所在。习近平总书记强调："我们党要巩固执政地位，要团结带领人民坚持和发展中国特色社会主义，保证国家安全是头等大事。"[①]进入新时代，复杂多变的安全和发展环境以及各种可以预见和难以预料的风险因素，使得维护国家安全的任务比以往更加繁重艰巨。为了适应进行具有新的历史特点的伟大斗争的新要求，也为了回应人民群众对国家安全的新期待，我们必须创新国家安全理念，坚持总体国家安全观，走中国特色国家安全道路。诚然，总体国家安全观突出的是一种"大安全"理念，既涵盖经济、政治、文化、社会、生态、军事、国土、网络、科技、资源等诸多领域，又囊括外部安全与内部安全、国土安全与国民安全、传统安全与非传统安全、自身安全与共同安全等诸多方面。但无论其内涵和外延如何丰富，人民安全才是国家安全的宗旨，历史

① 《习近平谈治国理政》第1卷，外文出版社2018年版，第200页。

发展道路不中断才是国家安全的核心。可见，坚持总体国家安全观就必须以人民安全为旨归，紧紧依靠人民防范化解各类风险挑战，时刻为人民创造良好生存发展条件和安定生产生活环境，从而不断提高人民群众的安全感。人民群众有了安全感，他们的获得感才有保障，幸福感也才会持久。所以，在维护国家安全问题上，我们党和政府要积极主动作为，既要在严密防范敌对势力渗透颠覆破坏活动、努力维护国家统一和民族团结中表达人民希望国家更加强大的憧憬，又要在依法打击违法犯罪活动中保护人民生命财产安全，还要在着力解决空气、水、土壤污染以及农产品、食品药品安全等突出问题中满足人民日益增长的美好生活之安全需要。

第四，统一中国梦与个人梦，以增强人民群众在创造新的历史伟业过程中的归属感。实现中华民族伟大复兴是近代以来中华民族最伟大的梦想。不过，“中国梦归根到底是人民的梦，必须紧紧依靠人民来实现，必须不断为人民造福”[①]。这就表明，人民才是复兴中华民族的力量源泉，中国梦的实现依赖于全体中华儿女的共同参与和顽强拼搏。这同时也表明，每个人梦想的实现都依赖于中华民族梦想的实现。从这个意义上讲，一部中国共产党带领中国人民创造美好生活的奋斗史，其实就是一部依靠人民力量不断推动中华民族从站起来、富起来到强起来的复兴史。为此，坚持人民主体地位，必须把实现中华民族伟大复兴的中国梦与现实生活中每个人的梦想统一起来，以此在全社会增强中华民族的认同感和归属感，进而调动聚合起亿万民众创造新的历史伟业的磅礴之力。而促进中国梦与个人梦的和谐统一，既要以中国梦引领个人梦，又要将个人梦注入中国梦。就前者而言，中国梦视野宽广、内涵丰富、意蕴深远，其所彰显的国家富强、民族振兴、人民幸福的本质，不仅直接体现着中华民族和中国人民的整体利益，而且还鲜明表达了每位中华儿女的共同愿景。这种崇高理想内在地要求我们在追逐个人梦想时，必须找到中国梦这个最大公约数，围绕中国梦这个最大

① 《习近平谈治国理政》第1卷，外文出版社2018年版，第40页。

同心圆，唯此个人梦想才能避免落入个人小利的俗套、偏离民族复兴的大道。就后者而言，个人梦隶属于中国梦，是中国梦的有机组成部分，只有同中国梦融合起来才更有意义，也才更能取得成功。为此，我们要自觉地把个人梦融入中国梦、以个人梦托起中国梦，使每一个人都能够在参与复兴中华民族的历史进程中，共同享有人生出彩的机会，共同享有梦想成真的机会，共同享有同祖国和时代一起成长与进步的机会。归根结底，中国梦是中国人民追求幸福的梦，14亿多中国人民唯有共担民族复兴的责任，方能共享民族复兴的荣耀。这正是习近平总书记所强调的“实现中国梦必须凝聚中国力量”的真谛所在。

二、现实维度

新中国成立70多年的历史，不仅是中国共产党带领中国人民探索中国道路的历史，也是中国共产党在马克思“美好生活”理想性与现实性双重维度的指导下，带领中国人民不断破解“美好生活”困境、寻找通向“美好生活”道路的历史。这一中国式美好生活的追求史印有鲜明的中国特色，凝缩了几代中国人在“美好生活”理念憧憬下为实现“美好生活”而奋斗的艰辛历程。

在探索“美好生活”的历程中，中国遇到了“美好生活”理想性与现实性张力难以在现实中加以调和的困境。为摆脱贫穷落后的局面，中国首先进行破解“美好生活”困境的第一步，将“美好生活”现实化、阶段化：伴随着中国经历了建立社会主义到开创和发展中国特色社会主义再到中国特色社会主义进入新时代的伟大飞跃，中国人民对美好生活的追求也经历了从“美好生活”之站起来的“独立生活”，到“美好生活”之富起来的“富裕生活”，再到“美好生活”之强起来的“富强生活”的巨大变革，为进一步实现马克思“美好生活”之美起来的“理想生活”创造条件。探索中国人民

“美好生活”的观念演进与实践探索，不仅为我们精准地把握中国社会的巨大变革和重大发展提供可能，也为我们继续探索中国道路和中国发展提供理论基础与实践基础，更为我们趋向马克思“理想生活”提供坚定信念与现实可能。同时更重要的是，新时代对“美好生活”的追求，从现实维度方面彰显了习近平新时代中国特色社会主义思想作为21世纪马克思主义的中国典范。

（一）独立生活——社会主义革命和建设时期人民渴望的“美好生活”

在马克思看来，“美好生活”是理想性与现实性的统一，“美好生活”的理想性是人获得“人的自由而全面发展”的生活，而“美好生活”的理想是要在“美好生活”的实践探索中展开的。中国的发展离实现“人的自由而全面的发展”的“美好生活”还有很大的差距，但“美好生活”是现实的历史性过程，是一个逐渐趋向马克思“美好生活”价值旨趣的过程。“美好生活”是人的生活，人的生活会根据时代的发展和国情的变化而发生改变，因此在社会主义的不同阶段，人民对“美好生活”的追求也有所不同。新中国成立70多年来，中国从建立社会主义到开创和发展中国特色社会主义再到中国特色社会主义进入新时代的阶段性变化，人们的思想观念和生活观念都发生了巨大的改变，随之改变的是人们的生活方式以及对美好生活的需求。面对国际国内的现实情况，中国提出破解当代中国“美好生活”的密钥——将“美好生活”阶段化、现实化。因此，中国共产党一直以马克思“美好生活”的价值理念为指引，把“美好生活”按照中国当下的具体实际情况分为不同的阶段，在现实生活中探索各阶段中国人民的“美好生活”，通过辛勤的劳动不断向“人的自由而全面发展”的“美好生活”靠近。具体来说，中国人民对“美好生活”的认识随着中国发展的进步和中国实力的增强而呈现出明显的层次递进的特点：建立社会主义阶段，“独立生活”是人民对

"美好生活"的渴望；中国进入中国特色社会主义时期，"富裕生活"是人民对"美好生活"的渴求；中国特色社会主义进入新时代，"富强生活"是人民对"美好生活"的追求。

建立社会主义阶段，"独立生活"是人民对"美好生活"的渴望。在《1844年经济学哲学手稿》中，马克思明确了"生存"和"生活"的不同，但人要"生活"首先必须"生存"。在马克思看来，"人直接地是自然存在物"①，也就是说人首先具有动物的维持生存的自然本能，人要想维持自身的生存，首先要获得生存的前提，这种生存的前提在建设社会主义阶段表现为探索独立的社会主义道路来争取"独立的生活"。如果一个国家、一个民族、一个公民没有独立权利，那么这个国家、这个民族、这个公民谈何生存？谈何生活？而这种"独立生活"不仅是领土的完整和主权的独立，更是获得独立的经济发展，建立独立的政治制度，拥有独立的民族文化，赢得独立的外交权利。

近代以来，中国人民反抗外敌侵略，为了争取国家独立和民族解放付出了鲜血和生命，"独立"是支撑中国人民建立社会主义的决心和毅力。1949年中华人民共和国建立，但是建立中华人民共和国只是实现国家独立和民族解放的第一步，摆在人民面前的是一个经济、政治、文化都十分落后的农业大国，人民关注的是中国如何建立独立的社会主义制度，进行独立的社会主义道路探索，获得经济、政治、文化、外交的真正"独立"，因此"独立生活"成为每一个中国人向往的"美好生活"。

新民主主义社会为人民提供了"独立生活"的前提。1953年，毛泽东等领导人根据现有的情况调整了过渡时期的一些政策，提出过渡时期的总路线：从中华人民共和国成立，到社会主义改造基本完成，这是一个过渡时期。党在这个过渡时期的总路线和总任务，是要在一个相当长的时期内，逐步实现国家的社会主义工业化，并逐步实现国家对农业、对手工业和对资

① 马克思：《1844年经济学哲学手稿》，人民出版社2018年版，第103页。

本主义工商业的社会主义改造。从而为人民实现“独立生活”打开新的局面。社会主义改造基本完成之后，如何寻找符合中国国情的社会主义建设之路，带领人民获得“独立生活”是摆在人们面前的重要问题。党的八大明确指出了当时影响人民生活的主要矛盾是：“人民对于建立先进的工业国的要求同落后的农业国的现实之间的矛盾”，“人民对于经济文化迅速发展的需要同当前经济文化不能满足人民需要的状况之间的矛盾”。[①]为了解决人民生活的矛盾，在经济上，党中央提出了工作重心转移到经济建设的重大决定，为人民对“独立生活”的追求增加物质保障；在政治上，人民民主专政理论、人民代表大会制度理论、多党合作和政治协商制度的理论、民族区域自治制度理论得到进一步阐述，为人民实现“独立生活”提供政治保障；在文化上，提出以马克思列宁主义为文化发展的指导思想，以“百花齐放，百家争鸣”为文化繁荣的基本方针，为人民获得“独立生活”奠定文明基础；在外交上，以独立自主的和平外交与和平共处的五项基本原则为人民“独立生活”创造和平的国际环境。正是在对影响“美好生活”的矛盾与问题的解决中，毛泽东带领中国人民，以“革命”为根本路径，通过新民主主义革命和社会主义革命实现了人民对“独立生活”的向往，使中华民族从此在世界民族之林站立起来。

（二）富裕生活——改革开放和社会主义现代化建设新时期人民渴求的“美好生活”

1981年，党的十一届六中全会指出“我国所需要解决的主要矛盾，是人民日益增长的物质文化需要同落后的社会生产之间的矛盾”。这一主要矛盾影响人民对“美好生活”的追求，摆在党和人民面前的问题是：如何使落后的国家发展起来，如何使贫穷的国家富裕起来，如何实现人民对“富裕生

① 中共中央文献研究室编：《建国以来重要文献选编》第9册，中央文献出版社2011年版，第293页。

活”的渴求。这个时期，在人民眼中的“美好生活”是能够摆脱贫困、实现温饱的“富裕生活”。

“富裕生活”是一种追求挥金如土、一掷千金的土豪生活吗？显然不是，人民渴求的“富裕生活”是一种可以满足基本生存和生活需要的生活，更重要的是这种“富裕生活”不是少数人的“个人富裕”，而是“共同富裕”。怎样实现人民对“富裕生活”的渴求？人们的生产方式与生存方式具有内在的同一性，要改变人民的生活方式，首先需要改变人民的生产方式，为此需要打破不合时宜的陈旧观念，大力解放和发展生产力。从1978年12月到1987年的近十年里，改革开放为人民追求“富裕生活”做出了理论上和实践上的重大突破：第一，农村以家庭联产承包责任制代替人民公社，促进农村商品经济和乡镇企业的发展；第二，利用广东、福建的有利条件展开对外经济活动，划定深圳、珠海、汕头和厦门为经济特区以提升沿海的经济发展；第三，提出社会主义商品经济理论，为建立市场经济体制提供条件；第四，初步确定了社会主义的经济体制是以公有制为主体、多种所有制经济并存；第五，社会主义初级阶段的划分让人们明晰了社会主义的理想性与现实性之间的张力，使人们逐步走上“富裕”之路。

改革开放十年后的中国在实现人民对“富裕生活”渴求之路上陷入了瓶颈，中国的发展道路之所以异常艰难，原因就在于中国试图在政治上和经济上跨越资本主义。对于中国的社会主义建设来说，一方面需要坚持社会主义公有制，另一方面需要充分利用资本主义创造的有益成果。这就说明，中国要想走上“富裕生活”之路，必须踏上一条全新的、没有任何国家可以提供现成经验，又与中国实际发展相适应的道路，这条道路就是中国特色社会主义道路。在中国特色社会主义道路开辟中，建立社会主义市场经济体制是解决当时“美好生活”困境的关键。1992年，党的十四大提出建立社会主义市场经济体制，创造性地将社会主义与市场经济相结合，为人民追求“富裕生活”找到了新的路径。改革开放初期，人民在追求“吃穿”等基本温饱生活，社会主义市场经济体制的建立带来经济的飞速发展，人民开始提升生活质量，“美好生活”观念发生了新变化，从追求“富裕生活”到追求“有质量的富裕生活”的转变，生活品质的提升、生活环境的优化、生活内容的丰富、幸福指数的提高等越发成为人民生活的要求。

物质生活是人全部生活的基础，但并不是人生活的全部，因此人们对“有质量的富裕生活”的追求并不只是局限在物质生活上的富裕，而是经济、政治、社会、生态、文化上的“富裕生活”。人民对这种“富裕生活”质量的提升的要求具体表现为：第一，这种“有质量的富裕生活”在经济上更加注重生活的质量。从对物质生活数量的追求转向对物质生活质量的要求，这种对物质生活丰富的要求从满足生存逐步过渡到享受生活；第二，这种“有质量的富裕生活”不只是物质上的，同时也是精神上的，物质财富的提升使人们开始更加关注精神生活的提升，人们呼吁精神文明的建设；第三，这种“有质量的富裕生活”体现在社会发展方面，和谐社会深入人心，国家的发展提升了人民的社会福利，教育、医疗、就业、社会保障等方面有很大的改善；第四，科学发展观的提出，使人们更加关注自己的生活环境，对生态环境的保护体现了这种“有质量的富裕生活”外延的增加；第五，在文化上，社会主义先进文化的提出提升人民的文化素养，为创造“有质量的富裕生活”奠定基础。由此可见，邓小平同志、江泽民同志、胡锦涛同志等为主要代表的中国共产党人，以“改革开放”为根本路径，坚持解放和发展生产力、“三个有利于”，坚持“三个代表”重要思想，坚持科学发展观，实现了人民对“富裕生活”的向往，使中国人民富裕起来。

（三）富强生活——新时代人民追求的“美好生活”

经过40多年的改革开放，中国已经摘掉了贫穷、落后的标签，人民的生活普遍得到了改善，中国特色社会主义进入新时代，随之而来的一个问题是新时代的中国是否可以将现阶段对“美好生活”的追求直接等同于马克思意义上“人的自由而全面发展”的“美好生活”？回答当然是否定的。虽然中国特色社会主义进入了新时代，虽然中国各方面的发展都得到了改善，虽然我们今天的确是比过去以往任何时候都更加接近“人的自由而全面发展”的“美好生活”，但中国各方面的发展都还不够完善，还没有达到实现马克思“人的自由而全面发展”的“美好生活”条件。不过，“尽管我们无法预期何时能够拥有这种最高形态的美好生活，但至少有一点可以确定，如果我们现在只停留于当下，不去追求一种更好的生活样式，换言之，如果我们没有踏上那条朝向最美好生活的道路，那么，最美好生活肯定会与我们擦肩而过”①。因而我们现在能做的就是以马克思的“美好生活”理念为指引，找到“富裕生活”和“美好生活”之间的中介，寻找当下的“最好的生活”，而这个中介就是“富强生活”。

首先，“富强生活”是经济、政治、文化、社会和生态五位一体的、丰富全面的高质量生活。第一，物质生活是人类全部生活的基础，“实现人民对美好生活的向往，必须把满足人民的物质文化生活需要放在最基础最重要的位置上”②。当前人们对物质文化的需求依然占很大的比重，而这种生活体现在物质生活的“质”和“量”两个方面，因此这种“高质量的物质生活”首先体现在人民对物质生活的要求从“数量”到“质量”再到“数量”和“质量”并重的“高质量”的转变，正如马克思所言，“当人们还不能使自己的吃喝住穿在质和量方面得到充分保证的时候，人们就根本不能获得解放”③。第二，这种“高质量的物质生活”表明人们不再纯粹地局限于物质层面，而是将文化融入“物质文化生活”之中，物质文化生活使人们跳出单纯追求金钱的泥淖，使人们的生活变得更加高雅。今天，文化成为一个国家软实力的重要组成部分，日益成为一个国家在国际竞争中能否取胜的关

① 参见李志：《中国式美好生活的哲学解读》，《吉林大学社会科学学报》2018年第6期。
② 参见张三元：《论美好生活的价值逻辑与实践指引》，《马克思主义研究》2018年第5期。
③ 《马克思恩格斯文集》第1卷，人民出版社2009年版，第527页。

键性力量。构建人类命运共同体的中国方案，打开了世界文明交流和文明互鉴之窗。新时代，中国人民要求拥有自己的话语权，中国将更加注重文化建设的力度，弘扬中华民族传统文化，建构中国特色社会主义话语权。第三，“富强生活”是公平正义的“高质量的政治生活”。正如马克思当年所言，历史在向世界历史转变。中国特色社会主义进入新时代，中国在世界舞台上日益发挥着重要作用，而中国也越发被卷入“以物的依赖性为基础的人的独立性”的历史之中，公平与正义相悖的事情时有发生，国家对民主与法治的建设力度彰显了公平正义的现实意蕴，因此，新时代，人民更加注重民主、法治、公平、正义等方面的需求。第四，“富强生活”是以人民为中心的“高质量的社会生活”。习近平总书记将“以人民为中心”的思想融入“发展”的思想，表明坚持发展必须以人民为中心，而坚持发展是为“人的自由而全面的发展”提供条件，“必须坚持以人民为中心的发展思想，不断促进人的全面发展、全体人民共同富裕”①。第五，“富强生活”是清新美丽的“高质量的生态生活”。人与动物最大的不同在于人是一种能动的创造性存在，与动物单纯地适应自然不同，人要积极地创造自然让自然满足人的欲望和要求，新时代的人们更加注重人与自然的和谐关系，呼吁人与自然的和谐共生。

其次，“富强生活”是创新、协调、绿色、开放、共享新发展理念下的生活。“发展”是一个国家处理一切问题的基础和关键，进入新时代，全面深化改革需要新的发展理念，人民的“美好生活”建构也需要新的发展理念。党的十九大报告强调“坚持新发展理念”的重要性，指出贯彻新发展理念是提高人民生活水平的前提。第一，“创新”不仅是当今世界各国竞争的制胜法宝，也是推进人民生活得到改善的重要力量。一个国家的经济发展依赖于两条路径：依靠“物”与依靠“人”。新时代的中国已经从依赖“物”转向

① 习近平：《决胜全面建成小康社会 夺取新时代中国特色社会主义伟大胜利——在中国共产党第十九次全国代表大会上的报告》，人民出版社2017年版，第19页。

依赖“人”，人的创新精神和创造力是拉动经济增长的关键，因而对人的依赖实际上是对人的创新力的依赖。可见，“创新”理念与经济发展规律相符合，体现了人民的“共创”精神。第二，“协调”强调了发展的平衡性，有利于协调区域之间、部门之间和城乡之间人们的生活差距，符合人类社会发展规律，体现了人与人的“共进”性。第三，“绿色”强调了人与自然的和谐共生，要满足人民对美好环境的需要，必须坚持绿色发展理念，这与自然发展规律相符合，体现了人与自然的“共生”性。第四，“开放”是中国融入世界发展潮流必须坚持的原则，中国的发展离不开世界，需要向世界拓宽中国发展的空间；世界的发展也离不开中国，需要中国为世界的发展打开新的局面。保持开放的状态，营造良好的国内外发展环境，这与世界历史发展规律相符合，体现了中国与世界的“共赢”性。第五，“共享”是指发展成果由全体人民共同享有，这有利于激发人们扩大生产的积极性，是增强发展动力和增进人民福祉的重要理念，将“以人民为中心”的思想外化为实际行动，这与社会主义建设规律、中国共产党的执政规律相一致，体现了人民之间的“共享”性。

中国之所以实现了从站起来到富起来再到强起来的转变，一方面在于中国共产党及其先进的马克思主义者始终以马克思主义为指导思想，无论是在马克思主义盛行之时还是在马克思主义处于低潮之际，党一直坚定马克思主义信仰砥砺前行。另一方面在于中国共产党及其先进的马克思主义者没有把马克思主义教条化、神圣化，没有把马克思主义视为破解一切问题的“万能钥匙”，而是随着历史的发展、根据中国具体的情况将马克思主义基本理论与中国的社会现实相结合。以习近平同志为核心的党中央始终坚持人民至上，把人民对美好生活的向往作为奋斗目标，推进了中国人民对“美好生活”道路的探索，是对马克思“人的自由而全面发展”的“美好生活”的继承与发展，是对中国社会主义“独立”“富裕”的“美好生活”的推进，从现实维度方面彰显了21世纪马克思主义的中国典范。

三、信仰维度

习近平总书记指出：“人民有信仰，民族有希望，国家有力量。”[①]“信”是信奉，“仰”是敬仰，“信仰是人类特有的精神现象和精神状态，是人们关于最高价值的信念，是人们做出价值判断和行为选择的根本的依据、标准和尺度”[②]。共产主义远大理想与中国特色社会主义共同理想、追求中华民族伟大复兴的中国梦、追求世界和平与发展的理想构成新时代中国特色社会主义重要的信仰维度。

（一）共产主义远大理想与中国特色社会主义共同理想

习近平总书记洞察共产主义理想信念的一面，将马克思的共产主义理念化为指引中国进行社会主义建设的共产主义理想信念。首先，习近平总书记强调理想信念的重要性。第一，理想信念是精神之“钙”。在习近平总书记看来，如果没有健康的饮食习惯会造成肉体上的缺钙，那么没有坚定的理想信念就会造成精神上的“缺钙”，“理想信念就是共产党人精神上的‘钙’，没有理想信念，理想信念不坚定，精神上就会‘缺钙’，就会得‘软骨病’”。[③]第二，理想信念是共产党人的安身立命之本，是其政治灵魂和精神支柱。“对马克思主义的信仰，对社会主义和共产主义的信念，是共产党人的政治灵魂，是共产党人经受住任何考验的精神支柱。”[④]第三，领导干部要有理想信念，坚定共产主义信念，保持优良的作风。习近平总书记指出，如果不坚定共产主义理想信念，有的干部会将共产主义理解为虚无缥缈的遐想，会执着于封建迷信的精神寄托，会产生错误的是非观念，会被西

① 习近平：《论党的宣传思想工作》，中央文献出版社2020年版，第132页。
② 孙正聿：《马克思与我们》，中国人民大学出版社2018年版，第287页。
③ 《习近平谈治国理政》第1卷，外文出版社2018年版，第15页。
④ 《习近平谈治国理政》第1卷，外文出版社2018年版，第15页。

方制度侵蚀，领导干部信念的动摇会给国家产生巨大的危害，因此党中央强调："用党的创新理论武装全党，推进学习型政党建设，教育引导广大党员、干部特别是领导干部从思想上正本清源、固本培元，筑牢信仰之基、补足精神之钙、把稳思想之舵，保持共产党人政治本色，挺起共产党人的精神脊梁"。[①]第四，理想信念是广大青年健康成长的法宝，远大而崇高的理想帮助广大青年指引人生方向。

其次，习近平总书记提出，我们必须在科学的共产主义理想信念的指引下，在建设中国特色社会主义过程中形成中国特色社会主义理想信念。共产主义理想信念与中国特色社会主义理想信念具有内在统一性。理想信念关乎一个国家、一个民族的发展，一个国家、一个民族要想屹立于世界之林，必须有属于自己的理想信念，中国要想在富强之路上走得更远也必须建立自己的理想信念。但这并不是说我们要抛弃共产主义理想信念，共产主义理想信念是世界社会主义国家的共同信念，而我们需要在共产主义理想信念的指引下建立属于中国、属于中华民族自己的理想信念。习近平总书记说："把理想信念建立在对科学理论的理性认同上，建立在对历史规律的正确认识上，建立在对基本国情的准确把握上"[②]。中国特色社会主义理想信念就是中国共产党人在对科学理论的理性认同、中国历史规律的正确认识、中国基本国情的准确把握上形成的中华民族的坚定理想信念，是对马克思共产主义理念的继承与发展，正如习近平总书记所言："中国特色社会主义是我们党带领人民经历千辛万苦找到的实现中国梦的正确道路，也是广大青年应该牢固确立的人生信念。"[③]共产主义理想信念与中国特色社会主义理想信念不是对立的，中国特色社会主义理想信念不是在抛弃共产主义理想信念基础上建立的，而是在共产主义理想信念的指引下建

① 《中共中央关于党的百年奋斗重大成就和历史经验的决议》，人民出版社2021年版，第31页。

② 《习近平谈治国理政》第1卷，外文出版社2018年版，第50页。

③ 《习近平谈治国理政》第1卷，外文出版社2018年版，第50页。

立起来的，中国特色社会主义理想信念依赖于共产主义理想信念，共产主义理想信念在中国发展也离不开中国特色社会主义理想信念。中国特色社会主义理想信念是马克思共产主义理想信念在中国的特殊展现，是为实现马克思共产主义理想信念服务的，因而共产主义理想信念与中国特色社会主义理想信念之间是内在统一的。

（二）追求中华民族伟大复兴的中国梦

中华民族是有梦想且敢于"圆梦"的民族，"中国梦"是以马克思主义思想为指导、着眼于中华优秀传统文化和中华民族悠久历史、立足于中国现实问题为实现民族复兴而开创的一种新的文明构想。一代代中华儿女为此前赴后继、赓续奋斗，在实现第一个百年奋斗目标后，继续向第二个百年奋斗目标迈进。

首先，"中国梦"要实现中华民族的伟大复兴，实现人民对美好生活的向往。问题是什么样的生活可以称为"美好"？究竟达到什么样的程度才能称得上"复兴"？仅仅是使人们吃饱穿暖、实现物质上的富裕吗？当然不是，物质财富的满足是实现"中国梦"的一个重要方面，但不是唯一方面。"富裕"不是"美好""复兴"的同义词，充其量只能是"美好"与"复兴"的一个方面。因此，"美好"不仅仅是物质生活的美好，"复兴"不仅仅是物质上的复兴，更是经济、政治、文化、社会和生态等多方面的"美好"与"复兴"，这实际上表征的是一种人的新的存在状态。当今西方的资本主义发展，让我们意识到今天这个时代仍然处于马克思人类历史发展第二形态阶段——"以物的依赖性为基础的人的独立性"阶段。但"中国梦"的提出，标志着中国在为冲破资本的逻辑而努力，意味着中国不仅满足于物质方面的基本需求，而且在物质基本需求上力求实现人的自由全面发展的更高需求。正如有学者所言，"'中国梦'会突破以'以物的依赖性为基础'的人的发展模式，让人进入‘自由而全面发展’的新境界”[①]。“中国梦的本质是国家富强、民族振兴、人民幸福”[②]，但这对于我们今天来说是一个“梦想”，是新时代中国特色社会主义对马克思人类解放理想性维度的继承与发展。但“梦想”不仅要有还必须干，“实干才能梦想成真”[③]。

其次，实现中国梦，必须走中国道路。中国道路逐渐凸显及其所获得的伟大成就，充分证实了马克思人类解放思想的科学性与真理性，因而习近平总书记说“实现中国梦必须走中国道路”[④]。中国特色社会主义理论体系为我们实现“中国梦”提供理论指导，是新时代中国特色社会主义建设和新时代人类解放的理论法宝，是我们一定不能丢掉与丧失的理论力量。中国特色社会主义制度“坚持把根本政治制度、基本政治制度同基本经济制度以及各方面体制机制等具体制度有机结合起来，坚持把国家层面民主制度同基层民主制度有机结合起来，坚持把党的领导、人民当家作主、依法治国有机结合起来”[⑤]，是“中国梦”得以实现的制度优势。中华民族是一个具有悠久历史和博大文化的民族，中国与其他国家不同之处在于我们走了一条不同的文明发展道路，这条道路绝非随随便便就走出来的，而是在中华民族几千年传统文化的继承中走出来的，是在中国共产党的100年艰难探索中走出来的，是在中华人民共和国成立70年的艰苦奋斗中走出来的，是在改革开放40年的艰辛实践中走出来的。“中国特色社会主义……是根植于中国大地、反映中国人民意愿、适应中国和时代发展进步要求的科学社会主义”[⑥]。中国特色社会主义道路的开辟得益于我们几千年历史悠久的中华优秀传统文化的滋养，这种独特的文化基因也成为新时代坚持和发展中国特色社会主义的文化基础之一。因此可以说，中国道路是我们

① 陈学明：《中国梦与人类新文明》，《苏州大学学报（哲学社会科学版）》2015年第3期。

② 《习近平谈治国理政》第1卷，外文出版社2018年版，第56页。

③ 《习近平谈治国理政》第1卷，外文出版社2018年版，第44页。

④ 《习近平谈治国理政》第1卷，外文出版社2018年版，第39页。

⑤ 《习近平谈治国理政》第1卷，外文出版社2018年版，第9—10页。

⑥ 《习近平谈治国理政》第1卷，外文出版社2018年版，第21页。

能够实现“中国梦”的道路自信，中国特色社会主义理论体系是我们能够将“中国梦”实现出来的理论自信，中国特色社会主义制度是我们能将“中国梦”实现出来的制度自信，中国特色社会主义文化是我们能够将“中国梦”实现出来的文化自信。

再次，“中国梦”是共产主义远大理想与中国特色社会主义共同理想的重要呈现。习近平总书记提出新时代中国特色社会主义的发展必须“坚定共产主义远大理想和中国特色社会主义共同理想”①，中国特色社会主义共同理想是共产主义远大理想的中介理想。习近平总书记多次将共产主义远大理想和中国特色社会主义共同理想结合在一起来谈论新时代中国特色社会主义该如何发展。由此可见，共产主义远大理想与中国特色社会主义共同理想是内在统一的，共产主义的理想是崇高的，而这一远大理想的实现需要一个漫长的历史过程，但我们不能因为共产主义理想远大、共产主义理想实现的过程漫长就放弃，因而我们需要寻找一个通向共产主义理想的中介理想，对当代中国来说，这个通向共产主义远大理想的中介理想就是中国特色社会主义共同理想。新时代，中国特色社会主义共同理想凝练为“中国梦”。正如有学者所言，“中国梦”蕴含着一种“融通思维”，这种“融通思维”是马克思主义哲学思维与中华民族传统文化思维的“融通”，从而“融通历史与未来，把近代以来中华民族的伟大梦想与当代中国人的奋斗目标有机结合起来”；“融通理想与现实，把共产主义远大理想与中国特色社会主义共同理想有机结合起来”；“融通国家与人民，把国家富强、民族振兴与人民幸福有机结合起来”；“融通国内与国外，把造福中国人民与造福世界人民有机结合起来”。②因而可以说，“中国梦”不是对共产主义的抛弃，“中国梦不仅没有抛弃共产主义理想，反而更务实地为实现共产主义而努力，为共产主义理想做着积极准备”③，“中国梦”是理想性与现实性的统一。

① 《习近平谈治国理政》第2卷，外文出版社2017年版，第34页。

② 金民卿：《“中国梦”理论建构中的“融通”思维》，《探索》2017年第5期。

③ 寇清杰：《共产主义理想与中国梦》，《思想理论教育导刊》2014年第10期。

（三）追寻世界和平与发展的进步理想

21世纪的今天，面对经济全球化、政治多极化、文明多样化、社会信息化的“百年未有之大变局”，“和平与发展”还是时代主题吗？答：“和平与发展”依然是时代主题。“和平与发展”的时代主题内含了价值旨趣的客观维度与美好憧憬的主观维度，即人类追求自由而全面发展的价值旨趣与对世界和平发展的美好憧憬，二者共同组成“和平与发展”的时代主题。无论是从价值旨趣的客观维度来说，还是从美好憧憬的主观维度来说，“和平与发展”都不会过时，人类始终憧憬着世界的“和平与发展”，把“和平与发展”作为价值旨趣与追求目标。中国在憧憬世界“和平与发展”的主观维度和追求世界“和平与发展”价值旨趣的客观维度中，提出“构建人类命运共同体”的中国方案。与马克思生活的时代不同，我们今天更多的是要处理好不同意识形态和不同社会制度的国家、民族和文明之间的矛盾，特别是资本主义制度和社会主义制度的矛盾。今天我们必须打破因制度差异和意识形态不同而构成的“冷战思维”，树立“和谐共生”“命运与共”的“类思维”，立足当今社会现实，对国际政治和国际矛盾审时度势，主张直面现实的利益冲突，在维护各国主权的基础上平等地应对矛盾，在合作中互利共赢，在维护本国利益的同时关切他国利益，在保护好本国国民的同时关爱他国国民，在坚定本国文化自信的同时借鉴他国文化，把本国的“个体”与世界的“类”有机地统一起来。

无论世界格局如何变化，中国坚持合作共赢的态度不变。21世纪，“和平与发展”的时代主题不变，但“和平与发展”的时代主题内涵更加丰富。习近平总书记在莫斯科国际关系学院演讲中指出，“和平、发展、合作、共赢成为时代潮流”[①]。今天，中国比以往任何时候都更加接近实现中华民族伟大复兴的宏伟目标，中国比以往任何时候都更加靠近世界舞台中央，中国

① 习近平：《顺应时代前进潮流 促进世界和平发展——在莫斯科国际关系学院的演讲》，《人民日报》2013年3月24日。

比以往任何时候都更加拥有世界话语权，但国强必霸不会发生在中国，零和博弈不是中国的态度，中国会始终坚持合作共赢的态度不动摇。其次，即使世界正处于“百年未有之大变局”，“变”是这个时代的核心，但是中国共产党“为人民谋幸福，为民族谋复兴，为世界谋大同”[①]的使命不变。习近平总书记在中国共产党与世界政党高层对话会上指出：“中国共产党是为中国人民谋幸福的党，也是为人类进步事业而奋斗的党。中国共产党是世界上最大的政党。我说过，大就要有大的样子。中国共产党所做的一切，就是为中国人民谋幸福、为中华民族谋复兴、为人类谋和平与发展。”[②]一方面，“我们要把自己的事情做好，这本身就是对构建人类命运共同体的贡献”[③]；另一方面，“我们也要通过推动中国发展给世界创造更多机遇，通过深化自身实践探索人类社会发展规律并同世界各国分享”[④]。

21世纪，人与自然、人与人、人与自身越来越是一个共同生存的整体，全球变暖、全球雾霾、资源短缺、生态破坏危及的不是一个人、一个民族、一个国家，而是整个世界、整个地球、整个人类。个人、民族、国家看似各自独立地发展着，实际上背后存在一条隐性的共生性链条，这链条上的任何一个裂口，都会给整条共生性链条带来伤害。为此，习近平总书记提出：“中国将坚持和平发展道路，坚持推动发展相互尊重、互利共赢的新型国际关系，坚持同世界各国建立和谐共生的命运共同体。”[⑤]习近平总书记指出，我们要基于共生、共通和共识，去共建一个“持久和平、普遍安全、共同繁荣、开放包容、清洁美丽的世界”，主张“以开放为导向”“以合作为动

① 《习近平会见联合国秘书长古特雷斯》，《人民日报》2018年4月9日。

② 习近平：《携手建设更加美好的世界——在中国共产党与世界政党高层对话会上的主旨讲话》，《人民日报》2017年12月2日。

③ 习近平：《携手建设更加美好的世界——在中国共产党与世界政党高层对话会上的主旨讲话》，《人民日报》2017年12月2日。

④ 习近平：《携手建设更加美好的世界——在中国共产党与世界政党高层对话会上的主旨讲话》，《人民日报》2017年12月2日。

⑤ 《习近平会见“读懂中国”国际会议外方代表》，《人民日报》2015年11月4日。

力”“以共享为目标”[①]，“共同构建合作共赢的全球伙伴关系”[②]。

综上所述，一个民族不能没有信仰，没有信仰会使民族陷入危险之中。民族有信仰，国家才能有力量，我们才能实现中华民族伟大复兴的中国梦和世界和平与发展的理想。

四、文明维度

在当今世界的大变革大调整时期，不同文明、国家、民族、宗教之间相互尊重、和谐共处，构建人类命运共同体是整个世界紧要而迫切的任务。作为拥有五千多年文明和悠久历史的国家，作为当今世界最大的发展中国家，中国怎样理解这一问题？会给出怎样的方案？这是全世界都非常关注的问题。

习近平总书记在党的十九大报告中提出：“我们呼吁，各国人民同心协力，构建人类命运共同体，建设持久和平、普遍安全、共同繁荣、开放包容、清洁美丽的世界。”[③]这是中国对这个问题鲜明的回答。这个回答真切地表明，中国把握当今世界和平与发展的主题，坚定奉行独立自主的和平外交政策，积极发展全球伙伴关系，扩大同各国的利益交汇点，坚持对外开放的基本国策，秉持共商共建共享的全球治理观，发挥负责任大国的作用，努力在全球治理体系改革和建设中贡献中国智慧和力量，提供鲜明而独特的中国方案。

---

① 习近平：《中国发展新起点 全球增长新蓝图——在二十国集团工商峰会开幕式上的主旨演讲》，《人民日报》2016年9月4日。

② 习近平：《中国发展新起点 全球增长新蓝图——在二十国集团工商峰会开幕式上的主旨演讲》，《人民日报》2016年9月4日。

③ 中共中央党史和文献研究院编：《十九大以来重要文献选编》（上），中央文献出版社2019年版，第41页。

(一) 资本逻辑驱动下的"相互依存"本质上具有排他性

近代以来，无论是生产力和科学技术的飞速发展，还是经济全球化的逐步形成，都与资本主义的发展难以分割。今日之世界格局以及背后支撑其存在和发展的现代思维方式，无论是成就还是问题，都是从商业资本的扩张开始，并在资本主义发展过程中形成的。15世纪新航路开辟以及其后工业革命的爆发，催生了商业资本在18世纪西方的兴起。西方国家经济上的变革引发政治上的变革，国家转变为服务于商业资本利益的政治权力。商业资本积累主要是通过贸易中的差价而实现的，当国内的价格落差不断缩小、利润降低时，商业资本便必然要向外扩张，通过海外贸易追求利润。这正是经济全球化的原初动力。质言之，当今世界由西方发达国家主导的全球化，是商业资本在全球的无限扩张中启动和推进的。

商业资本的扩张，为生产的发展、科技的进步和社会生活的多样性，提供了源源不竭的动力。由商业资本推动的经济全球化，将契约精神和平等交往的理念推向世界各地，在短短数百年间迅速改变了世界的面貌，改变了现代人理解世界的观念和思维方式。资本天生就是超越国界的，因此正是资本主义的发展，使得国家在共存底线上肯定他国利益的合理性。现代意义上的国家主权、国家领土与国家独立等原则也因此而确立。但是，商业资本攫取利润的本性决定了，在国家关系上，它必然要将制造差别而不是制造一致、制造差异而不是制造平等作为追求的目标，因为只有这样，资本才能继续保持动能不竭，才能继续在全球范围内开疆拓土。商业资本主导的全球化，不是仅仅塑造了现代经济交往方式，而是塑造出一个全然不同于传统社会的现代社会生活和现代思维方式。这样一种经济交往方式拓展到哪个国家和地区，哪个国家和地区的政治、经济、文化和社会就必然随之受到冲击和改变。近代早期，率先实现现代化的西方国家为了更好地控制经济落后的国家，从这些国家攫取商业利润，在全世界建立起殖民地，于是宗主国与殖民地之间主导与依附的关系便成为先进国家与落后国家之间的国家关系模式，西方的文化、政治制度乃至生活方式也由此在全球传播开来。正是在这样一个历史过程中，不同的国家以资本为纽带建立起相互依存的关系，现代世界以一种特殊的方式连为一体。

但是，现代世界并没有因为深刻的联结而走向和平与繁荣，相反，近代以来的历史总是伴随着战争与危机。单纯由商业资本所提供的动能是盲目和具有破坏性的，它不仅无法构建和谐的世界秩序，还将会使人类走向自我毁灭。在经历了两次毁灭性的世界大战之后，人们越来越清楚地认识到，必须建立一种有效的国际合作机制，阻止冲突和战争的蔓延。1945年成立的联合国就是这样一种理性努力。但是，随之而来的冷战，在两个超级大国主导世界的“两极对立格局”中，新的国际秩序取代了旧的国际秩序，意识形态冲突取代了殖民主义冲突，而世界和平的希望却再次破灭。这一时期，核武器竞赛第一次将人类推向了随时可能自我毁灭的边缘。冷战结束后，世界进入了美国“一超独大”的“单极化格局”。但是，单极化格局同样没有给世界带来稳定与和平，地区冲突频仍。当今，美国“一超独大”的单极化格局已经难以维持，在冲突和动荡中，世界“多极化格局”正在形成。

只要存在着利益不平衡，无论是两极化格局、单极化格局，还是多极化格局，都无法消除对抗与冲突。更为重要的是，在进行利益平衡时，只要人类还不能超越“零和博弈”的思维，无论是由商业资本提供的动能，还是由意识形态差异提供的动能，或是由文明以及宗教信仰的冲突提供的动能，都无法支持一个稳定的世界格局，从而实现持久的世界和平。在当今时代，人类不能超越历史的发展而摆脱利益的不平衡和冲突，但是，人类也不能不超越思维方式的局限，发挥人类理智的动能，创造一个可持续发展的命运共同体。

（二）人类命运共同体：超越“文明冲突”的人类理想

商业资本虽然为全球化提供了初始动力，但全球化却并不是一个单纯的经济过程，在全球化进展中，它所服从的并不是资本的唯一逻辑，而是历史发展中多重逻辑共同作用的结果。多重逻辑共同作用所导致的结果是复杂的，不同文明之间交流与融合，从而形成新的文明成果和文明形态，便是这种复合性后果的一种体现。马克思说，商品经济的发展使得“过去那种地方的和民族的自给自足和闭关自守状态，被各民族的各方面的互相往来和各方面的相互依赖所代替了。物质的生产是如此，精神的生产也是如此。各民族的精神产品成了公共的财产。民族的片面性和局限性日益成为不可能”[①]。在马克思看来，商业资本推动的经济交往只是提供了一种基础性条件，而在资本以野蛮的经济方式为自己开疆拓土的同时，各地方各民族的闭关自守状态也随之被打破，世界在经济以外的其他方面也在相互依赖中连为一体，“各民族的精神产品也成了公共的财产”，从而为新的国际精神的形成提供了条件。

正是在这种条件下，包容互鉴、互惠共荣的理念和人类共同生存的家园意识才可能逐渐形成。最近几十年来，随着世界经济一体化步伐的进一步加快，特别是随着互联网时代的到来，各民族的文化交往进一步加深。伴随着一些所谓不和谐论调的兴起，文明的交融互鉴遭受了不同程度的阻碍，以“文明化野蛮”为根基的“文明冲突”就是典型代表。从表面看，当今世界的冲突、战争和分歧似乎印证了亨廷顿的文明冲突理论，但实质上这些现象并不能代表人类历史的长远走向。国家和地区之间冲突的真正根源是各种利益的不平衡，而这种不平衡恰恰是资本运行的逻辑所造成的结果。“文明冲突论”实质上是建立在西方文化优越论基础之上的，是以西方启蒙以来的“文明—野蛮”的历史观和思维模式解释世界。它不仅忽视了

① 《马克思恩格斯文集》第2卷，人民出版社2009年版，第35页。

不同文明之间的共通性、包容性和交流互鉴的可能性，而且在其视野中，西方大国在扩张过程中与其他国家之间的冲突和战争因此便有了“正义”的性质。

正是通过不同文明的交融互鉴，超越西方近代以来形成的“零和游戏”思维、二元对立思维，在合作中寻求共赢，在对话中消除分歧，共同构建人类命运共同体，越来越成为人们的共识。也正是在这种背景下，中华文明中“仁义”“和而不同”“以和为贵”等理念，在新的国际共识形成中发挥着越来越重要的作用，崛起的中国开始用中国智慧讲述人类共存之道。

中华文明孕育了不同于西方的智慧，这种智慧对各种文明之间的关系有着不同的理解。“和”的思想是中华文化的基本要素，在文明关系问题上，它所强调的“和而不同”迥然不同于西方“文明化野蛮”的思维方式。中国传统文化的最高境界是追求“道”，而“道”的实现则要遵循“万物并育而不相害，道并行而不相悖”。这便是“和而不同”。“和”是中国人所崇尚的一种理想，它的基本内涵是差异互补、共生共济、和谐共荣。“和”的理想落实于人与自然的关系就是“天人合一”，就是要顺应自然、保护自然，实现人与自然和谐相处；“和”理想落实于文化交流，就是要兼容并蓄、多元互融、文明互补，在不同文化的交流互鉴中寻求文化的新生长；“和”的理想落实于国家间关系，就是要将“睦邻相处”作为处理国际关系的原则，最终达到“协和万邦”的理想境界。习近平在联合国教科文组织总部发表演讲时强调：“文明是包容的，人类文明因包容才有交流互鉴的动力……一切文明成果都值得尊重，一切文明成果都值得珍惜。”“历史告诉我们，只有交流互鉴，一种文明才能充满生命力。只要秉持包容精神，就不存在什么‘文明冲突’，就可以实现文明和谐。”[①]这是基于中国智慧对世界各类文

① 习近平：《出席第三届核安全峰会并访问欧洲四国和联合国教科文组织总部、欧盟总部时的演讲》，人民出版社2014年版，第11—12页。

明关系的理解，也是一个崛起的大国对新型全球合作关系的理解。

（三）人类命运共同体：尊重文明的多样性

当今世界国家关系格局的变化和调整，与大国力量对比的变化息息相关，但根本上还在于冷战结束后旧的世界间矛盾向新的国家间矛盾的转化。费尔南·布罗代尔在其《文明史：人类五千年文明的传承与交流》中说，在资本主义兴起之后很长的历史中，西方人始终以西方文明为基准理解其他文明，将文明理解为“单数形式”。就是说，西方文明因其与工业文明的共振而代表了世界文明发展的方向，因而成为终结其他文明的单数。但是，“由西方输出的‘工业文明’仅是整个西方文明的特征之一而已。世界接受了它，并非就是在接纳西方文明之整体：事实远非如此”[①]。因此，在今天“单数形式的文明已经在某种程度上丧失了其权威性”。

在当今世界，“单数形式的文明”已经成为一种不受欢迎的观念。与此同时，不同的国家、民族和文明间的联系却比以往任何时候都更加深刻。多样性与一体化并存，这是当今世界的基本图景。随着经济全球化的日益发展，国家与国家之间、民族与民族之间相互依存、利益交融、命运相连、安危与共，越来越成为你中有我、我中有你的命运共同体，这种世界图景所要求的恰恰是和而不同的多样性共存。冷战时期，那种弱肉强食、你死我活、赢者通吃的“零和博弈”已经过时。面对环境恶化、重大疾病威胁、核威胁、贫困等重大全球性问题，没有任何国家可以单独应对，也没有任何国家能够退回到自我封闭的孤岛。面对日益深刻关联而又深度分裂的世界，面对日益深化的现代性困境和全球性危机，没有任何一种文明可以宣称能够提供唯一正确的解决方案。以西方文明为圭臬的单数文明所提供的标准日益显现出历史局限性，由此世界只能在文明的复数形式下寻求普遍接受

① [法] 费尔南·布罗代尔：《文明史：人类五千年文明的传承与交流》，常绍民等译，中信出版社2017年版，第8—9页。

的解决方案。正是在这种背景下，中国历史性地提出了构建人类命运共同体的原则："要尊重世界文明多样性，以文明交流超越文明隔阂、文明互鉴超越文明冲突、文明共存超越文明优越。"①

这一中国方案并不是一种单纯的理想，而是在中国特色社会主义实践的基础上提出的。新中国成立特别是改革开放以来，中国在追求现代化的过程中，从站起来到富起来，走出了一条不同于西方的社会发展道路，取得了令人瞩目的成就。当前，中国特色社会主义事业的发展又进入了新的阶段，这意味着近代以来饱受磨难的中华民族迎来了从富起来到强起来的伟大飞跃，迎来了实现中华民族伟大复兴的光明前景。中国在追求现代化过程中所走过的这条道路，是在具有悠久传统的中国文化土壤中生成的，蕴含着独特的中国智慧；这条道路是在不同于自由主义的马克思主义理论的根基上建立起来的，蕴含着唯物史观对人类社会发展规律的深刻洞见。这条道路的成功，拓展了发展中国家走向现代化的途径，给世界上那些既希望加快发展又希望保持自身独立性的国家和民族提供了全新的选择，为解决人类问题提供了中国智慧和中国方案。中国传统文化强调和而不同的"和合理念"，主张"大道之行，天下为公"，推崇不同文化之间的"美美与共，天下大同"，因而为人类命运共同体观念的提出提供了文化滋养。

构建人类命运共同体并不是为了某个"单数文明"的独家利益，而是符合各国人民愿望和根本利益。从长远历史角度看，西方资本主义市场经济在近代的出现极大地推进了整个世界的现代化过程，资本的扩张过程为经济全球化提供了巨大的推动力，大大加速了现代世界的形成。但是，资本主义的发展和资本的无限扩张也带来了世界发展的不平衡，造成一系列西方思想家所恐惧的"现代性问题"和"现代性病症"。从当前看，世界发展正面临各种问题和挑战。一方面，发展鸿沟日益加深，地区冲突频繁发生，恐

① 中共中央党史和文献研究院编：《十九大以来重要文献选编》（上），中央文献出版社2019年版，第41—42页。

怖主义和难民潮相伴而生，发展中国家的现代化建设面临重大挑战。另一方面，金融危机导致世界经济低迷，也使得西方发达资本主义国家的发展面临困难，而当西方发达资本主义国家的利益受到影响的时候，质疑全球化的声音便开始出现，形成各种社会政治思潮激烈交锋的乱局。在这种背景下，习近平总书记提出构建人类命运共同体思想，指明了世界发展和人类未来的方向。推动构建人类利益共同体、责任共同体、命运共同体的主张和实践，不仅符合不同发展水平国家和民族的利益，而且得到广泛的支持和响应。目前，“构建人类命运共同体成为引领时代潮流和人类前进方向的鲜明旗帜”①。

（四）“一带一路”倡议：人类命运共同体理念的具体践行

中国政府没有将人类命运共同体的理念停留于纸面，而是以自己的实际行动将其转化为现实，“一带一路”倡议就蕴含着丰富的人类命运共同体思想。

作为崛起中的大国，中国没有将百年屈辱的仇恨带入21世纪，没有走上报复他国的帝国主义道路，也没有像老牌帝国主义国家那样，觊觎他国领土，对外攻城略地，而是走和平发展的共享之路，这是世界的福音。“一带一路”就是一条和平之路：一方面，“一带一路”倡议将欧亚大陆的大多数国家紧密联系在一起，形成“一荣俱荣，一损俱损”的命运共同体，它将有冲突和矛盾的各方的视线转移到经济建设上来，降低了相互间发生摩擦的风险；另一方面，“一带一路”倡议有利于带动落后地区的经济发展，从而减少因为贫穷带来的战争。

习近平总书记指出：“中国几十年的发展很大程度上得益于国际合作。因此，我们应该为国际发展事业作出贡献，很多发展中国家朋友对中国提

① 《中共中央关于党的百年奋斗重大成就和历史经验的决议》，人民出版社2021年版，第61页。

出了这方面的强烈愿望。”①在“华盛顿共识”将世界经济搞得一团糟糕之时，中国发起“一带一路”倡议，将大量资金投向实体经济、基础设施和民生，助力沿线发展中国家实现弯道超车，让世界看到希望，特别是在当前世界经济持续低迷的情况下，支持相关共建“一带一路”国家推进工业化、现代化以及提高它们的基础设施水平，无疑有利于稳定当前世界经济形势和推动世界经济复苏②。

总之，“一带一路”倡议是中国给予世界的一份厚重礼物，它打破各国间的藩篱，将中国的复兴梦与沿线各国的发展梦、联合国的发展目标紧密相连，在构建区域经济合作和实现各种经济共赢的前提下，有助于加强不同文明交流互鉴，促进世界的和平发展。③

最后，我们应该看到：当今时代是人类历史上改造自然能力最强的时代，却也是人与自然关系最为紧张的时代，人类足迹所到之处无不改变自然的面貌，而自然环境的改变却已到了威胁人类生存的地步；当今时代是人类历史上人与人联通最为便利的时代，却也是人与人最为隔绝与陌生的时代，信息和交通的便利使千里近在咫尺，使天堑变为通途，而网络暴力掀起的波澜却可以瞬间翻转人们的认知，将谬误打扮成真理，网络攻击亦可成为制敌之利器。更为重要的是，这是一个经济全球化、文化多样化和世界多极化的时代，不同文化、国家、制度之间，比以往任何时代都更加清晰地呈现出差异，而它们之间的冲突又比任何时代都更易于引发危及整个人类生存的灾难性后果。气候变化、环境危机、跨国犯罪、金融危机、网络安全，所有这些都已经成为当今时代国际社会必须面对的新问题。差异和冲突必然存在，而人类只有一个地球，各国共处于一个世界。在这样一个时代，人类的命运比任何时候都更加休戚与共，人们也比任何时候都更加需

① 《习近平接受〈华尔街日报〉采访时强调：坚持构建中美新型大国关系正确方向 促进亚太地区和世界和平稳定发展》，《人民日报》2015年9月23日。

② 王义桅：《世界因“一带一路”而更美好》，《人民日报》（海外版）2016年9月7日。

③ 阮宗泽：《“一带一路”：中国献给世界的礼物》，《人民日报》（海外版）2017年5月15日。

要思考整个人类的共存之道。

人类的文明史是一部充满冲突和战争的历史，但这并不意味着建立人类命运共同体只是一种虚置的理想，因为历史是人创造的，而人正是在理想的指引下创造历史的。因此，人类文明史也是一部从隔绝走向互通、从封闭走向开放、从差异和对立走向合作与融合的历史。人类的历史是合规律性与合目的性的统一。在人类历史的发展过程中，并不存在一个横亘在现实与理想之间的僵硬边界，历史自身的发展就是消除边界的张力空间。一方面，构建人类命运共同体，是为了探寻人类共存之道，避免人类在相互争斗中走向毁灭。就此而言，构建人类命运共同体必须立足于现实。市场经济推动下的全球化，将每一个国家置于相互关联之中，它们必须在与他国的相互依存中才能求得生存与发展。这无疑不是出于利他主义的动机，不是出于人类大同的理想，而是出于现实的国家利益考虑。但是另一方面，构建人类命运共同体，却也必然要立足于人类对公平正义的理性理解，出于超越一国私利的人类精神，自觉地履行自己的国际责任和义务，而不是将命运共同体当作权宜之计。在这一意义上，人类命运共同体又是一种高远的理想性价值。这样一种理想性价值根植于人类的本性，根植于人的"类意识"中本然具有的对公平正义乃至更高超越性价值的追求与渴望。只有从这样一种更高的人类理性出发，人类命运共同体才能走到更远的未来。

构建人类命运共同体不仅是中国的崇高理想和目标，也是世界各国的共同责任和历史使命，因此必须依靠各国人民同心协力、共同奋斗。为了实现这一崇高目标，在经济上，世界各国无论处于怎样的现代化发展水平，都要同舟共济，在亲诚惠容的原则下促进贸易和投资的自由化与便利化，使自己融入全球化经济体系之中，而不是退回到自我封闭的孤岛，更不是见利忘义，将自己的利益凌驾于他国之上。在政治上，应当秉持国家之间相互尊重、平等协商的原则，坚决摒弃冷战思维和对抗思维，走对话协商的道路，不走强权政治道路。在文化上，不同国家、民族、文明、宗教之间，应当秉持相互尊重的原则，尊重文明的多样性，在交流中超越隔阂，在互鉴中超越冲突，共建人类命运共同体。在生态上，各国应当摒弃以邻为壑的狭隘利益观，携手共同应对气候变化，根据自己的能力和发展水平承担生态责任，共同保护好人类赖以生存的地球家园。

结语

随着人类社会进入21世纪，马克思主义迎来了它的第三个世纪，如何在21世纪坚持和发展马克思主义成为共产党领导人关注的焦点问题。习近平总书记指出：“发展21世纪马克思主义、当代中国马克思主义，必须立足中国、放眼世界，保持与时俱进的理论品格，深刻认识马克思主义的时代意义和现实意义，锲而不舍推进马克思主义中国化、时代化、大众化，使马克思主义放射出更加灿烂的真理光芒。”[①]一个值得深思的问题是：为什么发展21世纪马克思主义的关键是中国？这需要回顾一下马克思主义在不同时代的境遇。

1848年《共产党宣言》的发表标志着马克思主义的诞生，这一无产阶级的革命学说开启了影响人类历史的进程。对于19世纪的马克思主义来说，它的首要任务是创立和丰富马克思主义的理论体系。19世纪中叶是马克思主义诞生的世纪，它产生于这一时期是综合因素的结果：无产阶级登上历史舞台，三大理论来源与三大科学发现，马克思和恩格斯的个人条件等。但是，从社会存在与社会意识的关系看，最重要的因素是资本主义生产方式确立下来并激化社会矛盾。在不成熟的生产力状况下产生了空想社会主义，而科学社会主义的诞生是以资本主义生产力的发展为前提的。《共产党宣言》的发表标志着社会主义完成了由空想到科学的飞跃，但对于系统完备的马克思主义理论体系而言，这只是一个科学探索的起点。在《共产党宣言》中，马克思和恩格斯运用唯物史观分析人类社会的发展规律，他们指出，根据生产力与生产关系、经济基础与上层建筑的矛盾运动，就像资本主义必然取代封建社会那样，社会主义也必然取代资本主义。但是，究竟如何更全面、科学、系统地认识资本主义社会？对于这一问题，《共产党宣言》只给出了粗略的回答，无产阶级需要有科学的政治经济学来认识所要推翻的对象。因此，《资本论》的撰写成为继《共产党宣言》发表后马克思和恩格斯最重要的工作。《资本论》阐述的劳动价值论和剩余价值学说，深

① 《习近平谈治国理政》第2卷，外文出版社2017年版，第65页。

刻揭露了资本主义的非正义性，为揭示资本主义的必然灭亡提供了经济学证明。另外，19世纪的马克思和恩格斯还在与各种非马克思主义思潮的争锋中，从深度和广度上拓展马克思主义的理论体系。通过批判蒲鲁东主义、巴枯宁主义、拉萨尔主义、杜林主义等错误思潮，科学社会主义理论得到进一步丰富和发展。

客观而言，马克思主义是一个不断发展和开放的理论体系，为避免教条化地对待马克思主义，任何时代都将发展马克思主义作为重要课题。不同的是，相比于后继时代，19世纪马克思主义的首要任务是创立理论体系，为各国无产阶级的革命运动和建设提供理论之源。但是，马克思和恩格斯的伟大在于，他们没有停留于解释世界，而是积极地投身于改造客观世界的实践活动中，这是19世纪马克思主义的另一项任务：将马克思主义理论与工人运动的实践相结合，在革命实践中检验马克思主义的真理性。作为伟大的革命导师，马克思和恩格斯不仅吹响了人类解放的理论号角，而且身先士卒，始终冲锋在革命斗争的最前沿。他们领导创建了世界上第一个无产阶级政党，即共产主义者同盟，领导了世界上第一个国际工人组织，即国际工人协会，热情支持了世界上第一次工人阶级夺取政权的革命，即巴黎公社革命。马克思逝世后，恩格斯又领导创建了第二国际。马克思和恩格斯以自己的实际行动诠释了真正的马克思主义者是理论家与实践家的统一，真正的马克思主义是解释世界与改造世界相结合。

20世纪马克思主义的首要任务是探索如何在马克思主义理论的指导下建立无产阶级政权。19世纪末和20世纪初，主要的资本主义国家由自由资本主义阶段进入垄断资本主义阶段。面对资本主义政治经济发展不平衡这一绝对规律，列宁提出“一国胜利论”，为俄国十月革命的胜利提供了理论准备。十月革命的胜利是马克思主义发展史的一次飞跃，是20世纪马克思主义的标志性事件，如果说19世纪马克思主义完成了由空想到科学，由理论到现实的两次飞跃，那么十月革命迎来了由一般的运动实践到创建新型国家的第三次飞跃，因为它建立了世界上第一个社会主义国家。十月革命是马克思主义基本原理与俄国实际相结合的产物，显示出了马克思主义作为革命理论的伟力。十月革命的胜利鼓舞了殖民地、半殖民地的民族民主革命，欧亚大陆的许多国家和地区相继燃起革命的烈火。其中，中国的新民主主义革命无疑尤为引人关注。从革命的艰辛程度、时间跨度和影响广度来看，中国革命可谓是跌宕起伏、波澜壮阔，成为继十月革命后20世纪马克思主义的另一个里程碑。但是，中国革命的胜利靠的不是照搬他国经验。俄国革命的胜利是以城市为中心，以工人为主要依靠力量，通过夺取城市后辐射到广大农村，最终建立全国的苏维埃政权；而中国革命则以农村为中心，农民是革命的主体力量，通过农村包围城市后建立全国政权。十月革命与中国革命完成了建立无产阶级专政国家的历史任务，产生了列宁主义和毛泽东思想，进一步丰富和发展了马克思主义的理论体系。

20世纪马克思主义并非只是革命理论，在完成建立社会主义国家的历史任务后，它的另一项任务是探索社会主义建设的道路。“战时共产主义”政策、新经济政策和斯大林模式是标志性的成果。“战时共产主义”政策既是苏俄对马克思主义经典作家对未来社会构想的直接继承，也是为了应对内忧外患的局面被迫采取的非常举措，虽然赢得了内外战争的胜利，但它与苏维埃俄国相对落后的生产力是不相符合的，所以，实施三年后就被新经济政策所取代。新经济政策标志着苏维埃俄国不再教条化地照搬经典作家的构想，而是尝试探索一条适合本国国情的社会主义道路，遗憾的是，它很快被斯大林模式取代。斯大林模式深刻地影响了20世纪的马克思主义，它产生于特定的历史条件，促进了社会主义制度的巩固和发展，帮助苏联在较短时间内成为世界强国并赢得了反法西斯战争的胜利，因此，一度成为各个社会主义国家竞相效仿的模式。但是，随着社会主义国家经济的恢复和发展，苏联模式已成为束缚生产力进一步发展的落后生产关系。虽然包括苏联在内的社会主义国家力图通过改革来纠正苏联模式的弊端，但最终没有成功，苏联模式也黯然落幕。

因为21世纪只过去五分之一，现在无法从总体上判定21世纪马克思主义的历史任务和主题，但毋庸置疑的是，中国是21世纪马克思主义的希望，肩负着不断开辟21世纪马克思主义新境界的历史使命。为什么不是其他的社会主义国家？越南、古巴、朝鲜和老挝四个社会主义国家都将会对21世纪的马克思主义产生影响，但它们的综合国力和影响力都无法与中国比肩。试想一下，如果20世纪的马克思主义没有苏联和中国这样的大国，它会如此深刻地影响世界的格局和推动人类解放事业的进步吗？21世纪的今天，如果没有像中国这样一个占世界人口近1/5的世界第二大经济体坚持走社会主义道路，马克思主义的影响力无疑会大打折扣。那为什么不是国外著名的马克思主义者或左翼学者？国外马克思主义的研究者可以为21世纪马克思主义提供丰富的理论素材，但不管他们的研究视角多么“不偏不倚”，也不管他们的思想观念多么深邃精辟，他们研究马克思主义的目的主要是解释世界。以“马克思学者”为例，“这些人像研究任何其他思想家一样研究马克思，有时作为观念史中的个案研究，有时甚至以考古的方式研究，而不大关心他的思想的社会作用，并且常常无需在政治上认同于马克思”[①]。他们虽然对资本主义持批判立场，但大多数国外学者认为资本主义无可替代，所以，重点在于如何改良资本主义，而不是埋葬资本主义。相比而言，中国道路是理论与实践的统一，是真正地致力于解释世界与改造世界的马克思主义。

党的十八大以来，就“新时代坚持和发展什么样的中国特色社会主义、怎样坚持和发展中国特色社会主义，建设什么样的社会主义现代化强国、怎样建设社会主义现代化强国，建设什么样的长期执政的马克思主义政党、怎样建设长期执政的马克思主义政党”[②]等重大时代课题，习近平新

① [英]彼得·沃斯利：《马克思与马克思主义》，铁省林、许洋译，江苏人民出版社2011年版，第1—2页。

② 《中共中央关于党的百年奋斗重大成就和历史经验的决议》，人民出版社2021年版，第25—26页。

时代中国特色社会主义思想给出了系统的回答。这一当代中国马克思主义的最新理论成果在解决中国问题的同时，也在为世界提供中国智慧和中国方案，为人类的文明进步贡献力量，不断开辟21世纪马克思主义的新境界。基于这样的思考，我们撰写并完成了《与时俱进：不断开辟21世纪马克思主义新境界》一书。

后　记

本书是天津市“百年风华——中国共产党理论与实践研究丛书”之一。中国特色社会主义道路是理论和实践的统一，它继承了19世纪和20世纪马克思主义的宝贵理论资源和实践经验，积极回应21世纪的时代课题，坚持将人民的利益放在首位，致力于世界的和平与繁荣，不断彰显着自身的制度优势。相比于其他社会主义国家，中国作为有着巨大国际影响力的国家，承载着21世纪马克思主义的希望。作为当代马克思主义的最新理论成果，习近平新时代中国特色社会主义思想在解决中国问题的同时，也在为世界提供中国智慧和中国方案，为人类的文明进步贡献力量，不断开辟21世纪马克思主义的新境界。

本书从构思到完成历时两年，由王新生教授带领马克思主义学院五名青年教师集体完成。具体分工为：导论，王新生教授撰写；第一章，赵华飞老师撰写；第二章，刘昊老师撰写；第三章，朱雪微老师撰写；第四章，刘明明老师撰写；第五章，竟辉老师撰写；第六章，第一节由王新生教授和竟辉老师撰写，第二、三节由朱雪微老师撰写，第四节由王新生教授和刘明明老师撰写。全书由王新生教授统稿。

由于水平所限，本书可能存在诸多不足之处，敬请学界同仁批评指正！

著者

2021年6月